Ancestralidade Griot - relatos e experiências de educação escolar quilombola a partir das águas de Ilha de Maré

Nádia Maria Cardoso da Silva (Org.)

Ancestralidade Griot - relatos e experiências de educação escolar quilombola a partir das águas de Ilha de Maré

malê

Todos os direitos desta edição reservados à Malê Editora e Produtora Cultural Ltda.
Direção: Francisco Jorge & Vagner Amaro

* Essa publicação é parte das atividades do Projeto "ANCESTRALIDADE GRIOT - AH! EU VIM DA ILHA DE MARÉ, MANO!", fruto do Edital Equidade Racial na Educação Básica promovido pelo Centro de Estudos da Relações de Trabalho e Desigualdades/CEERT, em 2020

ISBN: 978-85-92736-82-8

Edição: Vagner Amaro

Fotos: Ismael Silva

Capa: Dandarra Santana

Diagramação: Maristela Meneghetti

Revisão: Geisiane Alves

Texto revisado segundo o novo Acordo Ortográfico da Língua Portuguesa.

Dados internacionais de catalogação na publicação (CIP)
Vagner Amaro – Bibliotecário - CRB-7/5224

A538 Ancestralidade Griot: relatos e experiências de educação escolar quilombola a partir das águas de Ilha de Maré. — 1. ed. — Rio de Janeiro: Malê, 2023.
358 p. 21 cm.

ISBN 978-85-92736-82-8
1. Educação 2. Quilombos 3. Ilha de Maré I. Título.
CDD 370

Índices para catálogo sistemático: 1. Educação 370

malê

Editora Malê
Rua Acre, 83, sala 202, Centro. Rio de Janeiro (RJ)
www.editoramale.com.br
contato@editoramale.com.br

Sumário

Mãe Balbina, a mãe de todas e todos nós

Renato das Neves Paulo

Ei, mãe Balbina, ei, mãe, como é?
Mãe de Santo, rezadeira, parteira do povo da Ilha de Maré.
Com as forças divinas de "luz Orixá", curou todos seus filhos e filhas
com folhas e ervas dos caboclos da mata "riar"
Ei, mãe Balbina, ei, mãe, como é?
Mãe de Santo, rezadeira, parteira do povo da Ilha de Maré.
Benzedeira e curandeira do povo de Maré, seu legado foi plantado e
deixado para suas filhas e filhos, sejam ou não adeptos do candomblé.
Ei, mãe Balbina, ei, mãe, como é?
Mãe de Santo, rezadeira, parteira do povo da Ilha de Maré.
Seu legado consagrado do poder da cura pela Ilha de Maré se
espalhou, passando de gerações de crianças, jovens, avós e avôs.
Ei, mãe Balbina, ei, mãe, como é?
Mãe de Santo, rezadeira, parteira do povo da Ilha de Maré.
Por honra e glória da luz sagrada de Zambi AU Kautesa e os brados de
Iansã de Guiné, Mãe Bina na comunidade quilombola de Praia Grande,
Ilha de Maré,
fundou o seu terreiro de candomblé.
Ei, mãe Balbina, ei, mãe, como é?
Mãe de Santo, rezadeira, parteira do povo da Ilha de Maré.
Vidas vivas, vivas vidas de todos que aqui estão, salve e um salve para a
Mãe Balbina,
o povo dessa história e de sua nação.
Ei, mãe, Balbina, ei, mãe, como é?
Mãe de Santo, rezadeira, parteira do povo da Ilha de Maré.

Ilha de Maré, Salvador, BA, 21 de julho de 2022

Introdução – Celebração da ancestralidade de Mãe Balbina, a mãe da Ilha de Maré

> Marcada na memória da comunidade como uma mulher de coragem, sempre ativa, espiritualizada, bem articulada, parteira, curandeira, atuou numa época crítica em que as pessoas portadoras de poderes sobrenaturais eram perseguidas, junto com os terreiros, pelas investidas cruéis da polícia. (BRAGA, 1995) [...] O seu poder de cura se estendia a males desconhecidos pela modernidade e a casos que a medicina convencional não se habilitava a tratar, tampouco curar. Há até quem diga que era uma mulher milagrosa. Seu conhecimento sobre as folhas medicinais era vasto e sobre rezas para qualquer mal, estava ali (Marcos Rodrigues).

Esta publicação, Ancestralidade Griot, homenageia toda a ancestralidade de Ilha de Maré através de sua mãe ancestral Balbina Bárbara de Santana – Mãe Balbina de Iansã.

Nas primeiras décadas do século XX, a população negra e quilombola de Ilha de Maré conviveu com uma única fonte de práticas de cura e de parto – dos rituais caseiros e espirituais de

Mãe Balbina. Ela saiu de Itapuã, ainda quando esse bairro boêmio e cantado em verso e música popular brasileira era apenas uma vila de pescadores da cidade de Salvador (BA). Mas também num tempo em que as espiritualidades de matrizes africanas eram criminalizadas pelo Código Penal de 1890, e perseguidas pelos poderes repressivos herdados do colonialismo escravista português.

Mãe Balbina, assim, foi para Ilha de Maré num tempo em que não havia nenhum serviço público de saúde por lá, aliás, não havia nenhum tipo de política pública, nem a repressiva. Ela foi especialmente para Praia Grande, uma das diversas comunidades quilombolas de Ilha de Maré, porém a maior, em termos populacionais, e uma das mais negras e mais "escondidas" da cidade de Salvador, em termos geográficos e políticos. De Praia Grande, Mãe Balbina se tornou a "mãe" de Ilha de Maré, a "prefeita", curando e trazendo ao mundo, como parteira, pessoas de todo o Recôncavo, navegando pela Baía de Todos os Santos. Movimentava Praia Grande como um polo de espiritualidades de matrizes africanas e de sambas chulas, acompanhada e visitada por esse Atlântico negro-baiano, que ao mesmo tempo curava e fazia os mais difíceis partos para a medicina eurocêntrica.

Assim se notabilizou como Mãe Balbina de Iansã, rezando, curando, fazendo partos e liderando a comunidade de terreiro que fundou em Praia Grande. Como tal, Mãe Bina de Iansã realizava a grande festa, no dia 4 de dezembro, para a deusa africana Iansã. Nesse momento, a ladeira da Cidade de Palha era ocupada por um grande número de pessoas de Ilha de Maré, mas também de Salvador e do Recôncavo (Passé, Caboto, Candeias, Santo Amaro, Cachoeira, etc.).

Ainda hoje temos a memória viva de Mãe Bina através de suas netas, netos, bisnetas e bisnetos em Praia Grande, alguns dos quais tivemos o prazer de entrevistar.

Nádia Maria Cardoso da Silva

Prefácio

Por Edileuza Penha de Souza[1]

Penso que as causas sociais
Fazem com que aprenda mais. Reflito meu aprender
Para amanhã saber fazer.
E sonho a cada instante com nossa luta
Para que no futuro
A vitória seja absoluta!
Olha aí meu povo!
Os quilombolas chegando de novo, mostrando toda
sua cultura
Colocando sua força de guerra pelo direito à terra
Na habilidade da sobrevivência guerreira
Não esquecer: oralidade, tradição e cultura
Não entramos na luta por brincadeira
A cultura negra no Brasil. É maravilhosa!

1 Doutora em Educação pela Universidade de Brasília (UnB, 2013), mestre em Educação e Contemporaneidade pela Universidade do Estado da Bahia (UNEB, 2005), graduada em História pela Universidade Federal do Espírito Santo (UFES, 1994). Desde 2006, desenvolve pesquisas na área de cinema, com ênfase no cinema negro no Brasil. Trabalha com educação, atuando nos temas: educação escolar quilombola, arte e cinema africano e diaspórico, cinema e cineastas negras, educação das relações étnico-raciais, formação de professores, e Lei nº 10.639/2003.

Simpatia, bondade, inteligência, alegria...
Meu Deus, quanta magia!
A nossa luta ligada ao coração está ligada a nossos ancestrais
E está ligada ao nosso futuro, à nossa emancipação
Para a construção justa e solidária de uma sociedade
Devemos conhecer os quilombolas
Olhar e escutar...
E fazer parte da comunidade, correr atrás de seus objetivos
Ontem, hoje, amanhã e sempre
A cada novo dia, no nascente e no poente,
consciência negra, luta, escola... Liberdade
Mudaremos a sociedade, pois somos quilombolas de verdade
Quilombola eu sou
E me orgulho de coração
E que nesse encontro haja várias trocas de informação
Falamos das comunidades da saúde e da educação

Poema construído por integrantes da Oficina Educação das Relações Étnico-raciais em Áreas de Quilombos (15/10/2008).

Prof. Ms. Lauro Cornélio da Rocha

Não sei exatamente quando conheci Nádia Cardoso, se foi em 2004, ano em que morei em Salvador para cursar o Mestrado em Educação e Contemporaneidade, na Universidade do Estado da Bahia (UNEB), ou se nossos caminhos somente se cruzaram em novembro de 2010, no I Seminário Nacional de Educação Quilombola, organizado pela então Secretaria de Educação Continuada, Alfabetização e Diversidade (Secad). Esse seminário ocorreu em Brasília, de 9 a 11 de novembro de 2010, e da forma mais ampla possível o Ministério da Educação (MEC), em conjunto com a Secretaria de Promoção da Igualdade Racial (SEPPIR), a Fundação Cultural Palmares, o Instituto Nacional de Colonização e Reforma Agrária (Incra) e a Coordenação Nacional de Articulação das Comunidades Negras Rurais Quilombolas (CONAQ) construíram as bases do Plano Nacional de Educação Quilombola. Plano que auxiliou diretamente o Conselho Nacional de Educação (CNE) na elaboração das Diretrizes Curriculares Nacionais para Educação Escolar Quilombola na Educação Básica (Resolução nº 8, de 20 de novembro de 2012).

O I Seminário Nacional de Educação Quilombola contou com a participação de professores, coordenadores pedagógicos, orientadores educacionais, gestores e representantes de várias instâncias governamentais, consolidando os encaminhamentos da Conferência Nacional de Educação, que fora realizada meses antes e que apontava a urgência de investimento em infraestrutura, capacitação dos/das professores/as e produção de material didático para as comunidades quilombolas no Brasil. O aprofundamento desses três pontos formou as bases das discussões para o Plano Nacional de Educação e da construção das Diretrizes Curriculares Nacionais para a Educação Escolar Quilombola.

Penso que a mobilização para as diretrizes foi o que nos

aproximou. Duas pesquisadoras negras, que naquele momento focaram seus estudos acadêmicos para construção de uma Educação Escolar Quilombola (EEQ). Dos muitos encontros que tivemos entre 2010 e 2016, somente nos reunimos no Edital Equidade Racial na Educação Básica – Pesquisas Aplicadas e Artigos Científicos, promovido pelo Centro de Estudos das Relações de Trabalho e Desigualdades[2] (CEERT), Nádia como pesquisadora premiada do Projeto "Ancestralidade Griot – Eu vim de Ilha de Maré Quilombola, mano!", e eu como orientadora/supervisora convidada pelo CEERT.

O Edital Equidade Racial na Educação Básica ocorreu em 2020 com o objetivo de identificar e apoiar projetos em todo o território brasileiro que apontavam soluções práticas de combate ao racismo e às desigualdades raciais nas escolas, bem como promovessem a igualdade racial. O CEERT, em parceria com o Instituto Unibanco, Itaú Social, Fundação Tide Setubal e Fundo das Nações Unidas para a Infância (UNICEF), recebeu 863 estudos e 605 projetos, resultando em nove artigos[3] e quinze projetos selecionados, dos quais o "Ancestralidade Griot: Eu vim de Ilha de Maré, mano!".

Esse reencontro com Nádia foi de fato uma surpresa para ambas e acredito ter sido um encontro de almas. Ao longo desses dois anos, refletimos sobre Educação Escolar Quilombola, tivemos

[2] O Centro de Estudos das Relações de Trabalho e Desigualdades (CEERT), fundado em 1990, é uma organização que elabora e implementa programas de promoção da equidade racial e de gênero em instituições públicas e privadas e defende os direitos da população negra, em particular da juventude e das mulheres negras. Nos últimos anos, o CEERT tem pautado a educação das relações raciais como eixo de mudanças sociais. O Projeto "Ancestralidade Griot: Eu vim de Ilha de Maré, Mano!" foi um dos 15 trabalhos selecionados, entre os mais de 600 projetos de todo o Brasil.

[3] Os artigos estão disponíveis em: <https://editalequidaderacial.ceert.org.br/pdf/Artigos/completo.pdf>.

a oportunidade de dividir crenças, valores, desejos e sonhos de duas pesquisadoras negras, doutoras e professoras que escolheram a educação como possibilidade de transformação. Duas mulheres que acreditam na ancestralidade, e cultuam orixás, voduns e inquices. E não à toa nos encontramos nas águas da Ilha de Maré. Paraíso negro, bairro de Salvador cercado por águas que variam entre o profundo azul e a transparência. É lá que rendeiras, pescadores, marisqueiras, cesteiros, doceiras, barqueiros e tantas outras trabalhadoras e trabalhadores negros celebram vagarosamente a vida.

No início da implementação do projeto, ocorreu a pandemia da Covid-19, desencadeando o fechamento das escolas e o isolamento da Ilha de Maré. Mas ainda assim, o Projeto Ancestralidade Griot estabeleceu a necessidade de iniciar suas atividades e realizou uma formação de 70 horas, dividida em quatro módulos: Identidade, Ancestralidade, Resistência e Educação Escolar Quilombola. Setenta e cinco profissionais da educação e lideranças das ilhas de Maré, dos Frades e de Bom Jesus dos Passos concluíram essa formação que ocorreu totalmente on-line. O mapeamento participativo dos bens histórico-culturais e a produção de um acervo digital foram alguns dos muitos objetivos dessa formação, que possibilitou a qualidade social da educação em Ilha de Maré.

Assim como em todo o Brasil, a formação dos quilombos de Ilha de Maré abaliza que onde tem opressão há luta e resistência. O território quilombola de Ilha de Maré existe desde o século XVI, quando ali se instalaram dois engenhos de açúcar, porém somente foi reconhecido em 2005. Atualmente, verifica-se que a cobiça pelo território põe centenas de famílias sob ameaças e violações dos direitos humanos, e a ausência do Estado em todas as esferas (municipal, estadual e federal) e a especulação imobiliária na região promovem verdadeiros genocídios dessas comunidades:

O epistemicídio é, para além da anulação e desqualificação do conhecimento dos povos subjugados, um processo persistente de produção da indigência cultural: pela negação ao acesso à educação, sobretudo de qualidade; pela produção da inferiorização intelectual; pelos diferentes mecanismos de deslegitimação do negro como portador e produtor de conhecimento e de rebaixamento da capacidade cognitiva pela carência material e/ou pelo comprometimento da autoestima pelos processos de discriminação correntes no processo educativo. Por isso, o epistemicídio fere de morte a racionalidade do subjugado ou a sequestra, mutila a capacidade de aprender (CARNEIRO, 2005, p. 97).

Na contemporaneidade, o Centenário da Abolição da Escravatura e a Constituição de 1988 são os marcos de luta do Movimento Social Negro (MSN) pelo reconhecimento dos quilombos e de seus territórios. É o MSN quem denuncia as farsas da chamada abolição e da democracia racial e, ainda, apresenta propostas para a Constituição, como a elaboração do artigo 68 das Disposições Transitórias da Constituição: "Aos remanescentes das comunidades dos quilombos que estejam ocupando suas terras é reconhecida a propriedade definitiva, devendo o Estado emitir os títulos respectivos".[4]

A mobilização das entidades negras em todo o país possibilitou inúmeros debates, com destaque para a articulação das comunidades negras rurais do Maranhão e do Pará que, em

[4] BRASIL. Constituição da República Federativa do Brasil, 1988.

18 e 19 de novembro de 1986, organizaram o I Encontro de Comunidades Negras Rurais do Maranhão. Esse encontro centrou as discussões sobre a participação da população negra no processo constituinte. Para além de tratar de saúde e/ou educação, os grupos presentes focaram em pontos como o direito à terra e a garantia dos territórios e da territorialidade dos povos originários e tradicionais. Ainda em 1986, foi realizado, em Brasília, o Encontro do Negro e a Constituinte[5], que consolidou os encaminhamentos do MSN sobre a temática da Constituinte.

A Educação Escolar Quilombola tem possibilitado às Secretarias de Educação Municipais e Estaduais a compreensão de que, ainda que a maioria dos quilombos estejam situados nas áreas rurais, essas comunidades não estão isoladas. Suas demandas no campo da educação incluem a urgência do direito ao conhecimento de suas origens e história, direito à educação básica de qualidade, à formação profissional de jovens e adultos, acesso à tecnologia e ao ensino superior em universidades públicas e de qualidade. Neste sentido, a compreensão dessas demandas e questões ajuda o sistema escolar a desmistificar os equívocos e preconceitos sobre as comunidades quilombolas, ao mesmo tempo em que possibilita a essas instituições revisar suas políticas educacionais, principalmente aquelas voltadas para as Populações Indígenas e Comunidades Tradicionais.

Entretanto, desde o golpe sofrido pela presidenta Dilma

[5] O Encontro do Negro e a Constituinte foi fruto de mobilização nacional do MSN, resultando em uma lista de demandas dos direitos sociais, econômicos, políticos, e culturais da população negra brasileira. Estavam na pauta o direito e o reconhecimento das terras quilombolas, que somente foi regulamentado com o Decreto Federal nº 4.887/2003, no primeiro mandato do Presidente Luiz Inácio Lula da Silva. Assim, reconheceu-se a importância de delimitar, demarcar e titular as terras ocupadas por comunidades quilombolas.

Rousseff em 2016, a política de desmonte do MEC pôs abaixo todas as conquistas dos governos que, por quatorze anos, financiaram pesquisas e ações para construir boas práticas de gestão pedagógica em educação, no âmbito das relações étnico-raciais e para o ensino de história e cultura afro-brasileira e africana, e da educação escolar quilombola. Houve notáveis debates sobre as ações afirmativas e a instituição de políticas públicas para promoção do acesso e permanência no ensino superior, como o Programa Universidade para Todos (PROUNI); a expansão das universidades e institutos federais; formação continuada presencial e a distância de professores na temática da diversidade étnico-racial em quase todo o país; a publicação de material didático, o fortalecimento dos Núcleos de Estudos Afro-brasileiros (NEAB); o apoio e acompanhamento dos Fóruns Estaduais e Municipais de Educação e Diversidade Étnico-racial; a implementação da Comissão Técnica Nacional de Diversidade para Assuntos Relacionados à Educação dos Afro-brasileiros (CADARA); as publicações específicas sobre a Lei nº 10.639/2003 dentro da Coleção Educação para Todos; a inserção da discussão sobre inclusão e diversidade como um dos eixos temáticos da Conferência Nacional da Educação Básica; a criação do Grupo; a participação orçamentária e laborativa no Programa Brasil Quilombola e Agenda Social Quilombola; a participação na Rede de Educação Quilombola; e a assistência técnica a estados e municípios para a implementação das Leis nº 10.639/2003 e nº 11.645/2008.

Essas e muitas outras ações estiveram na linha de frente na defesa da integração e o combate à exclusão social da população negra, que se efetivaram em oportunidades de ingresso no ensino superior para professores/as afrodescendentes e indígenas e, em muitos casos, se consubstanciaram em boas práticas pedagógicas e de gestão de trabalho com relações étnico-raciais na perspectiva da Lei nº 10.639/2003. Essas ações foram determinantes para corporificar uma educação antirracista, plural e de qualidade, como estabelecida na Constituição Federal, de 1988, no Estatuto da Criança e do Adolescente (ECA), de 1990, e na Lei de Diretrizes e Bases da Educação (LDB), de 1996.

O Edital Equidade Racial na Educação Básica – Pesquisas Aplicadas e Artigos Científicos chega num momento assertivo de promover e viabilizar boas práticas de gestão pedagógica em educação, no âmbito das relações étnico-raciais e para o ensino de história e cultura afro-brasileira e africana, e da educação escolar quilombola, concebidas como práxis a ser garantida pelos poderes públicos. Desse modo, quando o Ministério da Educação deixa de atuar como marco operacional das políticas públicas, os demais sistemas e instituições de ensino se sentem desobrigados de implantar a Lei nº 10.639/2003, e consequentemente construírem boas práticas de educação das relações étnico-raciais e quilombolas. Ou seja, estados e municípios tardam em reconhecer a necessidade de proporcionar ensino público e de qualidade para todos/as os/as estudantes, assegurando às crianças, aos adolescentes, aos jovens e aos adultos o direito de desenvolverem-se sob uma perspectiva inclusiva e diversificada.

O projeto "Ancestralidade Griot – Eu vim de Ilha de Maré, mano!" possibilitou à escola e suas comunidades pensar práticas pedagógicas no âmbito da educação, tendo como alvo o compromisso, ou sua falta, com a educação pública e de qualidade e como essas práticas afetam de forma direta o ensino e, consequentemente, as práticas pedagógicas. Estes e outros itens foram debatidos na construção do Projeto Político-Pedagógico (PPP) da escola de Ilha de Maré: que as boas práticas da educação escolar quilombola e étnico-raciais são consequências de produção e aquisição de materiais didáticos; de formação inicial e continuada de professores/as e demais profissionais da educação; de construção e manutenção dos prédios ou unidades escolares que atendam às diferentes realidades, resistentes às intempéries e responsivas às variações sazonais; de aquisição e fornecimento e preparação da merenda escolar, bem como de um transporte escolar que garanta segurança, pontualidade, acompanhamento de pessoa responsável e conforto dos/as estudantes e professores/as.

Essas ações possibilitam corrigir estereótipos e preconceitos sobre a História da colonização no Brasil e na América, além de garantir uma educação que afiance o respeito às diferenças e à diversidade, estabeleça novos paradigmas de valorização e empoderamento de estudantes, professores/as e gestores/as, dentro e fora das instituições de ensino.

O projeto "Ancestralidade Griot – Eu vim de Ilha de Maré, mano!" demonstra também que, para alcançar boas práticas pedagógicas em educação escolar quilombola, é necessário considerar o planejamento como tópico principal da gestão escolar, inclusive por seu atributo de mediador das práticas aplicadas dentro da escola. É conveniente a gestão abrir um processo de escuta democrática, para que todas as pessoas da escola e da comunidade sejam ouvidas e, por consequência, adote-se uma política de acompanhamento e avaliação para sua evolução, incentivando também que outros projetos floresçam.

Há urgência de que as comunidades quilombolas de Ilha de Maré sejam reconhecidas enquanto grupo de direitos específicos. No que se refere às instituições de ensino, esse reconhecimento precisa incluir revisão do Projeto Político-Pedagógico (PPP) e do currículo da Educação Básica, formação de professores/as e gestores/as, avaliação dos livros e materiais didáticos; implementação de políticas que garantam o acesso e permanência de crianças e adolescentes na educação básica, bem como de jovens e adultos negros nas universidades; inclusão da história e da cultura africana e dos/das afro-brasileiros/as, entre outros.

O livro *Ancestralidade Griot – relatos e experiências de educação escolar quilombola a partir das águas de Ilha de Maré* abre possibilidades de criar referências teóricas e práticas que propiciem desenvolver e consolidar algumas experiências pedagógicas sobre a necessidade de solidariedade, reconhecimento e preservação das religiões de origem africana, de afirmação de um padrão de beleza negra, de valorização e respeito à mulher negra, de construção da cidadania negra, de reforço à autoestima e, principalmente, de um ensino que respeite e contemple o fazer pedagógico das múltiplas comunidades quilombolas.

Os fundamentos da educação aqui apresentados como boas práticas pedagógicas de educação escolar quilombola a partir das águas de Ilha de Maré apoiam-se em argumentos sustentadores de uma educação pluricultural e conectam-se com a filosofia que fundamenta a proposta de educação cuja função básica não é propiciar às crianças, adolescentes e jovens, simplesmente, o conhecimento escolarizado, ordenado de acordo com uma lógica disciplinar, mas capacitá-los com uma série de saberes, habilidades, atitudes e valores que lhes permitam entender a sociedade e a cultura em que vivem, participar delas e transformá-las. Nesse sentido, o currículo empreendido procura desenvolver uma nova ação cultural com o intuito de responder questões teórico-metodológicas, políticas e históricas sobre a sociedade que temos e a que queremos e quais valores e princípios estão implicados nas práticas educativas para chegarmos a uma sociedade mais justa, fraterna, solidária e igualitária.

Quanto à finalidade, a educação escolar quilombola assenta-se no compromisso de combater o preconceito, a discriminação e o racismo, favorecendo a solidariedade e o respeito aos direitos humanos, internalizando nos/as alunos/as normas morais de comportamento dentro da sociedade. Desse modo, propõe-se a ajudá-los/as a adquirir habilidades práticas, conhecimentos e destrezas, e atitudes apropriadas para se formar numa sociedade pluralista, desenvolver capacidade de imaginação e racionalidade para comportar-se no meio cultural, social e ambiental.

Este livro abre caminho para se criar práticas pedagógicas quilombolas e, a partir delas, construir uma escola que valoriza o ensino e a aprendizagem que se fazem presentes em cada uma das comunidades quilombolas do Brasil, especificamente em Ilha de Maré, cujo propósito é a superação da desigualdade racial, étnica e social deste país. Pois, somente uma escola dotada dos "valores e práticas da cosmovisão africana" é capaz de compor uma escola quilombola pautada na ética, emoção e afetividade, ou seja, uma escola cidadã adequada às suas necessidades.

Reforçamos, mais uma vez, que a publicação de *Ancestralidade Griot – relatos e experiências de educação escolar quilombola a partir das águas de Ilha de Maré* é, antes de tudo, um instrumento que nos possibilita reivindicar uma educação pública dotada de um ensino de qualidade, com formação permanente para os/as professores/as, com prédios que garantam a segurança e a felicidade dos/as estudantes, docentes e funcionários/as. Uma escola cujo currículo escolar esteja imbricado dentro de um PPP que promova o território e a territorialidade das comunidades quilombolas. Em outras palavras, a construção de boas práticas só será possível se essas e outras características culturais e históricas, que consolidam os processos de diversidade, estiverem no eixo central das comunidades que compõem o universo da Escola Municipal de Ilha de Maré.

A abertura do livro *Ancestralidade Griot – relatos e experiências de educação escolar quilombola a partir das águas de Ilha de Maré* traz um pedido de licença e reverência à ancestralidade de mãe Balbina[6], mulher negra aguerrida, parteira e curandeira, líder religiosa e comunitária de toda a extensão da Ilha. Assim, o lindo poema de Renato Neves "Mãe Balbina, a mãe de todas e todos" e as notas iniciais "Celebração da ancestralidade de Mãe Balbina", da autora e organizadora da publicação, homenageiam a matriarca de Ilha de Maré e, em certa medida, pedem permissão para adentrar o território e a territorialidade da ilha. Neste sentido, mãe Balbina é a grande guia do projeto "Ancestralidade Griot – Eu vim de Ilha de Maré, mano!" que possibilitou todo este conjunto de escrita, organizado por Nádia Cardoso da Silva. Bem assim, como se

[6] Balbina Bárbara de Santana, finada Mãe Bina de Iansã.

iniciam uma oferenda aos orixás, inquices, santos e voduns, eu peço à encantada Mãe Balbina e a Exu, o guardião do poder e do conhecimento, para ancorar as energias necessárias para circulação deste livro, que eu tenho a honra e o privilégio de apresentar.

"Panoramas e experiências em educação escolar quilombola" é o bloco que apresenta o estado atual da educação quilombola no Brasil, tendo como principal norte a comunidade quilombola de Ilha de Maré. Enfatiza as Diretrizes Nacionais Curriculares para Educação Quilombola e as experiências educacionais desenvolvidas na ilha, a partir dos seguintes textos:

Em "Por uma trajetória escolar quilombola digna no Brasil", de Givânea Silva e Nádia Cardoso, as autoras fazem um breve histórico de lutas e conquistas da educação escolar quilombola até a aprovação das Diretrizes Curriculares da Educação Escolar Quilombola, que nesse momento completa dez anos de homologação pelo Conselho Nacional de Educação. As pesquisadoras ressaltam ainda a necessidade de continuidade e manutenção do direito à educação escolar quilombola.

No artigo "Educação Escolar Quilombola em Salvador", o professor Carlos Eduardo C. de Santana descreve o processo de construção das Diretrizes Curriculares Municipais para Educação Escolar Quilombola, na cidade de Salvador, resgatando as audiências públicas realizadas, em setembro de 2013, nas comunidades soteropolitanas certificadas como quilombolas pela Fundação Cultural Palmares: Praia Grande, Bananeiras, Porto de Cavalo, Martelo e Ponta Grossa, na Ilha de Maré, e a comunidade do Alto do Tororó. O artigo apresenta uma breve descrição histórica dos quilombos no município de Salvador e toma as comunidades quilombolas como eixo central para elencar as diferenças entre a educação quilombola e a educação escolar quilombola.

Nádia Cardoso também é responsável pelo artigo "Educação Escolar Quilombola em Ilha de Maré", no qual apresenta algumas das principais lideranças de Praia Grande, Bananeiras, Porto de Cavalo, Martelo e Ponta Grossa e como elas articulam e desenvolvem a educação escolar em suas práticas de vida.

As mesmas Givânea Silva e Nádia assinam o texto "Dez anos das Diretrizes Curriculares Nacionais da Educação Escolar Quilombola – avaliação através da voz dos quilombolas da CONAQ". Nesse artigo, elas relatam os desafios e as estratégias formuladas pela Coordenação Nacional de Articulação das Comunidades Negras e Rurais Quilombolas (CONAQ) para criar e fortalecer trajetórias escolares dignas dos estudantes quilombolas, registrando sua produção social. As pesquisadoras ressaltam o quanto é fundamental refletir sobre os complexos processos extra e intraescolares; e expendem o quanto é necessária uma gestão pública educacional comprometida com a promoção da educação escolar quilombola. Ao longo do texto, a partir da perspectiva da CONAQ, explicitam as responsabilidades dos diferentes atores e suas competências para garantir os direitos dos/as estudantes quilombolas.

"Reestruturação dos PPPs das escolas do território Juá/Bandeira: participação, coletividade e possibilidades" é o artigo da professora Michelle Oliveira de Matos, que salienta como a educação escolar ocorre em duas escolas do território Juá/Bandeira as quais são reconhecidas pelos/as moradores/as como uma das conquistas do território e lugar de compromisso e saberes das comunidades, e assim propõem as Diretrizes Curriculares para a Educação Escolar Quilombola. O texto demonstra que as rodas de conversas, questionários individuais e coletivos, entrevistas semiestruturadas, grupos de estudos e encontros formativos são instrumentos aptos à prática da educação escolar quilombola, com uma escuta atenta das necessidades das comunidades e com engajamento político de todas as partes que compõem o sistema de ensino.

A professora Zelinda Bairros é responsável pelo texto "Gamificação no ensino de história e cultura afro-brasileiras e africanas: relato de experiência". Nesse artigo ela relata a experiência de produção de jogos e atividades gamificadas nos cursos de Bacharelado em Humanidades e Licenciatura em Ciências Sociais da Universidade da Integração Internacional da Lusofonia Afro-brasileira (UNILAB), campus São Francisco do Conde, Bahia, no período de 2021 e 2022. A antropóloga enfatiza a importância da gamificação como recurso auxiliar ao processo de ensino-aprendizagem e como os *games* contribuem para a abordagem de conteúdos relacionados à história e cultura afro-brasileiras na Educação Básica.

"As aulas de educação física escolar na resistência ao racismo ambiental em Ilha de Maré" é o artigo da professora Ariany Cavalcante Lobo que encerra o bloco "Panoramas e experiências em educação escolar quilombola". No texto, ela descreve as experiências vivenciadas nas aulas de educação física da Escola Municipal de Ilha de Maré durante a aplicação do projeto Ancestralidade Griot e como ela pôde ampliar e propor atividades aos/as estudantes sobre a história da Ilha de Maré, tendo como ponto de partida os temas ancestralidade, identidade quilombola e resistência. A professora utilizou uma metodologia participativa e, de forma lúdica e crítica, desenvolveu atividades sobre o racismo ambiental que as comunidades da ilha têm sofrido ao longo dos últimos vinte anos.

"Ilha de Maré: histórias de resistências e reexistências" é o bloco que reúne textos que reconstroem as histórias de vida e memória de um povo que enfrenta múltipla violência do sistema colonial e, apesar de toda luta e combate ao racismo, segue abrindo caminhos de esperanças e vida.

No texto "Mãe Balbina – a matriarca de Ilha de Maré", o professor Marcos Rodrigues apresenta aspectos da história de vida de Mãe Balbina, principal liderança social e religiosa do século XX, na Ilha de Maré. Rodrigues descreve a grande popularidade de Mãe Balbina e como ela é perpetuada na memória do povo da ilha. Nesse sentido, o autor faz um recorte sobre a história da matriarca e revela sua importância coletiva de sabedoria e conhecimento da medicina e prática religiosa.

Mille Caroline Rodrigues Fernandes é a autora do texto "A reexistência da língua *kikongo* no *kilombo* de Ilha de Maré", elaborado a partir de sua pesquisa em oito províncias da República Popular de Angola, com base nas epistemologias decoloniais e do pensamento afrodiaspórico. Tendo a língua como lugar de cristalização dos saberes, fazeres e experiências históricas e culturais, a autora demarca os instrumentos mentais ou materiais construídos pelas diversas gerações dos grupos bantu que influenciaram/influenciam a constituição e manutenção dos *kilombos* e da língua *kikongo*, como força vital pulsante e ancestral.

"Um pouco sobre o lugar da vida em Bananeiras" é o texto

assinado pela doutora em Geografia Jussara Cristina Vasconcelos Rêgo. Empregando uma ferramenta cartográfica de intervenção – Mapeamento Biorregional –, a autora expõe os problemas territoriais que existem em Bananeiras, localizada no nordeste da Ilha de Maré, e assim revela a história guardada na memória da comunidade sobre suas origens, os processos de formação do lugar e de resistência aos impactos sociais e ambientais decorrentes da industrialização do seu entorno, inaugurados pela implantação da Refinaria Landulpho Alves (RLAM). Os conflitos entre o território quilombola e a degradação da vida pelos empreendimentos e por agentes do Estado demarcam o contínuo processo de colonização.

Subscrito no próprio título, o texto "Mestre Bispo em Ilha de Maré", redigido a quatro mãos por Antônio Bispo e Nádia Cardoso, expande a fala do tradutor de saberes quilombolas, escolares e acadêmicos. Formado pelos conhecimentos daqueles/as que vieram antes, o ativista e intelectual Antônio Bispo afirma a ancestralidade griot em Ilha de Maré como pauta de recriação de uma Educação Escolar Quilombola, ratificando-a como elemento vital para romper com todas as amarras do sistema colonial e possibilitando uma epistemologia "contracolonial" e afetiva para a comunidade de Ilha de Maré.

"Ensaio sobre as narrativas de ocupação de Ilha de Maré" é o artigo da pesquisadora que elaborou o Relatório Antropológico de Ilha de Maré, em 2005, Queila Oliveira. No texto, a autora desafia a interpretação das narrativas de ocupação da ilha, apresentando um breve histórico sobre o Sistema Baía de Todos os Santos, no início da colonização do Brasil, e como a Ilha de Maré estava inserida nesse sistema, na condição de local de produção de alimentos para abastecer o mercado interno. À medida que vai adentrando o tema, ela expõe e analisa os relatos e genealogias dos moradores quilombolas de Ilha de Maré como fonte de pesquisa e sua importância para o conhecimento de parte inacabada da historiografia oficial sobre a formação de comunidades quilombolas contemporâneas.

Em "Ancestralidade Griot – uma tecnologia e uma epistemologia de política pública de educação escolar quilombola em Salvador", Nádia nos apresenta os resultados do seu projeto "Ancestralidade Griot - Eu vim de Ilha de Maré, mano!", as dificuldades, mas, sobretudo, as conquistas. Seu artigo nos faz entender o surgimento, na Bahia e no Brasil, de inúmeras boas práticas de Educação Escolar Quilombola protagonizadas por escolas públicas, movimentos e coletivos quilombolas. Elucida, também, como escola e comunidade podem criar inventários participativos dos seus bens histórico-culturais e epistemológicos, resultando em acervos digitais e materiais didáticos. O artigo enfatiza a importância das plataformas digitais e como elas podem contribuir para a qualidade social da educação das comunidades quilombolas de Ilha de Maré.

Fechando a publicação, Fábio Bahia descreve, em "Contracolonialidade e Ancestralidade Griot", as experiências e reflexões relatadas no projeto "Ancestralidade Griot - Eu vim de Ilha de Maré, mano!", e o diálogo com professores/as da educação básica sobre práxis em sala de aula. Suas observações partem dos estudos do filósofo Nego Bispo e articulam práticas e experiências quilombolas na educação escolar, com dimensões e aportes da escrita, estabelecendo reflexões sobre a própria concepção do saber e do conhecimento. Os caminhos do texto são formados a partir dos registros audiovisuais dos Encontros de Formação Griot e buscam a composição de uma proposta de pensamento que possa confluir com a prática na formulação e ampliação dos saberes na educação escolar quilombola.

O conjunto desses artigos reforça o quanto esta publicação é importante, com ênfase na implementação da Lei nº 10.639/2003 – que tornou obrigatório o ensino da história e da cultura afro-brasileira e africana na educação básica do país –, e o protagonismo do território quilombola de Ilha de Maré. Nesse sentido, é necessário entender que o debate e a proposição de uma política educacional e intersetorial para as comunidades quilombolas na Bahia, efetivamente, nasceram por meio da Secretaria de Promoção da Igualdade Racial (SEPROMI), em 2007, e da Coordenação de Educação para as Relações Étnico-Raciais e Diversidade, em 2008. Não obstante, hoje a publicação do livro *Ancestralidade Griot – relatos e experiências de educação escolar quilombola, a partir das águas de Ilha de Maré* é também fruto dessas sementes que, permanentemente, são plantadas e regadas com histórias, culturas, lutas, valores e saberes.

Com esta publicação, Nádia Maria Cardoso da Silva demarca o quanto a EEQ tem se consolidado como estratégia política na luta por reconhecimento da terra e dos direitos sociais e do quanto a comunidade quilombola de Ilha de Maré segue como território e territorialidade de manutenção da vida.

Referências

ANJOS, Rafael Sanzio Araújo dos. A territorialidade dos quilombos no Brasil contemporâneo: uma aproximação. In: SILVA, Tatiana Dias; GOES, Fernanda Lira, (Org.). **Igualdade racial no Brasil**: reflexões no Ano Internacional dos Afrodescendentes. Brasília: Ipea, 2013. p. 137-152. Disponível em: <http://www.ipea.gov.br/igualdaderacial/images/stories/pdf/livro_igualdade_racialbrasil01.pdf>.

ARRUTI, J. M. O quilombo: entre dois governos. **Tempo e Presença**. Rio de Janeiro, v. 25, n. 330, p. 10-16, jul./ago. 2003.

_______. **Mocambo**: antropologia e história do processo de formação quilombola. São Paulo: Edusc, 2006.

BRASIL. **Constituição da República Federativa do Brasil**. Ato das Disposições Constitucionais Transitórias – ADCT. Brasília: Senado, 1988.

_______. **Decreto Federal nº 4.887/03**, de 20/11/2003. Brasília: Senado, 2003.

_______. **Diretrizes Curriculares Nacionais para a Educação das Relações Étnico-Raciais e para o Ensino de História e Cultura Afro-brasileira e Africana**. Brasília, junho, 2005.

_______. **Diretrizes Curriculares Nacionais Gerais para a Educação Básica**. Brasília: Conselho Nacional de Educação, 2010.

_______. **Diretrizes Curriculares Nacionais para a Educação Escolar Quilombola**. Resolução Nº 8, de 20 de novembro de 2012. Brasília: Conselho Nacional de Educação – Câmara de Educação Básica (CNE/CEB).

_______. **Documento Final**. Conferência Nacional de Educação – CONAE, 2010.

_______. **Resolução nº 7, 14 de dezembro**. Conselho Nacional de Educação. Câmara da Educação Básica, 2010.

________. **Relatório Técnico nº 083/2012**. 6ª Câmara de Coordenação e Revisão: Populações Indígenas e Comunidades Tradicionais. Brasília, 2012.

________. Secretaria de Educação Fundamental. Parâmetros curriculares nacionais: introdução aos parâmetros curriculares nacionais. Secretaria de Educação Fundamental.

CARNEIRO, Aparecida Sueli. **A construção do outro como não-ser como fundamento do ser**. Tese (Doutorado) – Universidade de São Paulo, São Paulo, 2005. Acesso em: 4 dez. 2022.

FIGUEIREDO, A. V. de. **O caminho quilombola:** sociologia jurídica do reconhecimento étnico. Curitiba: Appris, 2011.

SODRÉ, Muniz. **Pensar Nagô**. Petrópolis: Editora Vozes, 2018.

SOUZA, Edileuza Penha de; NUNES, Georgina Helena Lima; MELO, Willivane Ferreira de. (Org.). **Memória, territorialidade e experiências de educação escolar quilombola no Brasil**. Pelotas: Editora da UFPel, 2017.

4. Apresentando o Ancestralidade Griot

4.1 Ancestralidade Griot – uma tecnologia e uma epistemologia de política pública de educação escolar quilombola em Salvador

Nádia Maria Cardoso da Silva[1]

"Sou africano e segundamente brasileiro [...]. Aprendi que nunca vivemos a escravidão sem lutar."

"Eu sou Zumbi, eu sou Zumbi, vocês mataram ele, mas eu estou aqui!"

(Seu Djalma, 77 anos, Quilombo de Bananeiras/Ilha de Maré/Salvador-BA)

Resumo

Neste artigo apresentamos o **Ancestralidade Griot – Eu vim da Ilha de Maré quilombola, mano!** com o objetivo

[1] Ativista da igualdade racial e de gênero em Salvador; graduada em Antropologia (Universidade Federal da Bahia); especialista em Direitos Humanos (Ministério Público/Universidade Estadual da Bahia); mestra em Educação (Universidade Estadual da Bahia).Doutora em Cultura e Sociedade (Universidade Federal da Bahia); professora da Rede Municipal de Educação de Salvador, trabalhando há 7 anos numa escola quilombola da Ilha de Maré. Coordenadora do Projeto Ancestralidade Griot – eu vim da Ilha de Maré quilombola, mano.

de inspirar o surgimento, na Bahia e no Brasil, de inúmeras outras boas práticas de educação escolar quilombola protagonizadas por escolas, movimentos e coletivos quilombolas. Foi um dos 15 projetos selecionados, entre os mais de 600 de todo o Brasil, pelo Edital Equidade Racial na Educação do Centro de Estudos das Relações de Trabalho e Desigualdades (CEERT) em parceria com o Instituto Unibanco, Itaú Social, Fundação Tide Setubal e Fundo das Nações Unidas para a Infância (UNICEF). Tal Projeto teve como objetivo contribuir para a qualidade social da educação das comunidades quilombolas da Ilha de Maré, Salvador/BA, através do envolvimento de suas lideranças e comunidade escolar no mapeamento (inventário) participativo dos seus bens histórico-culturais e epistemológicos e na produção de um acervo digital – com suas histórias, culturas, lutas, valores e saberes – como material didático a ser disponibilizado para escolas e comunidades de Ilha de Maré, por meio de plataformas digitais. É essa experiência que apresentaremos neste artigo.

Palavras-chave: educação escolar quilombola; diretrizes; pesquisa-ação; comunidades quilombolas; escolas.

Introdução

Ao lado do Maranhão, a Bahia é o estado do Brasil com o maior número de comunidades quilombolas certificadas pela Fundação Palmares (Governo Federal) – mais de 800 comunidades[2]. Ainda assim, é possível constatar que as comunidades quilombolas baianas enfrentam grandes problemas para a garantia do direito à educação para suas crianças e jovens, apesar da manutenção da carência de estudos sobre os desafios para a efetivação da educação escolar quilombola em todo o Brasil, o que tem contribuído para a consolidação das iniquidades educacionais de quilombolas brasileiros (EDMILSON *et al*, 2019). Cidade com mais de 80% de população negra, Salvador, capital da Bahia, a mais negra da diáspora africana no mundo, pouco se conhece e reconhece como território quilombola, apesar de uma das suas três ilhas ser o seu território mais negro e quilombola da cidade. O **Ancestralidade Griot – eu vim da Ilha de Maré Quilombola, mano!** pretendeu contribuir, nesses 2 anos de implementação, para o fortalecimento negro e quilombola de Salvador, através de uma pesquisa-intervenção em Ilha de Maré.

Com 4.236 moradores autodeclarados negros, de acordo com o IBGE (2010), Ilha de Maré é composta por 11 comunidades, das quais cinco foram reconhecidas como quilombolas pela Fundação Palmares, entre os anos de 2004 e 2005: Bananeiras, Ponta Grossa,

[2] De acordo com o levantamento da Fundação Cultural Palmares, o Brasil possui 3.432 comunidades quilombolas reconhecidas, sendo que a região nordeste possui 63% desse total de comunidades – 2.669 comunidades. A Bahia e o Maranhão seguem sendo os estados com maior número dessas comunidades do Brasil, alternando o primeiro lugar – atualmente são 835 comunidades no Maranhão e 817 na Bahia. Ver Fundação Cultural Palmares. Certificação Quilombola. Disponível em: <http://www.palmares.gov.br/?page_id=37551>. Acesso em: jun. 2020.

Porto dos Cavalos, Martelo e Praia Grande (OLIVEIRA, 2016). No entanto, de acordo com a pesquisa realizada pelo Coletivo de Pesquisadoras/es Griot[3], moradoras/es e lideranças defendem que toda a Ilha de Maré é quilombola e que sua população atualmente se encontra entre sete e nove mil habitantes.

Esse território mais negro e quilombola de Salvador é o que possui mais dificuldades para chegada de políticas públicas, inclusive, das políticas públicas de educação. Essa compreensão foi consolidada a partir das entrevistas realizadas pelo Coletivo de Pesquisadores Griot com as lideranças de várias comunidades quilombolas da Ilha de Maré, como Eliete e Elivandro Paraguaçú (Porto dos Cavalos), Marizelha e Seu Djalma Lopes (Bananeiras). Esses encontros permitiram que trabalhássemos com estudantes o conceito de racismo institucional, ou seja, a ideia de que o racismo não se limita a comportamentos individuais, mas diz respeito também ao funcionamento das instituições públicas, que de forma altamente destrutível confere vantagens, desvantagens e privilégios, institucionalizando interesses políticos e econômicos das classes brancas dominantes (ALMEIDA, 2018).

O Ancestralidade Griot se desafiou a se constituir numa pesquisa de intervenção nesse território negro, pesqueiro, das águas, e quilombola, que é Ilha de Maré, como faz questão de afirmar uma das suas lideranças, Eliete Paraguaçú.

Para alcançar seu objetivo de identificar e registrar os bens históricos, epistemológicos, culturais da Ilha de Maré,

3 O Coletivo de Pesquisadoras(es) Griot entrevistou lideranças e as/os griôas e griôs da Ilha de Maré – suas/seus mais velhas, mais velhos e lideranças das suas comunidades quilombolas da Ilha de Maré para levar para as salas de aulas.

realizamos, no decorrer dos anos de 2021 e 2022, os **Encontros Formativos Griot**, com professoras e professores das escolas quilombolas da Ilha de Maré; as **Trilhas Griot** – rodas de conversa com seus estudantes; **Encontros de Intercâmbio Griot** – com intelectuais/ativistas quilombolas da Bahia e do Brasil para compartilhar experiências, lutas e saberes com Ilha de Maré; e constituímos o **Coletivo de Pesquisadoras/es Griot** com professoras, lideranças e estudantes quilombolas da Ilha de Maré, além do fotógrafo e da cinegrafista. Também realizamos os **Encontros com Ancestralidade da Ilha de Maré** – fotografias e entrevistas com as griôas e os griôs da ilha com o intuito de levar para as salas de aulas, etc. É esse conjunto de ações que vamos apresentar neste artigo, pois, entendemos que relatar essa experiência abre possibilidades de inspiração para construção de boas políticas públicas de atendimento às Diretrizes Curriculares Nacionais da Educação Escolar Quilombola (2012).

Os Encontros Formativos Griot oportunizaram que professoras, professores e lideranças da Ilha de Maré se reencontrassem com sua ancestralidade, resistência, identidade negra e quilombola, para repensar a educação no seu território. Assim, embora a formação de professoras/es e lideranças quilombolas tenha sido a atividade mais atingida pelo isolamento social em virtude do Covid-19, o formato remoto, como alternativa para sua realização, nos permitiu o alcance de um público maior de territórios quilombolas, bem como a facilitação de importantes intelectuais/ativistas negras/os e quilombolas de todo o território brasileiro. Tais encontros formativos on-line viabilizaram, assim, a participação como cursistas de docentes das outras duas ilhas de

Salvador – Bom Jesus e Frades –, bem como de outros municípios da Bahia e do Brasil. Foram 189 inscritos, dos quais, 13 gestores e 131 professoras e professores – 24 da Escola Municipal da Ilha de Maré, 8 das escolas das Ilhas dos Frades e 16 das escolas de Bom Jesus. Inscreveram-se ainda 62 lideranças – 15 da Ilha de Maré, 8 de fora de Salvador – Pernambuco, Minas Gerais, Maranhão, Tocantins, etc.

Das várias lições dos Encontros Formativos Griot, aprendemos que um processo de formação a partir dos eixos identidade/resistência/ancestralidade e educação é elementar para o debate da equidade racial na educação escolar quilombola. Esses eixos estão nas diretrizes curriculares para inclusão da História e Cultura Afro-brasileira e Africana no Sistema Municipal de Ensino de Salvador (2005), e são resultados do trabalho no CEAFRO[4]. Construímos uma tecnologia social de formação em educação escolar quilombola no formato remoto para docentes, em plena expansão da pandemia (2021). Outra contribuição dos Encontros Formativos Griot foi a união de lideranças e professores no mesmo processo formativo. Isso possibilitou o apoio e pressão comunitária para que professoras/es capacitadas/os consigam desenvolver, com autonomia, novas práticas escolares, a partir das diretrizes curriculares da educação escolar quilombola regulamentadas nos três níveis de governo em Salvador.

Tais processos de formação nos permitiram compreender também que o conceito de racismo ambiental tem que ser

[4] O CEAFRO é uma organização liderada por mulheres negras, vinculada ao Centro de Estudos Afro-Orientais (CEAO) da Universidade Federal da Bahia com a missão de trabalhar para a igualdade racial e de gênero na Bahia.

incorporado ao debate da educação escolar quilombola, já que é uma questão que atinge fortemente as comunidades quilombolas do Brasil. Nos Encontros Formativos Griot, a professora Jussara Rêgo[5] relembra que, de todas as toneladas de cobre que chegam ao Porto de Aratu, 10% são perdidos mensalmente nas águas de Ilha de Maré. Na área do Apicum, em Bananeiras, crianças jogam futebol e brincam na maré vazante, mas esse é o mesmo lugar onde corre o esgoto a céu aberto. A professora ainda chama a atenção que, cartograficamente, o sul da Ilha de Maré é onde ocorrem o turismo e o veraneio nos quais os de "fora" vivem a grande beleza natural da ilha. Porém, para os de "dentro", que residem no norte da ilha, ela é o lugar da vida, dos pequenos cultivos, da pesca, da mariscagem, de vida solidária e comunitária, mas também do abandono, da falta de saneamento básico, da poluição, da contaminação e do adoecimento. Contudo, a professora Jussara aponta conquistas do ativismo quilombola da Ilha de Maré, entre elas, a luta das comunidades para o reconhecimento como quilombola e as vitórias com o processo de judicialização do derramamento de petróleo e visibilização do problema do racismo ambiental na Ilha de Maré[6].

O racismo institucional dos poderes públicos locais e nacionais se articula com o racismo ambiental praticado cotidianamente nas águas da Ilha de Maré, pelos empreendimentos industriais, para tornar esse território mais negro e quilombola de Salvador, em um local onde o abandono e a violação de direitos

5 Enfatizou a Doutora em Geografia Jussara Rêgo quando compartilhou seus estudos sobre Ilha de Maré nos Encontros Formativos Griot, no dia 22 de março de 2021.

6 Todos os Encontros Formativos Griot foram gravados e disponibilizado no youtube. Para maiores informações, acessem o link:https://m.youtube.com/channel/UCNHXPFwmnLf5YA2Yz4MnH8A).

convivem com um cenário natural paradisíaco de mares, baías e mata atlântica.

Diante do reduzido acesso ao ensino remoto pelas/os educandas/os da Ilha de Maré, iniciamos as Trilhas Griot – rodas de conversas com estudantes – somente quando a rede municipal de educação de Salvador aderiu ao formato híbrido, a partir de agosto/setembro de 2021. As Trilhas Griot foram dispostas em quatro blocos, organizadas pelos mesmos eixos dos Encontros Formativos Griot, mas reinventados para estudantes: 1) identidade (valorizando a diferença quilombola, conhecendo os desafios e as lideranças da Ilha de Maré); 2) resistência (juventude negra na luta pelos direitos e a força feminina nas comunidades quilombolas); 3) ancestralidade (Ilha de Maré: pedacinho da África abraçado pelo mar; Histórias Griots da Ilha de Maré); 4) educação escolar quilombola (desafios da educação em Ilha de Maré; a comunidade atravessando os muros da escola!). Foram realizadas quatro rodas de conversas com estudantes no formato on-line, aos sábados pela manhã.

Todas essas rodas de conversa tiveram a mediação de mulheres negras ativistas/intelectuais quilombolas da Bahia e do Brasil. Contamos com a participação da jovem ativista quilombola Juliana Vaz, coordenadora nacional da Articulação Nacional das Comunidades Quilombolas, e também de uma das mais importantes lideranças da Ilha de Maré, Marizelha Lopes, a Nega, quilombola de Bananeiras. Promovemos o diálogo Pará e Bahia, mediados por Carlene Printes (quilombola da comunidade Boa Vista Trombetas, Oriximiná, Pará, coordenadora na Associação dos Discentes Quilombolas da UFPA/ADQ-UFPA) e Luciete

Neves (quilombola de Praia Grande/Ilha de Maré, representante dos povos tradicionais e quilombolas de Salvador no Conselho Municipal das Comunidades Negras de Salvador). Além delas, a professora quilombola Lara Luísa Silva Gomes Franco (neta de quilombola de Minas Gerais e mestra em educação, coordenadora da Federação dos Quilombos de Paracatu/MG) colaborou com as discussões.

Para atingir a maioria das/os estudantes, que não tiveram acesso às rodas pelo Google Meets, por diversas razões – falta de acesso aos equipamentos (celulares e computadores), à internet, ou mesmo o fato de alguns trabalharem para ajudar a renda familiar aos finais de semana –, apresentamos aos educandos, durante a semana, de forma presencial, a gravação das rodas no Google Meets, a fim de mobilizá-los para participarem de novas conversas presenciais. Outra estratégia de estímulo dos estudantes, nesse difícil momento, foi darmos um formato de trilhas, ainda que de forma on-line.

Apesar do conceito de racismo ambiental já estar sendo tratado desde os Encontros Formativos Griot, ele voltou com a força da experiência da Ilha de Maré, quando colocamos estudantes para conversar com lideranças da ilha, nas Trilhas Griot. Habitada por comunidades negras e quilombolas, Ilha de Maré, a partir dos anos 50, passou a ser cercada por um forte processo de industrialização da região. Nas águas ao seu redor, foram instalados o Polo Petroquímico de Camaçari – centenas de indústrias ligadas à área petroquímica; o Porto de Aratu, principal escoadouro dos produtos produzidos no Polo Petroquímico da Bahia, localizado na cidade de Camaçari/BA; e a Refinaria Landulpho Alves (pela

Petrobras) nas águas da Bahia de Todos os Santos, em frente à Ilha de Maré, e oleodutos nas suas comunidades quilombolas.

Marizelha Lopes conta, em roda de conversa com estudantes (set/2021), que seu avô Cândido sempre dizia que a chegada do desenvolvimento, através do Porto de Aratu, "acabou com a vida da gente". E constata que seu avô estava certo. Ela narra que, em 2013, ocorreu um grave acidente nas águas da Ilha de Maré: a explosão do navio estrangeiro Golden Miller, com bandeira das Bahamas, ancorado no Píer da Petrobras, no Porto de Aratu, carregado de gases tóxicos. Tal porto fica em frente à comunidade quilombola de Bananeiras/Ilha de Maré (Salvador/BA), mas a explosão do navio levou medo e desespero para todas as comunidades pesqueiras e quilombolas de toda a ilha de Maré. Esse "progresso" afeta as/os moradoras/es da Ilha de Maré cotidianamente e de diversas formas. Com as Trilhas Griot pudemos constatar que, após os engenhos de açúcar do Brasil colonial terem trazido exploração, escravização e morte para negras e negros até finais do século XIX, quem as/os explora e as/os mata hoje são os novos vizinhos – as diversas indústrias petrolíferas e petroquímicas instaladas na região partir da década de 50, que fortalecem o capitalismo globalizado da colonialidade contemporânea. Portanto, o racismo ambiental diz respeito à decisão da política pública de instalação desses grandes empreendimentos industriais nas águas das comunidades quilombolas da Ilha de Maré, trazendo medo, adoecimento, pobreza extrema e morte para as suas populações negras. Nas entrevistas para o Coletivo Griot (2021), suas lideranças refletem sobre isso. Marizelha Lopes, após se indagar do "porquê a decisão de fazer essas estruturas exatamente onde tá os pretos e as pretas?", enfatiza que "o progresso não chega para nós, ele chega em cima de nós". Já Elivandro Paraguaçu afirma que o racismo ambiental "tá sendo feito pelo mesmo povo que fez a colonização, que escravizou o povo preto, achando que não vai ser punido" e fundamentados pela concepção da necropolítica de que "lá é terra de pretos, de gente sem importância". Tudo isso ao lado de condições sociais precárias, a exemplo de esgoto a céu aberto correndo para os manguezais, e lixo que transborda nas "casas de lixo" em Bananeiras e em Praia Grande.

Dessa forma, o racismo ambiental é quando, em nome do lucro e da riqueza de pequenos grupos brancos, várias comunidades negras têm suas vidas abandonadas pelos poderes públicos e expostas às contaminações químicas dos grandes empreendimentos dos poderes privados. Dito de outro modo, o racismo ambiental é praticado pelos poderes públicos e privados ao decidirem expor comunidades negras e quilombolas a locais e instalações de seus resíduos tóxicos.

Após a grande maioria da população baiana já ter sido imunizada com a segunda dose da vacina contra o covid-19, iniciamos, em novembro de 2021, os **Encontros de Intercâmbios Griot**, trazendo, de forma presencial, intelectuais/ativistas negras, negros e quilombolas da Bahia e do Brasil, para compartilharem experiências, lutas e saberes com Ilha de Maré. Tais encontros presenciais foram realizados na Escola Municipal da Ilha de Maré, um espaço estratégico, pois atende quase 600 estudantes oriundas/os de todas as 11 comunidades da Ilha de Maré, inclusive das cinco comunidades oficialmente reconhecidas como quilombolas. Com essa atividade, pudemos perceber o potencial mobilizador dos encontros presenciais com professores, estudantes, funcionários e gestão da escola a partir das reflexões apresentadas. Os dois primeiros Encontros de Intercâmbios Griot ocorreram em finais de 2021, com a ativista e professora (atualmente diretora) quilombola Jucilene Viana, do Quilombo do Kaonge, Cachoeira/BA[7]; o segundo com a professora e ativista quilombola Lara Luísa, da Federação Quilombola de Paracatu/MG.

Ao longo de 2022, o Ancestralidade Griot conseguiu, em 4 momentos, reunir todas e todos as/os professoras/es da Escola Municipal da Ilha de Maré, para juntos com lideranças das comunidades da ilha pensarmos a escola que queremos e que precisamos. Tal escola só poderá se concretizar com a construção participativa (comunidades quilombolas e comunidade escolar) do Projeto Político-Pedagógico (PPP). Foram momentos de intercâmbios com a professora Michelle Mattos e suas experiências de facilitação nos processos de elaboração dos PPPs de diversas comunidades quilombolas do Velho Chico[8].

Ainda em 2022, o Mestre quilombola Antônio Bispo[9] participou, como convidado sênior e mobilizador da reunião de lideranças e professoras/es da Ilha de Maré com o Fórum Estadual de Educação Escolar Quilombola da Bahia. Criado em 2010 por professores e lideranças quilombolas da Bahia inteira, tal

[7] Nesse dia, a aula foi suspensa pela direção para a escola ser dedetizada, então não tinha nem professores nem estudantes, mas reunimos os funcionários da escola que são moradores das comunidades quilombolas da Ilha de Maré. Isso permitiu que os quilombolas da Ilha de Maré (funcionárias/os da escola) intercambiassem saberes, lutas e experiências com o Quilombo do Kaonge, através da professora Jucilene.

[8] Michelle Matos atualmente está na coordenação municipal da Educação Étnico-Racial (SEMED/Lapa).

[9] Escritor, lavrador, formado por mestras e mestres de ofícios, morador do Quilombo do Saco-Curtume (São João do Piauí). É autor de artigos, poemas e dos livros *Quilombos, modos e significados* (2007); e *Colonização, Quilombos: modos e significados* (2015); membro da Coordenação Estadual das Comunidades Quilombolas do Piauí (CECOQ/PI) e da Coordenação Nacional de Articulação das Comunidades Negras Rurais Quilombolas (CONAQ).

Fórum foi constituído como uma instância para que os próprios quilombolas acompanhem, fiscalizem e proponham políticas públicas educacionais para suas comunidades. O objetivo desse Encontro de Intercâmbio Griot entre Mestre Nego Bispo, o Fórum de Educação Escolar Quilombola da Bahia e articuladoras/es e lideranças da Ilha de Maré foi colocar esse território mais negro e quilombola de Salvador nessa rede e construir propostas para impulsionar a educação escolar quilombola nas comunidades quilombolas da Ilha de Maré. Paralelamente, nesse mesmo dia, aconteceu a roda de conversa presencial dos estudantes com a jovem ativista quilombola de Bom Jesus da Lapa/BA Juliana Vaz, que já tinha se encontrado com alunos nas Trilhas Griot, também com atividade dos Encontros de Intercâmbios Griot.

Para realizar a pesquisa de campo em Ilha de Maré, constituímos o Coletivo de Pesquisadoras/es Griot por professores, ex-estudantes, lideranças da Ilha de Maré junto a cinegrafistas e fotógrafos. Foi assim que documentamos relatos de histórias de escravidão, de resistências e reexistências quilombolas na Ilha de Maré, de seus saberes e manifestações culturais, através de entrevistas com vinte de suas/seus mais velhas/os e quatro lideranças. Portanto, através de registro audiovisual, além das histórias de opressão escravista e de luta por liberdade quilombola em Ilha de Maré, filmamos e capturamos imagens da incrível beleza da natureza e da humanidade desse território.

Situada na Baía de Todos os Santos, núcleo primordial de colonização no Brasil, a Ilha de Maré figura "entre uma das primeiras localidades a receber engenhos de cana de açúcar e, consequentemente, trabalhadores escravizados, na região do

Recôncavo", aparecendo "nos documentos históricos a partir do século XVI, nos primórdios da colonização portuguesa no Brasil". Portugal fincava sua posse sobre as terras invadidas, especialmente naquelas que depois seriam "fundadas", como a cidade de Salvador – capital da colonização portuguesa no Brasil colonial – através da construção de igrejas católicas e de engenhos de cana-de-açúcar (com uma torre para onde se pudessem retirar os colonos, quando do ataque dos "índios"). Paralelo a essas políticas coloniais, Portugal movimenta o tráfico transatlântico de pessoas africanas, principalmente da África banto, para o trabalho forçado nos engenhos de cana-de-açúcar da Bahia, sendo a Ilha de Maré uma das primeiras localidades a recebê-los.

O plantio da cana-de-açúcar através da construção de engenho e do trabalho de pessoas africanas traficadas e escravizadas foi introduzido em Ilha de Maré pelo Padre Bartolomeu Pires, por volta de 1570, quando também edificou e fundou a Igreja de Nossa Senhora das Neves. Antes disso, há documentos e notícias que comprovam a predominância dos tupinambás no local, em 1552, quando os jesuítas ainda tentavam, sem êxito, conquistar tal território.[10] Outros engenhos foram fundados em Ilha de Maré, cujos vestígios ainda existem e são apontados pelos mais velhos como D. Conceição, Seu Dilunga, D.Marivam no documentário *Ilha de Maré – quilombos das águas de Salvador.*

Através dessa pesquisa-ação, que foi o Ancestralidade Griot, pudemos localizar alguns vestígios que evidenciam a opressão

[10] Há registros históricos de que, no ano de 1552, os índios tupinambás resistiam à invasão portuguesa no alto da colina de São Tomé de Paripe, dificultando a penetração dos portugueses neste litoral (OLIVEIRA, 2016).

racial da colonização portuguesa também ao redor da Ilha de Maré. Exemplo disso é o atual Museu do Recôncavo Warderley Pinho (Caboto/Candeias/BA), instalado na mesma Baía de Todos Santos da Ilha de Maré, que fica em frente à comunidade quilombola de Bananeiras. Esse museu situa-se onde antes era o Engenho da Freguesia, quando portugueses escravizaram africanos e seus descendentes nas plantações de açúcar do Recôncavo baiano. Esse local foi o alvo da nossa aula de campo com estudantes durante as Trilhas Griot, realizada sobre as águas da Baía de Todos os Santos, durante a qual pudemos nos colocar concreta e fisicamente entre dois momentos da opressão racial/capitalista contra nosso povo em Ilha de Maré – o antigo Engenho da Freguesia no século XIX, de um lado e o Porto de Aratu no século XX/XXI, de outro.

Nos Encontros com as Ancestralidades da Ilha de Maré, as/os mais velhas, mais velhos e lideranças da Ilha de Maré foram identificados e entrevistados pelo Coletivo Griot. Realizamos entrevistas com Maria do Nascimento Santana (D. Baía, 84 anos, Praia Grande) – griôa/mestra dos saberes da espiritualidade de matriz africana; Maria Soares de Carvalho (Dona Véia, 97 anos, Praia Grande) – senhora mais velha na confecção do doce de banana, griôa/mestra dos saberes culinários; Claudinor Souza (Seu Nôca, 92 anos, Praia Grande) – griô/mestre dos saberes históricos, da espiritualidade africana; Francisco das Neves (Seu Dilunga, 94 anos, Praia Grande) – griô/mestre dos saberes históricos e da pesca; Derilton Soares Carvalho (Seu Sossó, 69 anos, Praia Grande) – griot da espiritualidade africana; Renato Neves (35 anos, Praia Grande) – griô/mestre dos saberes históricos e Pedro Moraes Trindade (Mestre Moraes, 71 anos, Praia Grande) – griô/mestre dos saberes históricos, culturais e da capoeira angola; Anaildes Nascimento de Santana (D. Anaide, Praia Grande) – griôa/mestra dos saberes das festas e da espiritualidade africana;[11] Ernandes Carlos Lopes (Seu Djalma, 75 anos, Bananeiras) – griô/mestre dos saberes agrícolas, históricos e políticos da Ilha de Maré; Maria Conceição Jesus Nogueira (D. Conce, 64 anos, Santana) – griôa/mestra dos saberes da renda de bilros e do ativismo político; Antônio Luís das Neves (Seu Elias, 72 anos, Praia Grande) – griô/mestre dos saberes artesanais e pesqueiro; Seu Energídio das Neves (Seu Nezinho, 97 anos, Praia Grande) – griô/mestre dos saberes agrícolas e do samba; Dalva Alves de Almeida (D. Dalva, 81 anos, Santana) – griôa/mestra dos saberes da renda de bilros; Marivan de Aquino Santana (D. Marivan, 72 anos, Santana) – griôa dos saberes medicinais das folhas; Altamira Simões (D. Mirinha, 74 anos, Bananeiras); Sirina Neves Lopes (D. Neta, 64 anos, Santana) – griôa/mestra dos saberes da renda de bilros; Ionice Lima Paraguassú (D. Nicinha, 93 anos, Bananeiras) – griôa/mestra dos saberes da mariscagem; Manuel da Encarnação (Manuel Soldado, 83 anos, Praia Grande) – griot/mestre dos saberes culturais, etc.

Logo, através dos relatos de vida dos moradores, especialmente dos mais velhos da Ilha de Maré, foi sendo tecida a história quilombola da Ilha de Maré – de opressão e de liberdade. A pesquisa nos permitiu registrar as histórias de liberdade, de fugas a nado pelas águas da Baía de Todos os Santos, para a Ilha, empreendidas pelos seus ancestrais escravizados nos engenhos de Candeias, instalados em frente à Ilha de Maré. Aliás, baseado no

[11] Hilda de Jesus Sales, neta da fundadora da primeira escola do Martelo.

pensamento de Mestre Bispo, apresentado por ele em Ilha de Maré (março de 2022), essas histórias não são de fuga, mas sim de recusa. Uma recusa de viver sem liberdade e sem igualdade. As (os) griots e lideranças da Ilha de Maré narraram histórias que aprenderam com seus avós, bisavós, etc.

O Coletivo Griot entrevistou Seu Djalma, 75 anos, morador da comunidade quilombola de Bananeiras/Ilha de Maré, que nos relatou que tanto sua família como a da sua esposa têm como antepassados os trabalhadores escravizados do Engenho da Freguesia. Tanto para a bisavó de Seu Djalma, Maria Inês Bonfim, quanto para a bisavó de sua esposa, D. Maria, com as quais ele conviveu, Ilha de Maré foi o lugar da resistência e reexistência à escravização racial do Engenho da Freguesia. Tendo aprendido com elas, Seu Djalma conta que o grupo de escravizados desse engenho (no Distrito de Caboto/Candeias-BA) saía para pescar, para alimentar os "senhores", e não voltava mais. Nadavam nas águas da Baía de Todos os Santos para as matas da Ilha de Maré em busca de liberdade. Os mulheres e homens que retornavam do pescado para os senhores, quando indagados, afirmavam que aqueles escravizados que não regressaram, morreram afogados na Baía de Todos os Santos.

O Coletivo Griot conversou também com Seu Félix Paraguassu (53 anos) do Quilombo de Ponta Grossa/Ilha de Maré, filho de Seu Joel Paraguassu, este último um ancestral e importante guardião de grande parte da memória sobre a formação quilombola da Ilha de Maré. Essa memória foi transmitida a Seu Joel Paraguaçu Luz, através de sua família materna, já que seus bisavôs maternos foram trabalhadores escravizados do Engenho da Petinga, em Candeias:

> Esse pessoal já vieram lá de Petinga. Esse pessoal já são os africanos, já vieram de lá do povo da África. São pessoas da geração do pessoal africano, já vieram de lá, esses não são os nascidos aqui. A parte da minha mãe, muitas pessoas da parte da minha mãe, não foram nascidos aqui. Minha mãe já foi nascida aqui, mas os ancestrais não são daqui (OLIVEIRA, 2016).

Assim, foi-se constituindo o território mais negro e quilombola de Salvador, junto às outras histórias de liberdades conquistadas nas águas da região, em busca da proteção nas matas da Ilha de Maré. Dessa forma, nossos ancestrais puderam reconstruir suas vidas em liberdade nesse território abundante de águas e matas – vivendo com suas famílias em comunidades, plantando e colhendo, pescando e mariscando, enfim, resistindo e reexistindo.

Com essa pesquisa, a Ilha de Maré confirma que, apesar dessa história de exclusão e violência, as comunidades quilombolas desenvolveram uma diversidade de conhecimentos, histórias e culturas apropriados e reelaborados por cada geração de quilombolas, a partir da memória e da oralidade, constituindo-se em um rico e desconhecido patrimônio cultural do Brasil, que suas/seus estudantes podem agora conhecer (SILVA; SILVA, 2020). Entrevistamos as/os mais velhas/os como estratégia para coletar a memória social acerca de questões importantes, como as histórias da ocupação quilombola do território e os modos de vida ancestrais – trabalho, educação, natureza, espiritualidade, diversão etc. Mas também conversamos com as/os mais novas/os – algumas lideranças da Ilha de Maré – para compreender os grandes desafios frente ao avanço do capital globalizado que na ilha se apresentam sob a forma do racismo ambiental.

Assim, o Ancestralidade Griot produziu, ao longo do tempo, um acervo digital como material didático para ser levado para as salas de aula das escolas da Ilha de Maré. A partir de suas atividades e da pesquisa de campo do Coletivo Griot, o Ancestralidade Griot foi desenvolvendo uma tecnologia de geração de produtos didáticos digitalizados – escritos, gravados, fotografados – com essas e outras histórias, saberes, manifestações culturais das comunidades quilombolas da Ilha de Maré. Tal acervo vem sendo disponibilizado no Youtube, Facebook e Instagram.

O trabalho de campo com as entrevistas que fizemos resultou ainda em um documentário intitulado *Ilha de Maré – território quilombola das águas de Salvador,* em que mais velhas, mais velhos e lideranças narram histórias de engenhos e quilombos, apresentam suas formas criativas de viver e celebram a importância de sua ancestral Mãe Balbina, fonte de cura e saberes médicos e espirituais. D. Maria Conceição Nogueira (Comunidade de Santana/Ilha de Maré) e Seu Dilunga (Quilombo de Praia Grande) se referem a vestígios que evidenciam a opressão racial da colonização portuguesa nas terras da Ilha de Maré, confirmando a literatura histórica sobre a região que identifica engenhos de açúcar na própria Ilha de Maré, desde o início da colonização portuguesa no Brasil. O documentário *Ilha de Maré – território quilombola das águas de Salvador* se estrutura em 5 eixos – ancestralidade, histórias de engenhos e quilombos, racismo ambiental, educação e cultura. Apesar de as histórias da ancestralidade de Mãe Balbina começá-lo e "fechá-lo", a ancestralidade é o fio que movimenta o documentário.

Desse modo, os mais velhos da Ilha de Maré têm entrado na escola através das entrevistas que fizemos com elas e eles, que vêm sendo postadas regularmente nas plataformas digitais. Esses griôs e griôas adentraram as salas de aulas da Escola Municipal da Ilha de Maré também através da exibição do documentário *Ilha de Maré – quilombos nas águas da Ilha de Maré* para todes estudantes dos anos finais do fundamental, realizada no componente curricular de História, trabalhando com o tema História da Ilha de Maré, com o foco nas histórias locais, ação curricular fundamentada nas três instâncias – municipais, estaduais e federais – da legislação da educação escolar quilombola. No entanto, nesses Encontros com as Ancestralidades da Ilha de Maré, as/os mais velhas, mais velhos e lideranças, que foram entrevistadas/os pelo Coletivo Griot, estão entrando na Escola Municipal da Ilha de Maré também como docentes, ou melhor, como mestras e mestres dos saberes ou, melhor ainda, como as/os griôas/griôs da Ilha de Maré, remuneradas/os como docentes para compartilharem seus saberes e fazeres nas salas de aulas, com as/os estudantes, sob mediação do/da professor/a da escola.

Em 2022, D. Marivan de Aquino, 72 anos, esteve na Escola Municipal da Ilha de Maré como mestra dos saberes da Ilha de Maré e apresentou aos estudantes: as folhas e suas curas; os vestígios de escravidão em Ilha de Maré; e a luta pela educação de suas comunidades, especialmente de Santana. Na oportunidade narrou ainda sua história de educação: estudou até o 3º ano dos anos iniciais e depois, como não tinha mais escola, sua mãe a colocou para aprender renda de bilro, artesanato típico da Ilha de Maré, herança portuguesa do século XVII.

Conclusão

O Projeto *Ancestralidade Griot – Eu vim da Ilha de Maré Quilombola, mano!* se constituiu numa boa prática de pesquisa-ação para o fortalecimento da educação escolar quilombola de forma a contribuir para, muito humilde e generosamente, por um lado, recolocar a Bahia como lugar de referência nacional em políticas públicas de educação escolar quilombola no Brasil, se aliando a outras práticas incríveis de promoção da educação escolar quilombola que precisam se constituir em políticas públicas de educação pública em comunidades e escolas quilombolas.

O Ancestralidade Griot, tanto na sua concepção quanto na sua execução, traz importantes contribuições contra-coloniais, de acordo com a perspectiva de Bispo (2015), para fundamentar de forma político-epistêmica a educação brasileira, quando, por exemplo, toma as mais velhas, os mais velhos e lideranças da Ilha de Maré como sujeitos de conhecimentos cruciais para contracolonizar (Bispo, 2016) a educação nas suas escolas quilombolas e se constituiu numa boa prática de pesquisa-ação para o fortalecimento da educação escolar quilombola.

Nessa perspectiva, quilombolas são reconhecidos como ***griots***, ou seja, pensadores que produzem e difundem conhecimentos fundamentais a serem compartilhados com professores, gestores e escolas das comunidades quilombolas – sobre formas de viver, educação, ancestralidade etc. Assim, o ativismo negro e quilombola é tomado como um lócus de produção de conhecimento e seus saberes incorporados nos materiais didáticos físicos e digitais. Através das suas ações, promovemos o empoderamento do lugar de fala negro e quilombola de Salvador, além do compartilhamento de experiências e lutas entre comunidades contracolonizadoras – de ativistas/acadêmicos/professores quilombolas para docentes e estudantes quilombolas e aquilombados.

Suas experiências, produtos digitais e didáticos precisam ser apresentados aos poderes públicos como políticas efetivas de promoção da educação escolar quilombola em territórios quilombolas que, na medida em que se tornem políticas públicas, podem ser difundidas localmente, melhorando os indicadores educacionais locais, além de responder à demanda legal de implementação das Diretrizes Curriculares Nacionais da Educação Escolar Quilombola (2012), das Diretrizes Curriculares da Educação Escolar Quilombola da Bahia (2013) e das Diretrizes Curriculares Municipais da Educação Escolar Quilombola de Salvador.

Com o Ancestralidade Griot celebramos nossas tecnologias ancestrais de produção de infinitos que nos trouxeram até aqui, convertendo tragédias em potências, inspirados na nossa poetisa negra Cidinha da Silva.

Referências

ALMEIDA, Silvio Luiz de. **O que é racismo estrutural?** Belo Horizonte (MG): Letramento, 2018.

CORREIO DA BAHIA. Ilha de Maré é território quilombola e bairro mais negro de Salvador. Disponível em: <https://www.correio24horas.com.br/noticia/nid/ilha-de-mare-e-territorio-quilombola-e-bairro-mais-negro-de-salvador/#:~:text=Il>. Acesso em: maio de 2020.

OLIVEIRA, Queila. **RTID** – Relatório Técnico de Identificação e Delimitação do Território da Comunidade Quilombola da Ilha de Maré, Salvador-BA. Salvador: Incra, 2016.

RÊGO, J. C. V. **Ilha de Maré vista de dentro:** um olhar a partir da comunidade de Bananeira/Salvador-BA. Tese de Doutorado, Universidade Federal da Bahia, Departamento de Geociências, Salvador, 2018.

SANTOS, Antônio Bispo. **Colonização, quilombos:** modos e significações. Brasília: Instituto Nacional de Ciência e Tecnologia de Inclusão no Ensino Superior e Pesquisa/Universidade de Brasília, 2015.

SANTOS, Edmilson Santos et al. Oferta de Escolas de Educação Escolar Quilombola no Nordeste Brasileiro. Educ. Real., Porto Alegre, v. 44, n. 1, 2019. Disponível em: <http://www.scielo.br/scielo.php?script=sci_arttext&pid=S2175-62362019000100612&lng=pt&nrm=iso>. Acesso em: 08 maio 2020. Epub 25-Fev-2019 (https://doi.org/10.1590/2175-623681346).

SILVA, Givânea Maria da; SILVA, Nádia Maria Cardoso. **Caderno educação escolar quilombola** – 2 [livro eletrônico]. Brasília: Faculdade Latino-Americana de Ciências Sociais, 2020. (Coleção Cadernos de Projetos Educação e práticas comunitárias: educação indígena, quilombola, do campo e de fronteira nas regiões Norte e Nordeste do Brasil) Disponível em: <http://praticaseducativas.org.br/Publicacoes.html>.

Contra-colonialidade e ancestralidade Saberes da prática na educação escolar quilombola[1]

Fábio Alex Ferreira da Silva[2],
Cleonilson dos Santos Pereira[3]
Luiz Carlos da Silva Santos Júnior[4]

Resumo

O objetivo deste artigo é pensar a contra-colonialidade a partir das experiências e reflexões relatadas no Projeto *Ancestralidade Griot – Eu vim de Ilha de Maré, mano!*, dialogando com professoras e professores da educação básica sobre a práxis em sala de aula, tendo por base o pensamento de Nego Bispo. Este trabalho, portanto, articula um conjunto de práticas e experiências quilombolas em educação escolar, com dimensões e aportes da escritura, estabelecendo um momento de reflexão sobre a própria concepção

[1] Os autores são integrantes do conselho editorial da *Revista Odù: Contra-colonialidade e Oralitura.*
[2] Doutorando em Antropologia Social (UFSC), pesquisa religiosidades de matriz africana em Santo Amaro, Bahia.
[3] Licenciando em História (UFBA), morador da comunidade quilombola Candimba e Rio Vermelho, em Valença.
[4] Doutorando em Antropologia (UFBA), Curuzu – Liberdade, pesquisa afrodescendência em Arica, Chile.

do saber e do conhecimento. Os caminhos do texto são cultivados a partir dos registros audiovisuais dos Encontros Formativos Griot e buscam a composição de uma proposta de pensamento que possa confluir com a prática na formulação e ampliação dos saberes na educação escolar quilombola.

Palavras-chave: contra-colonialidade; ancestralidade; educação escolar quilombola; saber existencial.

Quando recebemos o convite para escrever sobre contra-colonialidade, conforme proposto pelo mestre Nego Bispo, nos deparamos com um duplo desafio. O primeiro foi pensar que a contra-colonialidade não é um conceito, não é uma teoria, mas sim uma manifestação, uma prática.

> [...] porque a trajetória desses povos transpõe qualquer texto científico ou literário. Ela é visível e palpável materialmente e pode ser sentida imaterialmente, tanto quando olhamos para o passado e fazemos referência aos nossos ancestrais, como hoje quando visitamos as comunidades da atualidade e dialogamos com as suas organizações e manifestações culturais (SANTOS, 2019, p. 29).

Não é sequer uma teoria da prática, pois, como o próprio Bispo designa, o que está posto no domínio da escritura são "relatorias de saberes", e não teorias. Contra-colonizar é "reeditar as nossas trajetórias a partir das nossas matrizes". Assim, "vamos compreender por contracolonização todos os processos de resistência e de luta em defesa dos territórios dos povos contra-colonizadores, os símbolos, as significações e os modos de vida praticados nesses territórios" (SANTOS, 2019, p. 35).

Então, não seria possível elaborar um conceito, mas inspirar-se nas imagens e movimentos que as palavras germinantes nos trazem para pensar. Nesse sentido, foi preciso refletir sobre como confluir esse pensamento e proposta com os propósitos do Ancestralidade Griot, abordando a educação escolar quilombola em Ilha de Maré. O que nos parece muito latente e potente é justamente um ponto de ligação entre essas experiências, o fato de que Bispo nomeia aquilo que, no domínio da prática, vem sendo realizado por diversos povos, pessoas, ainda que não a tenham chamado assim, e que, portanto, a prática da educação escolar quilombola e os seus desafios podem também nos informar/inspirar sobre a contra-colonialidade.

E este foi o segundo desafio: pensar, através dos registros do Ancestralidade Griot, e compreender as suas diversas ações em confluência com um círculo de pensamentos e referências que dialogassem. O movimento do pensamento se inverte, como uma *bananeira epistemológica*, pois se a contra-colonialidade é um saber da prática, ele deve ser pensado a partir daí, e não ao contrário. Então somente seria possível pensar o saber na prática, na sua ação resolutiva que lhe atribui sentido.

A figura da "bananeira" se encaixa bem aqui, tanto pela sua forma corporal expressa na capoeira, invertendo o mundo para sair e entrar nos golpes, quanto pela sua forma de natureza rizomática, que estabelece conexões a partir de diversos pontos. Ainda pensando com a capoeira, talvez o "au" seja uma imagem melhor, pois inverte, gira, e cai, preparando um novo movimento. Então, os eixos temáticos dos Encontros Formativos Griot – identidade, resistência, ancestralidade e educação escolar quilombola – nos trazem distintas dimensões das manifestações contra-coloniais. Eles articulam diversas experiências de vida, forças de existência e processos de enfrentamento entre povos, raças e etnias com as práticas coloniais.

Pensar a "identidade" quilombola é também pensar a relação com o território. Deste modo, os enfrentamentos com as formas racistas e colonialistas do Estado, que buscam expropriar os territórios das comunidades, caracterizando uma dimensão do racismo ambiental, expressam-se em um propósito de reexistência que não desvincula o ser do ambiente em que vive. Ser quilombola é *ser-com-o-território*, ser parte confluente, se inscrevendo, portanto, em um outro modo de entender a vida, um modo contra-colonial e bio-interativo.

> [...] a terra como um ente gerador da força vital e os frutos dessa relação não só com a terra, mas com água, a mata e demais elementos da natureza, isto é, com o seu território, eram produtos vitais por serem produtos extraídos através de um processo de cultivos festivos recheados de religiosidade. (SANTOS, 2019, p. 48)

As formas pelas quais os processos educativos são vivenciados na relação com o território, ainda que visando os parâmetros e diretrizes de uma educação escolar, dizem respeito às experiências das comunidades e suas histórias. Assim, a "resistência" é um ponto de compreensão das inúmeras elaborações de existências que deram sentido aos modos de vidas quilombolas, pois, como reflete Nego Bispo:

> A "relação (quilombola) com as imagens de mundo dá-se na lógica da emancipação dos povos e das comunidades tradicionais através da contracolonização" [...]. "Saiu o primeiro navio negreiro, eis o primeiro quilombo. O primeiro aquilombamento foi ali dentro, com as pessoas reagindo, jogando-se dentro do mar, batendo e morrendo. Aí começou o quilombo" (SANTOS, 2018).

E se os saberes são localizados nas experiências e modos de

vida, são também inspirados pelas palavras daqueles e daquelas que os transmitiram. Os saberes da oralidade, as palavras germinantes, as palavras de inspiração, as falas ancestrais da geração avó, compõem o repertório da "ancestralidade". Esses saberes transfluíram e chegaram desde a África, pelas nuvens, pelo sol, pelas plantas, e confluem, traduzindo para a escrita uma possibilidade de educação orientada a partir de uma linguagem "diversal". Diversa, porque nenhum quilombo é igual; e única na sua historicidade e relação com o território, mas que se comunica com todas as vidas através da linguagem cosmológica.

Traçam-se aí alguns desafios para a educação escolar quilombola. As comunidades quilombolas, sabendo-se sujeitos de direitos, buscam enfatizar as dimensões de direito à igualdade, visando condições de acesso à educação escolar e direito à diferença, enquanto desafio de uma política educacional que inclua as particularidades históricas educacionais e enfrente os desafios da colonização, pois:

> [...] ofereceram aos povos tradicionais a alfabetização como forma de desqualificar os saberes tradicionais das mestras e dos mestres de ofício. Tanto é que a escolarização que lhes foi ofertada veio totalmente descontextualizada dos modos de vida dessas populações, tendo por finalidade promover um amplo e acelerado processo de êxodo rural e, assim, atender à necessidade de absorção do lixo tecnológico da Segunda Guerra Mundial. (SANTOS, 2019, p. 40)

O saber orgânico conflui, se articula na diferença, conformando uma possibilidade de seguir existindo. A educação escolar quilombola é uma prática contracolonial na medida em se opõe à homogeneização, ao monismo daquilo que foi determinado para as comunidades como conhecimento, integrando os diversos saberes e bens epistemológicos e históricos das comunidades quilombolas de acordo com a potência de gerar envolvimento e reconhecimento a partir da compreensão das possibilidades de uso para a vida.

Assim, educação quilombola e a educação escolar quilombola, pensadas enquanto práticas contracoloniais, caminham juntas, sem dissolver as especificidades para atingir um propósito, a ampliação e garantia do acesso aos saberes e aprenderes. Desse modo, a organização temática das linhas de abordagens de Ancestralidade Griot pode ser pensada em sua contínua linha de interação; não são divisões, limites, mas fronteiras, que se alargam na relação.

> O saber orgânico chega na fronteira, e a fronteira para o saber orgânico é um espaço de diálogo. Então, cada vez que nós encontramos um outro saber a gente dialoga com ele, na boa. Se precisar aprender, a gente aprende. Mas aprender aquele outro saber não significa que a gente perdeu o nosso, a gente estendeu o nosso saber. A gente enriqueceu, e agora a nossa fronteira é mais à frente um pouco. É até o outro saber que a gente não sabe. (SANTOS, 2019)

As memórias são, então, um importante fator na construção das alternativas educacionais. Os quilombos produzem narrativas e perspectivas que, integradas às salas de aula, podem, utilizando a linguagem cosmológica para confluir os saberes, inspirar as gerações "netas". E se a educação escolar é apenas uma das diversas lutas levadas pelas comunidades, é importante frisar seu papel e seu potencial na consolidação de perspectivas que integrem os conhecimentos das comunidades ao pensamento escolar. Como nos propõe poética e politicamente Nego Bispo, lavrando palavras germinantes:

> Cada letra é uma semente plantada no papel, as letras nascem nas nossas bocas através das palavras e frutificam nas nossas mentes através das ideias. Essas letras, que viraram palavras, que viraram ideias, alimentam os nossos sentidos e através do alimento dos nossos sentidos nós compomos os nossos modos de vida.

Começo, meio e começo de novo

Nego Bispo ressalta o caráter circular do pensamento contra-colonial, numa manifestação que não tem fim, mas "começo, meio e começo de novo". Esse modo de existência, também exemplificado na relação geracional – avó, mãe, filha –, vai sucessivamente se transformando e reflete uma relação baseada na ancestralidade, ao mesmo tempo em que aponta para uma sucessão de eventos de "reexistência" relacionados, que configuram uma lógica de emancipação confluente. Bispo nos diz também que "as perguntas é que ensinam". Nesse sentido, este texto é então um convite para que possamos nos inspirar nos caminhos percorridos pelas ancestralidades e fazer perguntas melhores, que possam fortalecer as nossas defesas na resistência e na luta pela educação.

Iê, viva os mestres, viva as mestras!

Referências

SANTOS, Antônio Bispo dos (Nego Bispo). **Colonização, quilombos: modos e significações**. Brasília. INCTI, UnB, 2019.

____________. Somos da terra. **Piseagrama**, Belo Horizonte, n. 12, p. 44-51, 2018.

5. Panoramas e experiências em educação escolar quilombola

Por trajetórias escolares quilombolas dignas[1]

Givânea Maria Silva[2]
Nádia Maria Cardoso da Silva[3]

Resumo

Neste artigo, iniciamos refletindo sobre o que são os quilombos na história brasileira, para, em seguida, afirmá-los como os primeiros territórios de liberdade e de direitos que emergem ainda no Brasil invadido, colonizado e escravocrata. Após um

[1] Este artigo é resultado da consultoria que fizemos para Flacso, em parceria com o Unicef, ocorrida em 2021, que visava o enfrentamento da cultura do fracasso escolar como catalisador da construção de currículos específicos que valorizem os saberes, características formadoras e diversidade própria das modalidades de educação das populações tradicionais na região norte do Brasil.

[2] Givânia Maria da Silva, educadora quilombola e pesquisadora, mestre em Políticas Públicas e Gestão da Educação e doutora em Sociologia pela Universidade de Brasília (UnB). Membro do Núcleo de Estudos Afro-brasileiros, do Grupo de Estudos e Pesquisa em Políticas Públicas, História, Educação das Relações Raciais e de Gênero (Geppherg) da Faculdade de Educação da UnB. Membro fundador da Coordenação Nacional das Comunidades Quilombolas do Brasil (CONAQ), coordenadora do coletivo nacional de educação quilombola, integrante da Rede de Ativistas pelo Direito à Educação do Fundo Malala no Brasil.

[3] Ativista da igualdade racial e de gênero em Salvador; graduada em Antropologia (Universidade Federal da Bahia); especialista em Direitos Humanos (Ministério Público/Universidade Estadual da Bahia); mestra em Educação (Universidade Estadual da Bahia). Doutora em Cultura e Sociedade (Universidade Federal da Bahia); professora da Rede Municipal de Educação de Salvador, trabalhando há 5 anos numa escola quilombola de Ilha de Maré. Coordenadora do Projeto Ancestralidade Griot – eu vim de Ilha de Maré quilombola, mano.

breve histórico da interdição e luta por direitos das comunidades quilombolas do Brasil, apresentamos a história de luta por educação escolar, caracterizada por ser uma luta por direitos tanto por igualdade quanto por diferença. Dessa forma, apontamos dados das desigualdades raciais e quilombolas na educação escolar brasileira, evidenciando como vem sendo mantida a restrição ao direito à educação das/os quilombolas na colonialidade brasileira. Todavia, também apresentamos aqui um histórico de vitórias no plano legal, que culminou, em 2012, com a aprovação das Diretrizes Curriculares Nacionais da Educação Escolar Quilombola (MEC/CNE), que nesse momento completa dez anos de homologação pelo Conselho Nacional de Educação.

Palavras-chave: quilombos; educação escolar; direitos; educação quilombola.

Introdução

O quilombo é um avanço, é produzir ou reproduzir um momento de paz. Quilombo é um guerreiro quando precisa ser guerreiro. E, também é recuo se a luta não é necessária. É uma sapiência, uma sabedoria. A continuidade da vida, o ato de criar um modelo feliz, mesmo quando o inimigo é poderoso, e mesmo quando ele quer matar você. A resistência. Uma possibilidade nos dias de destruição.

(Beatriz Nascimento)

Quilombos são comunidades brasileiras que vivenciaram singularidades estruturantes na diáspora negra das Américas, como a experiência do tráfico de pessoas e da opressão colonial escravista baseada na raça/cor/etnia. Embora definidos pelos documentos da própria repressão dos poderes coloniais como lugares "perigosos", habitados por um coletivo de "invasores", "refúgios de bandidos", os quilombos são expressões da luta por liberdade e por direitos de coletividades negras que, ao escapar da opressão racista do colonialismo escravista e do racismo do pós-abolição, se constituíram, de formas diversas, em milhares de comunidades livres em todo o Brasil desde o século XVI, desafiando a institucionalidade do regime escravista. Para a Associação Brasileira de Antropologia, quilombo "consiste em grupos que desenvolveram práticas de resistência na manutenção e reprodução de seus modos de vida característicos num determinado lugar" (Grupo de Trabalho sobre Comunidades Negras Rurais/ABA, 1994, p. 2).

As comunidades indígenas e quilombolas foram os primeiros territórios de liberdade e de direitos na história do Brasil. Mulheres e homens negros, indígenas e brancos pobres afetados de diferentes formas pela opressão colonial portuguesa, partilharam do bem-viver nas comunidades quilombolas originárias, constituindo-se numa primeira experiência efetiva de convivência multiétnica baseada em relações de solidariedade e de produção coletiva do viver. No entanto, tais comunidades foram alvo de ações violentas, genocidas e epistemicidas dos poderes coloniais e escravistas entre os séculos XVI e XIX (SANTOS, 2015).

A partir do pós-abolição, os quilombos ficaram invisíveis para a sociedade brasileira, até pelo menos 1988. Tal fenômeno foi observado por Beatriz Nascimento (2021, p. 115) quando afirma: "Há quem diga que o negro consciente e rebelde desapareceu junto com os quilombos após a abolição do trabalho escravo". Esse "aparente desaparecimento dos quilombos", no entanto, foi surpreendido quando os movimentos negros e quilombolas decidiram pautar os quilombos como sujeitos de políticas públicas na agenda nacional brasileira e encontraram a oportunidade na Assembleia Constituinte de 1988. Tais movimentos exerceram pressão para o reconhecimento jurídico dos territórios de quilombos, resultando na aprovação dos artigos 68 do Ato das Disposições Constitucionais Transitórias, 215 e 216 da Constituição de 1988. Essa foi a primeira conquista de direitos dos quilombolas no plano legal na história deste país.

Ainda em 1988 é criada a Fundação Palmares, vinculada institucionalmente ao Ministério da Cultura, para atender as demandas previstas pelos artigos da Constituição Federal de 1988, supracitados. **É a Fundação Palmares que desde 1988, a partir de um processo de autorreconhecimento, certifica as** comunidades como quilombolas, ou seja, é através dela que o Estado brasileiro reconhece comunidades como quilombolas. Essa é a primeira etapa do processo necessário para o alcance do objetivo constitucional que é a titulação das terras quilombolas.

A Fundação Cultural Palmares já reconheceu, até o momento, 3.432 comunidades quilombolas no Brasil. No entanto, a Coordenação Nacional de Articulação das Comunidades Negras Rurais Quilombolas do Brasil (CONAQ) estima que sejam mais de 6 mil comunidades quilombolas espalhadas em todas as regiões do país. O Instituto Brasileiro de Geografia e Estatística (IBGE), em dados preliminares do censo em andamento, estima que esse número seja na ordem de 5,8 comunidades distribuídas em mais de 30% dos municípios brasileiros. Seja qual for o número, do IBGE ou da CONAQ, há, sim, uma ausência de políticas públicas, entre estas, as políticas educacionais que incluam e valorizem a diversidade das comunidades quilombolas em contextos escolares.

Após várias lutas das organizações quilombolas e dos movimentos negros, regulamentando o procedimento para identificação, reconhecimento, delimitação, demarcação e titulação das terras ocupadas por remanescentes das comunidades dos quilombos de que trata o artigo 68 do Ato das Disposições Constitucionais Transitórias, foi sancionado o Decreto 4.887/2003 pelo Governo Lula. Esta é primeira legislação nacional que visa garantir o acesso dos quilombolas ao seu território ancestral, a qual determina que as comunidades é que se autodefinem como quilombolas, cabendo ao Estado certificar, ofertar políticas públicas e regularizar tais territórios.

No campo da educação, chamamos a atenção para a singular

história da relação dos quilombolas com a educação escolar no Brasil, os quais, inicialmente, foram interditados pelos poderes coloniais do acesso à escola como escravizados. Enquanto para os indígenas houve integração à educação escolar para submetê-los às políticas coloniais através da conversão religiosa, para os negros e quilombolas brasileiros, viu-se, historicamente, a apartação do sistema de educação pública. Assim, foram impedidos constitucionalmente do acesso à escolarização pela condição de racialmente escravizados.

No entanto, desde a abolição da escravidão, em 1888, as comunidades quilombolas permaneceram afastadas do direito à educação escolar pública, fato que se manteve durante todo o século XX. No pós-abolição, mulheres e homens quilombolas foram tratados como "fugitivos", abandonados pelos poderes republicanos, talvez motivados pela lógica do "deixar morrer". Na contemporaneidade, permanecem com restrições ao direito à educação escolar quando a escola de educação básica pouco chega nas suas comunidades e, quando chega, acentua desigualdades raciais. Os modelos hegemônicos de educação têm sido hostis às diversidades de raça/cor/etnia, gênero, região, campo e sexualidade.

Portanto, podemos dizer que quilombos são comunidades invisibilizadas pelas políticas públicas de educação no Brasil. Na contemporaneidade, um duplo conjunto de direitos educacionais vem sendo negado a essas comunidades. Um deles são os direitos relativos à igualdade, diante de escolas em condições degradadas (sem banheiro, sem água, teto precário), como mostra o censo escolar 2018, e a ausência dos anos finais do ensino fundamental e médio nas suas comunidades, além de outras precariedades estruturais que contribuem sobremaneira para trajetórias escolares fragmentadas, impedindo que os/as estudantes tenham experiências dignas de escolarização e aprendizagem.

De acordo com tal censo, há 2.460 escolas em comunidades quilombolas no Brasil, das quais: 1.908 ofertam educação infantil; 2.138 oferecem os anos iniciais do ensino fundamental, sendo que apenas 745 têm os anos finais; e 578 ofertam EJA. Somente 4% (97) das escolas em comunidades quilombolas do país oferecem ensino médio.[4] No entanto, apesar de uma relativa rede municipal de escolas localizadas nas comunidades quilombolas e aquelas que atendem estudantes quilombolas no Brasil, a precariedade na infraestrutura é um ponto comum à maioria delas:

> As condições de funcionamento das escolas quilombolas analisadas por Miranda (2012) em comparação com o documento do IPEA revelam similaridades, pois persistem indicadores mostrando precariedade no atendimento aos estudantes, como segue: a maioria dos estabelecimentos é de pequeno porte, com até duas salas de aula (57,3%), prevalência que se repete nas regiões Norte (64,7%) e Nordeste (60,3%). Apenas 15,3% dos estabelecimentos têm mais de seis salas, enquanto no total da educação básica 51,5% têm esse mesmo porte (e 22% contam com mais de dez salas). Quanto ao local, estão em prédio próprio 88,3%. Algumas funcionam em templos ou igrejas (27); salas de outras escolas (52); ou na casa do professor (18), em números absolutos (Dias, 2015, p. 21). Há 157 escolas que funcionam em local ou abrigo destinado à guarda ou ao depósito e materiais. (CARRIL, 2017, p. 553)

[4] MEC/INEP. Censo Escolar da Educação Básica – 2018. Brasília: INEP, 2018.

No Brasil, são 306.131 mil estudantes matriculados nas escolas quilombolas. No entanto, a baixa oferta dos anos finais do ensino fundamental e do ensino médio impacta na queda nos números de matrículas de crianças e adolescentes quilombolas e, consequentemente, produz trajetórias escolares fragmentadas que dificilmente chegam às universidades. Quando não há oferta dos anos finais do ensino fundamental ou do ensino médio nas comunidades, os poderes públicos, num gesto de economia de custos, apresentam como resposta a acomodação em uma escola urbana, gesto que, para os quilombolas, significa ruptura com o direito à escola, especialmente com o direito à escola no seu território quilombola. Somando-se a esse cenário, para chegar às escolas urbanas, devem se submeter à precariedade da política pública do transporte escolar (problemas de segurança dos veículos, estradas com péssimas condições e longos trajetos).

Essas experiências, já de início, produzem, pelo menos, o atraso escolar, visto que, em épocas de chuvas, tais transportes não chegam para levar as crianças até a escola. Mas há também cautelosos pais e mães de estudantes quilombolas que preferem deixar seus filhos na comunidade do que colocá-los em risco de vida no transporte escolar público para se deslocar até a escola na sede do município, além do racismo que ainda habita fortemente o ambiente escolar, sendo este um dos componentes mais poderosos para afastar da escola e atrasar as trajetórias escolares de estudantes quilombolas.

Com isso, presencia-se um forte fenômeno de evasão escolar, no qual voltar a estudar se torna um projeto adiado que, se, e, quando realizado, os estudantes apresentam um evidente atraso escolar. Por isso, Sueli Carneiro (2005) está correta quando diz que toda evasão escolar das crianças negras é, em verdade, uma expulsão, produzida pelos próprios poderes públicos e pela escola, pois no caso delas entra, de maneira contundente, o racismo institucional e estrutural de dentro e de fora das escolas. Entretanto, dentro dos estabelecimentos de ensino, os/as alunos/as negros/as e quilombolas vivem, cotidianamente, práticas de discriminação racial e étnica, que interferem na aprendizagem e os/as pressionam à evasão e/ou abandono escolar.

Conforme dados da UNICEF (2018), dos 21% de estudantes brasileiros que estão com trajetórias escolares quebradas ou fragmentadas (em distorção idade-série), 53% são negros. Dos 6,4 milhões de estudantes das escolas estaduais e municipais do Brasil que estão em distorção idade-série (Censo Escolar 2018), ou seja, com dois ou mais anos de atraso em sua trajetória escolar, 29,60% se autodeclararam pretas/os, e 23,96%, pardas. Vejamos os indicadores que dizem respeito à localização da escola:

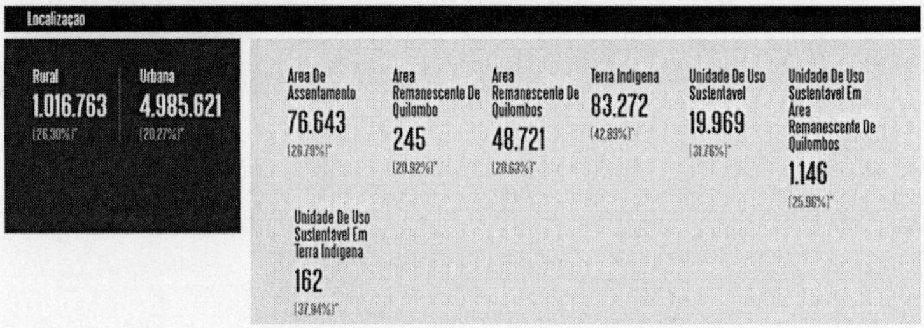

Fonte: Trajetórias de Sucesso Escolar (UNICEF).[5]

[5] UNICEF. Reprovação, distorção idade-série e abandono escolar – estratégia Trajetórias de Sucesso Escolar (trajetoriaescolar.org.br) da Unicef e parceiros. UNICEF, 2018. Disponível em: <https://trajetoriaescolar.org.br/painel-brasil/2019/>. Acesso em: mar. 2023.

O outro conjunto de direitos que vem sendo negado aos quilombolas é o direito à diferença étnico-cultural e histórica, que demanda uma política educacional que conheça e valorize suas singularidades históricas e culturais nos currículos, nos materiais didáticos, na organização da escola e dos tempos pedagógicos, em todos os processos de formação permanente dos profissionais da educação:

> Temos o direito de ser iguais quando a nossa diferença nos inferioriza; e temos o direito de ser diferentes quando a nossa igualdade nos descaracteriza. Daí a necessidade de uma igualdade que reconheça as diferenças e de uma diferença que não produza, alimente ou reproduza as desigualdades. (SANTOS, 2006)

Essa ausência de um duplo conjunto de direitos educacionais vivida pelas comunidades quilombolas do Brasil é resultado de políticas educacionais supostamente universalistas, que não têm alcançado as necessidades e interesses dessas comunidades, e que priorizam grupos já socialmente beneficiados. São tais políticas que geralmente favorecem os mesmos grupos, que fazem com que, para ter acesso à aprendizagem da leitura e da escrita da língua tornada hegemônica, num país pluricultural como o Brasil, as comunidades quilombolas precisem lutar ainda pelo direito à escola na sua comunidade e, em seguida, quando a escola chega, pelo direito a aprender e a não se perder ou desaparecer dos seus valores e saberes.

Conquistas normativas no campo da educação

Comunidades quilombolas lutam por políticas que respondam às suas reivindicações por um conjunto de direitos relativos à igualdade e à diferença e, portanto, apresentam demandas educacionais, coletivas e internas como grupo. A governança pública deve responder a tais demandas e garantir a educação como direito efetivamente de todos e bem comum, atendendo também aos interesses de suas comunidades, que estão presentes em mais de 30% dos municípios brasileiros, cujo número de pessoas só será conhecido efetivamente após o censo de 2020, adiado para 2022.

Nesse sentido, os movimentos negros e quilombolas buscaram normas legais que garantissem políticas públicas de educação fundamentadas nesse conjunto de direitos – tanto de igualdade quanto de diversidade. Direitos à igualdade porque como humanidade as pessoas quilombolas também têm direito a ter acesso a serviços públicos de qualidade e a igual tratamento por parte da política pública. Direitos à diferença porque é preciso reconhecer que essa humanidade quilombola, por ser diversa, elaborou distintos modos de interagir com o trinômio natureza-homem-espiritualidade que precisam ser conhecidos pelos estudantes quilombolas, especialmente, como estratégia de fortalecimento comunitário, mas também por todos os estudantes brasileiros.

Os movimentos negros e quilombolas avançavam paulatinamente no processo de criação de instrumentos legais para a institucionalização da educação escolar quilombola. Uma nova política de formação docente, elaboração de material didático e uma atenção especial aos salários das/os professoras/es, são pleitos registrados anterior à aprovação da LDB de 1996, quando no processo de mobilização da Marcha Zumbi dos Palmares Contra o Racismo, pela Cidadania e a Vida, os quilombolas reunidos em nível nacional, pela primeira vez, declararam:

> Reivindicamos que o governo federal implemente um programa de educação 1º e 2º graus especialmente adaptado à realidade das comunidades negras rurais quilombolas, com elaboração de material didático específico e a formação e aperfeiçoamento de professores; 2. Extensão do programa que garanta o salário base nacional de educação para os professores leigos das comunidades negras; 3. Implementação de cursos de alfabetização para adultos nas comunidades negras quilombolas. (CARTA DO I PRIMEIRO ENCONTRO NACIONAL DE QUILOMBOS, Brasília, 1995).

Mesmo diante do pleito acima, no ano seguinte a LDB foi aprovada e sancionada, ignorando as vozes quilombolas e dos demais seguimentos do movimento negro brasileiro, em relação à educação, tanto no que se refere ao acesso, quanto ao reconhecimento das relações étnico-raciais como estruturantes da educação brasileira, dado as desigualdades e o racismo estrutural no Brasil. Esse cenário colocava os povos indígenas e negros em desvantagens em relação aos demais grupos sociais. Contudo, esse silêncio da LDB foi rompido em dois momentos – 2003 e 2008 –, quando alterada, para obrigar o Estado a incluir as histórias africanas, afro-brasileiras e indígenas nos currículos da educação básica.

A partir de então, os movimentos negros e quilombolas deflagraram várias estratégias de luta pela educação escolar quilombola tendo em vista incidir na legislação educacional brasileira. E foram obtendo conquistas importantes, como: em março/abril de 2010, a Conferência Nacional de Educação (CONAE) publicou a Carta de Princípios da Educação Escolar Quilombola[6]; em julho de 2010, a Resolução nº 4, de 13 de julho de 2010, definiu as Diretrizes Curriculares Nacionais Gerais para a Educação Básica, institucionalizando a educação escolar quilombola como modalidade de educação; em novembro de 2010, ocorreu o I Seminário Nacional de Educação Quilombola que, realizado em Brasília/DF, teve como objetivo fundamentar o Conselho Nacional de Educação para a elaboração das Diretrizes Curriculares Nacionais para Educação Escolar Quilombola (DCNEEQ/CNE); e em dezembro de 2010, foi publicada a Resolução da CNE/CEB, nº 7/2010, que fixou as Diretrizes Curriculares Nacionais para o Ensino Fundamental de Nove Anos, dentre elas para a modalidade da educação escolar quilombola.

Finalmente, em 2011 se iniciou a elaboração das Diretrizes Curriculares Nacionais para a Educação Escolar Quilombola (DCNEEQ) pela Câmara de Educação Básica do Conselho Nacional de Educação (CNE), quando foi instituída a comissão responsável pela elaboração das diretrizes, sob a relatoria de Nilma Lino Gomes. Esta comissão realizou três audiências públicas para subsidiar a construção das DCNEEQ: no Maranhão, na Bahia,

6 Conferência realizada em Brasília/DF que resultou na inclusão da educação escolar quilombola como modalidade da educação básica. A Conferência também deliberou que as universidades públicas deveriam criar cursos de licenciaturas específicos para quilombolas, sendo que nesse aspecto não houve avanços.

e no auditório do Conselho Nacional de Educação em Brasília/DF. Então, em junho de 2012, ocorreu a aprovação das Diretrizes Curriculares Nacionais para a Educação Escolar Quilombola pela Câmara de Educação Básica do Conselho Nacional de Educação (CNE), sendo que em novembro de 2012, se deu a homologação pelo Ministério da Educação.

A partir daí, ficam instituídas orientações para que os sistemas de ensino formulem projetos político-pedagógicos adequados às especificidades de vivências, realidades, histórias e culturas das comunidades quilombolas do país. Em 20 de novembro de 2012, baseado no parecer da Câmara Técnica do CNE nº 16/2012, foi publicada a Resolução nº 8, que definiu as Diretrizes Curriculares Nacionais para a Educação Escolar Quilombola na Educação Básica, a qual em seu artigo 1º estabelece que:

> a Educação Escolar Quilombola na Educação Básica organiza precipuamente o ensino ministrado nas instituições educacionais fundamentando-se, informando-se e alimentando-se: a) da memória coletiva; b) das línguas reminiscentes; c) dos marcos civilizatórios; d) das práticas culturais; e) das tecnologias e formas de produção do trabalho; f) dos acervos e repertórios orais; g) dos festejos, usos, tradições e demais elementos que conformam o patrimônio cultural das comunidades quilombolas de todo o país; h) da territorialidade.

Essas comunidades quilombolas têm histórias, cosmovisões e filosofias incríveis que precisamos aprender para que elas estejam nas escolas à disposição das/os nossas/os estudantes. A condição de populações da diáspora negra no Brasil nos conecta com a ancestralidade de matrizes africanas que nos fizeram produzir jeitos diferentes de organizar a vida e a sociedade, conhecer o mundo, pensar a vida e a morte etc.

> A terra não nos pertencia, nós é que pertencíamos à terra. Não dizíamos "aquela terra é minha" e, sim, "nós somos daquela terra". Havia entre nós a compreensão de que a terra é viva e, uma vez que ela pode produzir, ela também precisa descansar. Não começamos a titular nossas terras porque quisemos, mas porque foi uma imposição do Estado. Se pudéssemos, nossas terras ficariam como estão, em função da vida. (SANTOS, 2021)

A escola é valorizada pelos quilombolas como espaço de acesso a um conhecimento ocidental essencial para a sobrevivência no mundo do racismo do capitalismo globalizado contemporâneo. Mas também é reivindicada como o lugar no qual quilombolas possam existir na sua diferença coletiva, pois, na busca pela condição de sujeitos de direitos e de suas histórias e escolhas, "a escola é o palco do território vivido, fornece materiais concretos e imaginários para a construção de identidades e projetos de futuros" (UNICEF, 2018). Nessa perspectiva, as Diretrizes Curriculares Nacionais da Educação Escolar Quilombola (2012) têm como um dos principais objetivos:

> assegurar que as escolas quilombolas e as escolas que atendem estudantes oriundos dos territórios quilombolas considerem as práticas socioculturais, políticas e econômicas das comunidades quilombolas,

> bem como os seus processos próprios de ensino-aprendizagem e as suas formas de produção e de conhecimento tecnológico.

Assim, a Resolução do CNE nº 08, de 20 novembro de 2012, em seu artigo 9º, determina que a educação escolar quilombola deve se fazer presente tanto em escolas localizadas em comunidades quilombolas, quanto naquelas que atendem estudantes oriundos de territórios quilombolas.

Nesta luta histórica contra a exclusão social, a violência e as políticas genocidas, as comunidades quilombolas, como coletivos da diáspora africana nas Américas, herdaram e, ancestralmente, desenvolveram aqui uma diversidade de conhecimentos, histórias e culturas que constituem um rico e desconhecido patrimônio do Brasil, apropriados e reelaborados por sucessivas gerações de quilombolas, a partir da memória e da oralidade. Tais perspectivas precisam ser conhecidas pelas crianças quilombolas, prioritariamente, mas também pelas não quilombolas, pois tal herança faz parte de nossa formação como povo brasileiro. Para tanto, o diálogo da escola com o movimento quilombola é defendido como imprescindível para a promoção da educação escolar quilombola, como nos orienta o artigo 39, inciso1º, das Diretrizes Curriculares Nacionais da Educação Escolar Quilombola:

> Faz-se imprescindível o diálogo entre a gestão da escola, a coordenação pedagógica e organizações do movimento quilombola nos níveis local, regional e nacional, a fim de que a gestão possa considerar

> os aspectos históricos, políticos, sociais, culturais e econômicos do universo sociocultural quilombola no qual a escola está inserida.

Todas as lutas mencionadas aqui não são dissociadas da luta pelo direito ao território, sendo este a base estrutural para as demais políticas. As terras de quilombos nos remetem à formalização jurídica das terras de uso comum, ou seja, domínios doados, entregues ou adquiridos, concessões feitas pelo Estado, áreas de apossamento ou cedidas em retribuição aos serviços prestados, iniciativas que permitiram aos ex-escravizados e seus descendentes um lugar para viver e produzir, em moldes correlatos aos de sua terra natal ou mesmo como continuidade de sua vida rural no Brasil colonial (LEITE, 2013). A ocupação da terra não se organiza a partir da apropriação individual (baseada em lotes individuais), mas coletiva, predominando seu uso baseado em laços de parentesco e vizinhança, assentados em relações de solidariedade e reciprocidade (Grupo de Trabalho sobre Comunidades Negras Rurais/ABA, 1994).

Conclusão

Nesses dez anos de homologação das Diretrizes Curriculares Nacionais da Educação Escolar Quilombola, de vinte anos da Lei nº 10.639/2003 e, por outro lado, da retomada dos caminhos da democracia com a nova eleição do Presidente Lula (2023), devemos finalmente entrar num tempo de aplicação efetiva desses direitos educacionais conquistados com muita luta pelos povos negros e quilombolas brasileiros. Desse modo, será possível educar o Brasil para a concepção de que não bastam legislações, é preciso vontade política para sua aplicação se quisermos efetivamente mais equidade racial na educação do país. Como já aprendemos, que não há democracia com racismo, principalmente quando suas iniquidades atingem a maioria da população brasileira, urgem-se políticas públicas de equidade racial na educação que favoreçam trajetórias escolares mais dignas para a infância e a juventude negra e quilombola do Brasil.

Referências

CARNEIRO, Aparecida Sueli. **A construção do outro como não ser como fundamento do ser**. 339 f. Tese (Doutorado em Educação) – Faculdade de Educação, Universidade de São Paulo (USP), 2005. Disponível em: <https://repositorio.usp.br/item/001465832>. Acesso em: 21 de mar. de 2021.

CARRIL, Lourdes de Fátima. "Os desafios da educação quilombola no Brasil: o território como contexto e texto." **Revista Brasileira de Educação**. v. 22, n. 69, abr./jun., 2017. Disponível em: <https://www.scielo.br/pdf/rbedu/v22n69/1413-2478-rbedu-22-69-0539.pdf>.

CONAQ – Coordenação Nacional de Articulação das Comunidades Quilombolas. CARTA DO I PRIMEIRO ENCONTRO NACIONAL DE QUILOMBOS, Brasília, 1995.

GRUPO de Trabalho Comunidades Negras Rurais/ABA. Documento do Grupo de Trabalho sobre Comunidades Negras Rurais, Associação Brasileira de Antropologia, 1994. Disponível em: <www.abant.org.br/file?id=548>. Acesso em: 26 mai. 2020.

MEC/INEP. **Censo Escolar da Educação Básica** – 2018. Brasília: INEP, 2018.

MINISTÉRIO da Educação (2012). Diretrizes Curriculares Nacionais para a Educação Escolar Quilombola. Parecer CNE/CEB nº. 16/2012. Secretaria de Educação Básica. Secretaria de Educação Continuada, Alfabetização, Diversidade e Inclusão. Conselho Nacional de Educação. Câmara de Educação Básica. Brasília, DF: MEC, SEB, SECADI, CEB.

NASCIMENTO, Beatriz. **Uma história feita por mãos negras:** relações raciais, quilombos e movimentos. Rio de Janeiro: Zahar, 2021.

SANTOS, Antônio Bispo. **Somos da terra.** Disponível em: <https://piseagrama.org/somos-da-terra/>. Acesso em: 27 de mar. de 2021.

SANTOS, Boaventura Souza. A construção intercultural da igualdade e da diferença. In: SANTOS, B. S. **A gramática do tempo.** São Paulo: Cortez, 2006. p. 279-316.

SANTOS, Edmilson Santos *et al.* Oferta de Escolas de Educação Escolar Quilombola no Nordeste Brasileiro. **Educ. Real**., Porto Alegre, v. 44, n. 1, 2019. Disponível em: <http://www.scielo.br/scielo.php?script=sci_arttext&pid=S2175-62362019000100612&lng=pt&nrm=iso>. Acesso em: 08 de maio de 2020. Epub 25-Fev-2019. (https://doi.org/10.1590/2175-623681346).

SILVA, Givânea Maria da; SILVA, Nádia Maria Cardoso. **Caderno educação escolar quilombola** [livro eletrônico]. Brasília: Faculdade Latino-Americana de Ciências Sociais, 2020. (Coleção Cadernos de Projetos Educação e práticas comunitárias: educação indígena, quilombola, do campo e de fronteira nas regiões Norte e Nordeste do Brasil). Disponível em: <http://praticaseducativas.org.br/Publicacoes.html>.

SILVA, Nádia Maria Cardoso. Educação escolar quilombola: o processo de construção da política de educação escolar quilombola e os dez anos do Fórum Permanente de Educação Quilombola da Bahia. In: MONTECHIARE, Renata; LÁZARO, André (orgs.). Educação e práticas comunitárias [livro eletrônico]: educação indígena, quilombola, do campo e de fronteira nas regiões Norte e Nordeste do Brasil. 1ª. ed. Brasília: Faculdade Latino-Americana de Ciências Sociais, 2020. PDF. Disponível em: <http://praticaseducativas.org.br/Publicacoes.html>.

UNICEF. Reprovação, distorção idade-série e abandono escolar – Dados do Censo Escolar 2018 – publicados no site da estratégia Trajetórias de Sucesso Escolar (trajetoriaescolar.org.br) da Unicef e parceiros. UNICEF, 2018.

Dez Anos das Diretrizes Curriculares Nacionais da Educação Escolar Quilombola

Avaliação através das vozes dos quilombolas da CONAQ[1]

Givânea Maria Silva[2]
Nádia Maria Cardoso da Silva[3]

Resumo

No ano de 2022, em que as Diretrizes Curriculares Nacionais para a Educação Escolar Quilombola completam dez anos,

[1] Este artigo é resultado da consultoria que fizemos para Flacso, em parceria com o Unicef, ocorrida em 2021, que visava o enfrentamento da cultura do fracasso escolar como catalisador da construção de currículos específicos que valorizem os saberes, características formadoras e diversidade própria das modalidades de educação das populações tradicionais na região norte do Brasil.

[2] Givânia Maria da Silva, educadora quilombola e pesquisadora, mestre em Políticas Públicas e Gestão da Educação e doutora em Sociologia pela Universidade de Brasília (UnB). Membro do Núcleo de Estudos Afro-brasileiros, do Grupo de Estudos e Pesquisa em Políticas Públicas, História, Educação das Relações Raciais e de Gênero (Geppherg) da Faculdade de Educação da UnB. Membro fundador da Coordenação Nacional de Articulação das Comunidades Negras Rurais Quilombolas do Brasil (CONAQ), coordenadora do coletivo nacional de educação quilombola, integrante da Rede de Ativistas pelo Direito à Educação do Fundo Malala no Brasil.

[3] Ativista da igualdade racial e de gênero em Salvador; graduada em Antropologia (Universidade Federal da Bahia); especialista em Direitos Humanos (Ministério Público/Universidade Estadual da Bahia); mestra em Educação (Universidade Estadual da Bahia). Doutora em Cultura e Sociedade (Universidade Federal da Bahia); professora da Rede Municipal de Educação de Salvador, trabalhando há 5 anos numa escola quilombola de Ilha de Maré. Coordenadora do Projeto Ancestralidade Griot – eu vim de Ilha de Maré quilombola, mano. Email: nadiamariac19@gmail.com

refletiremos, neste artigo, sobre os desafios e as estratégias de sua efetivação na perspectiva da Coordenação Nacional de Articulação das Comunidades Negras e Rurais (CONAQ). Pensando em fortalecer estratégias para trajetórias escolares dignas dos estudantes quilombolas, enfatizamos que, apesar das práticas pedagógicas e curriculares serem um dos desafios de extrema importância para boas práticas de educação escolar nas comunidades quilombolas, há outros fatores que precisam ser considerados para entendermos a produção social das trajetórias escolares fragmentadas das/os suas/seus estudantes. Estamos nos referindo a complexos processos extraescolares, determinando os processos intraescolares, além de uma gestão pública educacional que conheça e que seja comprometida com a promoção da educação escolar quilombola. Explicitamos aqui, ainda, as responsabilidades de diferentes atrizes e atores da educação pública, para a garantia dos direitos educacionais dos estudantes quilombolas. Nesse sentido, vamos conhecer ou rememorar como as Diretrizes Curriculares Nacionais para a Educação Escolar Quilombola (2012), com sua força de lei, convocam gestoras/es das redes de educação e de escolas e professoras/es para sua efetivação.

Palavras-chave: Quilombos; educação; diretrizes; gestão.

Introdução

Pretendemos aqui amplificar a voz de um dos sujeitos políticos mais importantes na história da organização quilombola contemporânea: a Coordenação Nacional de Articulação das Comunidades Negras Rurais Quilombolas (CONAQ). Em 1995, realizava-se, na Bahia, o I Encontro Nacional de Comunidades Negras Rurais Quilombolas, em Bom Jesus da Lapa (BA), município que se destacou na história da luta quilombola pela coragem no enfrentamento à colonialidade dos poderes da Região do Médio São Francisco. Lá está localizada a comunidade quilombola Rio das Rãs, a primeira comunidade do Brasil a ser reconhecida como quilombola pelo governo federal e uma das primeiras a conquistar a titulação de suas terras no Brasil (no ano de 2000).

Considerada como símbolo de resistência quilombola no Brasil, o histórico de articulação e mobilização de Rio das Rãs[4] contribuiu para que a questão quilombola ganhasse peso no cenário nacional e fosse um dos destaques do I Encontro Nacional das Comunidades Negras Rurais Quilombolas, realizado durante a Marcha Zumbi dos Palmares, em 1995, quando foi criada a Comissão Nacional Provisória das Comunidades Rurais Negras Quilombolas. Talvez por isso o Encontro de Avaliação do I Encontro Nacional de Comunidades Negras Rurais Quilombolas ocorreu em Bom Jesus da Lapa (BA), em 1996, emergindo, então,

[4] Rio das Rãs é formada por 9 comunidades. Atualmente, possui 600 famílias vivendo em uma área de 38 mil hectares e 3 escolas, estando localizada no município que elaborou e publicou as Diretrizes Municipais da Educação Quilombola em 2017, Bom Jesus da Lapa (BA).

a Coordenação Nacional de Articulação das Comunidades Negras Rurais Quilombolas (CONAQ), a qual reconhece a importância desse encontro para afirmação do movimento quilombola brasileiro:

> Em 1996, durante o Encontro de Avaliação do I Encontro Nacional de Comunidades Negras Rurais Quilombolas, realizado em Bom Jesus da Lapa – Bahia, a Comissão Provisória dá lugar à Coordenação Nacional de Articulação das Comunidades Negras Rurais Quilombolas – Conaq, que tem como caráter central se constituir como movimento social, não se configurando como outras formas organizativas tais como organizações não governamentais, sindicatos ou partidos políticos (CONAQ, 2020).

Aliás, a Bahia decididamente entrou para a história da organização política das comunidades quilombolas no Brasil – o II Encontro Nacional das Comunidades Negras Rurais Quilombolas foi realizado em Salvador, no ano de 2000.

> O II Encontro Nacional das Comunidades Negras Rurais Quilombolas, realizado em 2000, em Salvador – Bahia, se configura como de grande importância no que concerne ao processo de afirmação do movimento quilombola. Desde a criação da Comissão até o Encontro de 2000, essa representação quilombola em âmbito nacional era composta por representações do movimento quilombola e, também, do movimento negro urbano. A partir desse marco, as comunidades tomam para si a representação nesse espaço (CONAQ, 2021).

Desde então, diversos estados do Brasil passaram a organizar seus movimentos quilombolas locais, e a CONAQ se fortaleceu como importante movimento nacional quilombola. A CONAQ fez 26 anos em maio de 2022, e, neste artigo, colocamos em visibilidade sua perspectiva em relação aos desafios e estratégias necessárias a serem acionadas para que, após dez anos de sua aprovação, finalmente as Diretrizes Curriculares Nacionais para a Educação Escolar Quilombola sejam implementadas e, assim, crianças e adolescentes negros e quilombolas possam ter trajetórias escolares mais dignas na educação brasileira.

Desafios para a efetivação das Diretrizes Curriculares Nacionais para a Educação Escolar Quilombola

Em novembro de 2022, as Diretrizes Curriculares Nacionais para a Educação Escolar Quilombola completaram dez anos de aprovação e publicação pelo Conselho Nacional de Educação. No entanto, as omissões e ausência de estratégias públicas para a implementação continuam. Poucos estados e municípios adotaram medidas nesse sentido, e muito menos elaboraram suas próprias diretrizes. Sem muitas respostas, em 2020 a CONAQ, em parceria com a Universidade de Brasília (UnB), realizou a I Jornada Nacional Virtual de Educação Quilombola, nos dias 3 e 4 de dezembro, com o objetivo de formar, informar e denunciar a omissão do Estado brasileiro em relação à educação escolar quilombola.

A I Jornada Nacional Virtual de Educação Quilombola reuniu 1.097 pessoas, entre professores/as, estudantes, pesquisadores/as, gestores/as de educação de municípios, estados, representantes de universidades federais, estaduais e lideranças quilombolas. Estiveram presentes, aproximadamente, 200 comunidades quilombolas de todas as regiões do Brasil. As atividades e as discussões realizadas durante o evento tiveram mais de 10 mil visualizações. O formato virtual permitiu que um rico debate sobre educação quilombola se materializasse, com participantes de todo o país, mesmo num contexto de pandemia do novo coronavírus.

E, entre outros temas debatidos na Jornada, ganharam destaque os desafios e as estratégias que as comunidades quilombolas vêm adotando, em muitos casos, sem apoio institucional, para enfrentar as omissões do Estado brasileiro em relação à implementação da educação escolar quilombola. Entre os pontos levantados, estão:

- uma política curricular que não mais ignore a presença dos quilombolas nos sistemas de ensino, inclusive nas escolas urbanas que atendem crianças e jovens quilombolas sem escolas nas suas comunidades;
- uma política pública que enfrente a situação de precariedade em que se encontram as escolas quilombolas ou aquelas que recebem estudantes das comunidades quilombolas;
- gestores de redes que respondam a situação de instabilidade de professoras/es quilombolas, e apresentem estratégias que superem a política de fechamento das escolas quilombolas, de forma que viabilizem o direito quilombola de estudar em sua comunidade;
- disponibilização de dados sobre a educação escolar

quilombola, visto que os dados do INEP ainda possuem vazios significativos.

A I Jornada Nacional Virtual de Educação Quilombola afirma em Carta:

> A resistência segue na luta pelo direito à Educação Escolar Quilombola. Num país que teve quase quatro séculos de escravidão, cuja sociedade segue ainda ancorada no racismo estrutural, estão também presentes outras narrativas, outras oralidades, outras canções que ressaltam a riqueza plural de nossa sociedade. As comunidades quilombolas são parte fundamental dessa riqueza, e seguem lutando por suas identidades e por seus territórios. A aliança com pesquisadoras/es, professoras/es e pensadoras/es que lutam por um país mais livre, democrático e antirracista fortalece essa histórica caminhada por uma sociedade mais equânime (2020).

O que se evidencia nas posições **públicas** da CONAQ, expressa nos seus diversos documentos, é que os quilombolas permanecerão em luta por direitos negados pela educação brasileira, apesar do robusto conjunto de normas vigentes a respeito do tema em nosso país. Há uma aposta da CONAQ nas alianças com outros movimentos sociais e com instituições públicas, como uma possibilidade de rompimento da hegemonia do pensar e fazer a educação no Brasil, inclusive com as universidades.

Para pensar e fortalecer estratégias para trajetórias escolares dignas dos estudantes quilombolas, temos como desafio a elaboração de políticas públicas educacionais em diálogo com os quilombolas e suas representações. As próprias comunidades vêm desenvolvendo boas práticas escolares nesse sentido, porém, sem reconhecimento e apoio do Estado brasileiro. Conhecer e ouvir as vozes dos sujeitos e coletivos que historicamente foram silenciadas pode ser a chave para abrir uma porta, no sentido da construção de trajetórias escolares de bem-viver (SILVA; SILVA, 2020).

Sim, as práticas pedagógicas das salas de aulas brasileiras vêm reproduzindo diversos estereótipos construídos desde o Brasil colonial sobre os povos quilombolas. Além disso, estudantes quilombolas continuam privados de conhecerem historicamente os processos históricos de organização da vida coletiva e de luta pela existência das suas comunidades. Essas situações afetam profundamente a autoimagem dessas crianças e adolescentes na escola, desenvolvendo processos de subjetivação subalternos e inferiorizantes, que interferem negativamente nas trajetórias escolares. No entanto, chamamos a atenção que a produção da denominada "distorção idade-série" nas comunidades quilombolas relaciona-se, muitas vezes, com complexos processos extraescolares que determinam os processos intraescolares. Apontamos, especialmente, para a importância estratégica das políticas e ações educacionais que respondam aos direitos de igualdade, ao lado dos direitos à diferença, das comunidades quilombolas, fundamentais para conseguirmos construir trajetórias escolares mais dignas para suas crianças e adolescentes.

Estamos nos referindo às políticas públicas educacionais que garantam os direitos constitucionais dos quilombolas de terem, por exemplo, escola de educação básica nas suas comunidades bem infraestruturadas, ou seja, com bibliotecas, equipamentos, laboratórios, computadores, internet, hortas, etc. Tal direito vem sendo negado por uma forma de gestão educacional pública conduzida por um racismo institucional que considera que vidas negras e quilombolas valem menos e, portanto, podem ter escolas mais precarizadas.

Nesse sentido, para alcançarmos uma gestão educacional que conheça e que seja comprometida com a promoção da educação escolar quilombola, na sua rede de educação ou escola, pressupõe-se uma gestão democrática, na qual a comunidade possa efetivamente entrar na escola com dignidade, ou seja, com suas histórias, concepções, saberes, cosmovisões e lutas como um conhecimento fundamental, e, portanto, presente nos currículos escolares. As comunidades quilombolas precisam adentrar na escola, também, através de novas formas de organização do âmbito escolar, dentre as quais: não mais separar estudantes por salas de aulas e turmas tendo como fundamento os estereótipos e estigmas associadas a dicotomias negro x branco, cidade x campo, campo x quilombola, historicamente produzidos e contaminados no imaginário dos brasileiros.

Além disso, apesar de as Diretrizes Curriculares Nacionais da Educação Escolar Quilombola completarem dez anos em novembro de 2022, até hoje, não tivemos, nem a nível local ou nacional, uma política pública de produção de recursos pedagógicos e material didático que atenda às suas orientações. Vejamos o quadro atual sobre a confecção de materiais didáticos a partir das recomendações das Diretrizes Curriculares Nacionais da Educação Escolar Quilombola homologada pelo Conselho Nacional de Educação em 2012:

> Em relação à região Nordeste do Brasil, não foram encontrados materiais publicados sobre a EEQ, com exceção do Estado do Maranhão que apresentou uma obra composta por 3 volumes: Gestão Escolar, Avaliação da Aprendizagem e Organização Curricular e Práticas de Ensino". Tal pesquisa constatou, portanto, "a ausência total de produção em vários estados (Acre, Amapá, Amazonas, Pará, Rondônia, Roraima, Tocantins, Alagoas, Bahia, Ceará, Paraíba, Pernambuco, Piauí, Rio Grande do Norte, Sergipe, Goiás, Mato Grosso do Sul, Espírito Santo, Minas Gerais, Rio de Janeiro, São Paulo e Rio Grande do Sul) e até mesmo em regiões, como é o caso da região Norte e Sudeste (CUSTÓDIO; FOSTER, 2019, p. 207-208).

A formação inicial e permanente de profissionais de educação a partir das Diretrizes Curriculares Nacionais para a Educação Escolar Quilombola é fundamental para que professoras e professores quilombolas ou "aquilombados" possam contribuir para garantir o direito das/os estudantes quilombolas a aprender a história e cultura ocidental, mas também a história, cultura, saberes das suas comunidades negras e quilombolas. Além disso, é **necessário** que os poderes públicos se atentem que tais processos de formação dizem respeito tanto aos/às docentes das escolas que se localizam nas comunidades quilombolas ou que atendem alunos quilombolas, quanto a todos/as professores/as da educação básica, para que efetivamente conheçam os sujeitos da educação escolar quilombola, suas lutas, saberes e direitos conquistados. Inclusive, é importante chamar a atenção para o fato de que as escolas e estudantes quilombolas, apesar da riqueza da diferença cultural e epistemológica que representam, são submetidos ainda aos mesmos processos de avaliação externas da educação básica, nos quais a fragilidade da política pública de educação voltada para eles é pouco considerada.

Portanto, enfatizamos que, apesar das práticas pedagógicas serem um dos desafios de extrema importância para boas práticas de educação escolar nas comunidades quilombolas, há outros fatores que importa considerarmos para entender a produção social das trajetórias escolares fragmentadas dos seus/suas estudantes. Precisamos despertar professores/as, gestores/as escolares e de redes a compreenderem os múltiplos aspectos que giram em torno do fenômeno "distorção idade-série" que faz com que, muitas vezes, questões externas determinem negativamente as trajetórias escolares, como a ausência de escolas ou fechamentos de outras em territórios quilombolas.

Essas questões extraescolares, como as condições dos transportes que levam as crianças quilombolas das suas casas até a escola, muitas vezes, se tornam imprescindíveis para a construção de trajetórias escolares mais dignas para a infância, adolescência e juventude quilombola. Embora os movimentos sociais e os povos tradicionais, como os quilombolas e indígenas, tenham um longo caminho de luta e formulação de proposições educacionais, pouco tem sido materializado enquanto políticas públicas. Em Nota Técnica (2019), o Coletivo Nacional de Educação da CONAQ, ao analisar as Diretrizes Nacionais Curriculares para a Educação Escolar Quilombola, constatou o pouco desempenho dos estados e municípios na sua efetivação. Nessa direção é que a CONAQ apresenta 12 proposições para estados e municípios brasileiros fortalecerem a educação escolar quilombola:

- invistam, fortaleçam e implementem a Resolução do CNE nº 08 de 20 de novembro de 2012;
- informem, nos censos escolares, a presença das escolas localizadas nos quilombos, bem como os estudantes, professoras e professores;
- acrescentem no ato da matrícula a pergunta para o responsável dos estudantes "se ele se considera ou não quilombola";
- construam espaços de diálogo permanente (comissões, fóruns, conselhos ou similares) para a implementação da educação escolar quilombola em parceria com as associações, comissões e federações locais, regionais e estaduais;
- invistam na formação e na contratação de professoras e professores quilombolas, como orienta a lei;
- elaborem as suas diretrizes para a educação escolar quilombola, e busquem fazê-las atendendo o previsto em lei;
- construam projetos de leis para serem aprovados pelas Câmaras Municipais e Assembleias Estaduais, criando a carreira docente de professora e professor quilombola nos estados e municípios;
- impulsionem parcerias com as universidades para a elaboração de cursos de formação e a constante produção do conhecimento nas escolas quilombolas, sempre com a participação de professoras e professores, lideranças quilombolas e estudantes;

- estimulem e apoiem a elaboração e publicação de materiais didáticos específicos, priorizando as produções feitas por estudantes, professores e professoras, pesquisadores e pesquisadoras quilombolas, bem como as necessárias mudanças ao longo dos anos;
- acrescentem ao calendário escolar a data de criação da CONAQ para que todas/os as/os sujeitos quilombolas tomem conhecimento da importância dessa organização quilombola na história da instituição da obrigação do Estado em reconhecer e titular os territórios quilombolas, atendendo ao artigo 68 ADCT da Constituição Brasileira;
- valorizem e estimulem a atuação e participação dos mestres e mestras de saberes tradicionais dos quilombos, respeitando e valorizando as trocas de conhecimentos dentro e fora das escolas, como forma de preservação dos saberes ancestrais;
- invistam na infraestrutura das escolas quilombolas com a construção de hortas e jardins, teatros, ateliês de arte, laboratórios de ciências e tecnologia;
- repensem os rearranjos das salas de aula de forma circular, que descentralizem a figura do professor e coloquem as estudantes e os estudantes em posição horizontal de igualdade;
- usem como requisito para contratação de professoras e professores quilombolas o instrumento da Cartas de Anuência, devendo abrir editais específicos para a Etapa Educação Escolar Quilombola.

Responsabilidades dos diferentes atores para a garantia dos direitos

De quem é a responsabilidade para construir, implementar e monitorar as políticas educacionais voltadas para comunidades quilombolas? De acordo com a CONAQ (2019):

> Cabe às diversas instâncias do poder público e seus respectivos sistemas de ensino garantir o apoio técnico-pedagógico à comunidade escolar quilombola; os recursos didáticos, pedagógicos, tecnológicos, culturais e literários que atendam às especificidades das comunidades quilombolas. Uma vez que as Diretrizes Curriculares Nacionais para a Educação Escolar Quilombola, se estruturam a partir das leis educacionais vigentes (CF/88 e LDB), faz-se necessário que se mobilizem esforços para cumpri-las conforme estabelecidas.

Ao longo da história, o Estado de direitos brasileiro esteve sempre a serviço da defesa dos interesses de proprietários de escravizados, coronéis, grileiros e em detrimento das comunidades quilombolas e indígenas. A partir do final do século XX, tais comunidades adotaram o plano legal como estratégia de luta por direitos, obtendo significativas conquistas. Sendo assim, o principal desafio dos movimentos negros e quilombolas no século XXI é a garantia desses direitos pelas políticas públicas. Mas um passo importante para assegurar os direitos educacionais dos quilombolas é dado quando as Diretrizes Curriculares Nacionais para a Educação Escolar Quilombola (2012) estabelecem o que cabe a gestores/as públicos, escolares e professores/as para garantir o direito educacional dos quilombolas de ter implementada a educação escolar quilombola dentro das suas escolas. Vamos conhecer ou rememorar o que as Diretrizes Curriculares Nacionais para a Educação Escolar Quilombola (2012), com sua força de lei, recomendam às/aos gestoras/es de redes de educação, às/aos gestoras/es escolares e professoras/es:

Gestores públicos:

- Ofertar todas as etapas e modalidades da educação básica, tornando possível para as comunidades quilombolas dos seus estados e municípios o acesso à plena escolarização no próprio território;
- Conhecer para reconhecer e garantir o direito à diferença quilombola: valorizando e colocando em visibilidade as práticas educativas emancipadoras realizadas pelas comunidades quilombolas do Brasil;
- Garantir uma política de formação que contemple: processos de formação inicial de professores quilombolas; formação permanente em educação escolar quilombola para professoras/es da educação básica, especialmente para aquelas/es que lecionam em comunidades quilombolas, tendo como foco a resolução nº 8, que estabeleceu Diretrizes Curriculares Nacionais de Educação Escolar Quilombola;
- Garantir apoio técnico-pedagógico aos estudantes, professores e gestores em atuação nas escolas quilombolas;

bem como recursos didáticos, pedagógicos, tecnológicos, culturais e literários que atendam às especificidades das comunidades quilombolas (Art. 2º);

- Assegurar uma política de produção e distribuição de material didático e paradidático em consonância com tais diretrizes;
- Tomar o censo escolar como um decisivo instrumento de aperfeiçoamento da política educacional e pedagógica nas comunidades quilombolas;
- Garantir a representação dos quilombolas tanto na elaboração do regimento interno para o Conselho do Fundeb (ou câmara de financiamento do Conselho Municipal de Educação) como no Conselho de Alimentação Escolar;
- Apoiar/promover o desenvolvimento de calendários escolares próprios, respeitando as singularidades naturais e culturais das comunidades quilombolas;
- Promover formas de avaliação da aprendizagem que levem em conta os conhecimentos locais;
- Orientar a elaboração/revisão do projeto político-pedagógico (PPP), considerando as características pedagógicas das escolas quilombolas ou que atendam estudantes quilombolas, com ativa participação da comunidade e à luz da resolução nº 8 do Conselho Nacional de Educação, que institui Diretrizes Curriculares Nacionais da Educação Escolar Quilombola;
- Promover currículos ajustados às necessidades de formação de uma criança e de um jovem quilombola,

portanto, nos quais estejam em visibilidade as lutas das comunidades quilombolas por direitos na história brasileira;

- Oferecer subsídios técnicos para as escolas e qualificar professores e outros profissionais da educação para desenvolverem atividades para prevenção da distorção idade-série, considerando as especificidades culturais e linguísticas das comunidades;
- A política municipal e estadual de transporte escolar, quando for comprovadamente necessário, deverá considerar o Código Nacional de Trânsito, as distâncias de deslocamento, a acessibilidade, as condições de estradas e vias, as condições climáticas, o estado de conservação dos veículos utilizados e sua idade de uso, a melhor localização e as melhores possibilidades de trabalho pedagógico com padrão de qualidade (DCNEEQ).

Gestores escolares

- Tornar a escola, enquanto equipamento público, um centro da vida comunitária tanto do ponto de vista cultural quanto político;
- Tomar o censo escolar como um decisivo instrumento da gestão das redes e escolas quilombolas;
- Articular/promover a elaboração do projeto político-pedagógico com ativa participação da comunidade e à luz da resolução nº 8 do Conselho Nacional de Educação, que institui Diretrizes Curriculares Nacionais da Educação Escolar Quilombola;

- Articular o desenvolvimento de calendários escolares próprios respeitando as singularidades naturais e culturais das comunidades quilombolas;
- Dialogar com a coordenação pedagógica da escola e com organizações do movimento quilombola, nos níveis local, regional e nacional, para considerar os aspectos históricos, políticos, sociais, culturais e econômicos do universo sociocultural quilombola no qual a escola está inserida.

Professores (professores/as quilombolas e/ou que atuam em escolas que atendem estudantes quilombolas)

- Qualificar-se para desenvolver atividades para prevenção da distorção idade-série, considerando as especificidades culturais das comunidades quilombolas;
- Dispor-se a conhecer as histórias de identidade, resistências e ancestralidades quilombolas e as apresentar para os estudantes dentro e fora das salas de aula de forma valorizada;
- Buscar, nas/os mais velhas/os e lideranças da comunidade, fonte de conhecimentos para favorecer e fortalecer o encontro da educação escolar com a educação quilombola;
- Procurar espaços não escolares (associações, grupos de jovens, grupos de mulheres, movimentos negros e quilombolas, entre outros espaços existentes nas comunidades) para tomá-los como espaços de referências,

e a partir deles elaborar materiais didáticos (livros, músicas, cordéis, poesias) para o uso em sala de aula;

- Buscar colocar dentro dos planejamentos anuais textos, vídeos, contos, músicas voltadas para a cultura afro-brasileira e africana e a história africana e brasileira dos quilombolas, não se reduzindo apenas às datas comemorativas, a exemplo de 20 de novembro;
- Utilizar como material pedagógico as produções da CONAQ, a exemplo de Notas Técnicas, da Carta e dos vídeos da I Jornada Nacional de Educação Quilombola (2020), bem como outros materiais produzidos por estudantes, pesquisadores e pesquisadoras ou que trabalhem com o tema, para fortalecer a identidade quilombola.

Conclusão

Após dez anos, para implementação das Diretrizes Curriculares Nacionais para a Educação Escolar Quilombola, é necessário qualificarmos os diversos desafios e organizarmos as melhores estratégias para sua efetivação na educação brasileira, principalmente se pensarmos nessa nova conjuntura democrática que se anuncia com um novo governo Lula a partir de 2023. Após dez anos de sua aprovação, urge que as Diretrizes Curriculares Nacionais para a Educação Escolar Quilombola sejam colocadas em prática e, assim, crianças e adolescentes negros e quilombolas possam ter trajetórias escolares mais dignas na educação brasileira. Esperamos contribuir para alcançarmos esse cenário.

Referências Bibliográficas

CONAQ – Coordenação Nacional de Articulação das Comunidades Quilombolas. Encontro de Avaliação do I Encontro Nacional de Comunidades Negras Rurais Quilombolas. Disponível em: <http://conaq.org.br/>. Acesso em: mar. de 2022.

___________. Carta da I Jornada Nacional Virtual de Educação Quilombola, Brasília, 2020. Disponível em: <http://conaq.org.br/>. Acesso em: mar. de 2022.

CUSTÓDIO, Elivaldo Serrão; FOSTER, Eugénia da Luz Silva. Educação escolar quilombola no Brasil: uma análise sobre os materiais didáticos produzidos pelos sistemas estaduais de ensino. **Educar em revista**, Curitiba, v. 35, n. 74, p. 193-211, apr. 2019. Disponível em: <http://www.scielo.br/scielo.php?script=sci_arttext&pid=S0104-40602019000200193&lng=en&nrm=iso>. Acesso em: 28 de mai. de 2020.

MINISTÉRIO da Educação (2012). Diretrizes Curriculares Nacionais para a Educação Escolar Quilombola. Parecer CNE/CEB Nº. 16/2012. Secretaria de Educação Básica. Secretaria de Educação Continuada, Alfabetização, Diversidade e Inclusão. Conselho Nacional de Educação. Câmara de Educação Básica. Brasília, DF: MEC, SEB, SECADI, CEB.

SILVA, Givânea Maria da; SILVA, Nádia Maria Cardoso. **Caderno educação escolar quilombola** [livro eletrônico]. Brasília: Faculdade Latino-Americana de Ciências Sociais, 2020. (Coleção Cadernos de Projetos Educação e Práticas Comunitárias: educação indígena, quilombola, do campo e de fronteira nas regiões Norte e Nordeste do Brasil). Disponível em: <http://praticaseducativas.org.br/Publicacoes.html>.

Educação Escolar Quilombola na cidade de Salvador (BA)

Um relato de experiências

Prof. Dr. Carlos Eduardo C. de Santana[1]

Resumo:

O presente artigo pretende descrever o processo de construção das Diretrizes Curriculares Municipais para Educação Escolar Quilombola, na cidade de Salvador-BA, a partir das audiências públicas realizadas em setembro de 2013 por proposição de um grupo de trabalho envolvendo sociedade civil, universidades, conselhos municipais de educação e das comunidades negras e secretarias municipais, como a de Reparação e Educação. Na ocasião houve audiências públicas nas comunidades certificadas

[1] Graduado em Pedagogia pela Universidade do Estado da Bahia (UNEB); Mestre e Doutor em Educação e Contemporaneidade pela Universidade do Estado da Bahia (UNEB); Pós-Doutor, pela Universidade Federal de Sergipe (UFS). Conselheiro Municipal de Educação (CME), na cidade de Salvador; Conselheiro Municipal do CACS – FUNDEB, em Salvador; pesquisador no Grupo de Pesquisa Memória da Educação da Bahia PROMEBA/PPGEDUC (UNEB). Pesquisador do Grupo de Pesquisa Educação, História e Interculturalidade – GPEHI/UFS; membro do Núcleo de Pesquisa, Estudos e Memória Edivaldo Boaventura (NUPEMEB); docente titular nas Faculdades Integradas Ipitanga (FACIIP / Lauro de Freitas); coordenador pedagógico na Rede Pública Municipal de Ensino de Salvador, Secretaria Municipal de Educação da Cidade do Salvador (SMED/PMS).

pela Fundação Cultural Palmares enquanto quilombolas: Praia Grande, Bananeiras, Porto de Cavalo, Martelo e Ponta Grossa (Ilha de Maré) e a comunidade do Alto do Tororó, todas elas localizadas no município de Salvador. O artigo inicia trazendo uma introdução sobre o contexto da educação quilombola e a educação escolar quilombola, diferenciando-as. Em seguida, é apresentada uma breve descrição histórica dos quilombos na cidade de Salvador, tomando as comunidades aqui citadas como eixo central da descrição. Por fim, são explicitadas algumas digressões acerca do processo de constituição dos encontros e momentos de escutas durante a construção coletiva e elaboração das Diretrizes Curriculares Municipais para Educação Escolar Quilombola, no município de Salvador-BA.

Palavras-chaves: Salvador-BA; Comunidades quilombolas; Educação Quilombola; Educação Escolar Quilombola.

Introdução

Kilombo, quilombo, mocambo, terra de preto, terra de santa ou mesmo comunidades negras rurais. Desde as experiências ocorridas no continente africano, mais precisamente na região do antigo Reino do Congo no século XVI, quando os *kilombos* se constituíam enquanto espaços de iniciação religiosa, formação militar, e de resistências culturais. *Cumbes, palenques, marrons* ou *marrones*. Experiências diversas, complexas e multifacetadas. Em geral, territórios e comunidades construídos e formados por valores simbólicos que transitavam, e ainda transitam, entre um passado – presente (e futuro) – imerso numa profusão de significados e simbolismos que, ora agregavam (e agregam) indivíduos por seus laços afetivos e culturais, ora interagiam (e ainda interagem) tão somente como uma estratégia de sobrevivência, mas que, indubitavelmente se pautavam (e ainda pautam), a partir de uma memória social comum, tendo o continente africano ancestral como fonte permanente de saberes e conhecimentos.

Tão intensas e diversas foram as experiências *kilombolas* dentro e fora do continente africano, quanto as organizações e metodologias empregadas na repressão por parte das autoridades instituídas, no sentido de sua aniquilação física e simbólica. No Brasil, por exemplo, a resposta do Conselho Ultramarino, em 4 de dezembro de 1740, sobre a solução final para tais presenças quilombolas em terras locais convergia para total repressão e desagregação de tais ajuntamentos: "que passem de cinco, mesmo que ainda não tenham levantado ranchos nem se achem pilões neles", tomando-os como uma séria ameaça a todo sistema escravocrata nacional.

Já no período imperial, no século XIX, com a ampliação das possibilidades de reorganização de tais ajuntamentos, contando com um número cada vez mais crescente de indígenas e brancos pobres, novos dispositivos legais e de outras naturezas também foram implementados, no combate à "ameaça quilombola". Pode-se citar, como exemplo, a promulgação da Lei de Terras, em 18 de setembro de 1850, pelo Imperador D. Pedro II, que proibia a aquisição de terras devolutas por título que não fosse o de compra. Era o Estado Imperial brasileiro se preparando para o fim inevitável da escravização, e garantindo a continuidade de exclusão para negros e negras, majoritariamente presentes nos espaços rurais e cercanias dos centros mais populosos, e que viriam, mais tarde, a ser chamados de região suburbana, ou simplesmente, subúrbio.

Muitos anos se passaram, e no Brasil, as comunidades negras, sejam rurais ou urbanas em articulação com outras experiências de luta, como blocos afros, afoxés, movimentos sindicais rurais, dentre outros segmentos de luta racial, pautaram ao Estado brasileiro medidas capazes de reparar tamanhas injustiças seculares à população negra e seus descendentes. E assim, em 1988, portanto, cem anos depois do final oficial da escravização no Brasil, novos rumores e entendimentos provocaram uma significativa revisão historiográfica nos meios acadêmicos, em especial nas áreas de ciências humanas, e mais precisamente no campo da sociologia, antropologia e educação. A própria Carta Magna promulgada trouxe, para o cenário político e social, novos entendimentos sobre os diversos atores sociais negros e negras inseridos na sociedade brasileira.

Os artigos 215 e 216, na secção II, da Constituição Federal do Brasil, promulgada em 1988, refletem a necessidade de um outro olhar, por parte do Estado, com relação à preservação e à valorização do patrimônio material e imaterial das comunidades negras. Da mesma forma, o artigo 68, no Ato das Disposições Constitucionais Transitórias (ADCT), define que, para as comunidades negras que estejam ocupando suas terras, devem ser emitidos títulos de posse.

É importante ressaltar que, no plano internacional, a Convenção nº 169, da Organização Internacional do Trabalho (OIT), promulgada em junho de 1989, também reforçou a necessidade da mudança de posturas diante de territórios tradicionais. Nesse sentido, apontaram-se elementos decisivos para a concepção dos direitos das comunidades negras, quanto à utilização do espaço, como critério fundamental para determinação desses grupos, tendo assim o parâmetro de autodefinição a partir de uma identidade construída coletivamente. Assim, o direito à terra foi institucionalizado, permanecendo sob a responsabilidade do Estado brasileiro a emissão de títulos de propriedade definitivos às comunidades remanescentes de quilombos.

A partir de tais avanços no campo acadêmico, jurídico e institucional, emergiram também movimentos como o Teatro Experimental do Negro (TEN), o Movimento Negro Unificado (MNU), e lideranças quilombolas pautaram o desenrolar de políticas públicas reparatórias no âmbito da educação escolar. Assim, em 09 de janeiro de 2003, o Presidente da República Luiz Inácio Lula da Silva publicou a Lei nº 10.639, que alterou a Lei nº

9.394, de 20 de dezembro de 1996, estabelecendo as Diretrizes e Bases da Educação Nacional, para incluir no currículo oficial da Rede de Ensino a obrigatoriedade da temática História e Cultura Afro-Brasileira. Esse foi o primeiro passo no sentido da reparação histórica com a inclusão da história das comunidades quilombolas no âmbito oficial, na educação.

A Lei nº 10.639/2003, depois alterada para Lei nº 11.645/2008, que incluiu a história e cultura dos povos indígenas ao currículo oficial das escolas, impulsionou de forma positiva nas proposições para o debate de uma educação capaz de dialogar entre os saberes construídos e elaborados pelas comunidades quilombolas (Educação Quilombola) em ressonância com a educação proporcionada pelas unidades escolares inseridas nessas comunidades. Fruto desse diálogo, surgiu, assim, o pensamento sobre uma Educação Escolar Quilombola.

Em 2010, as discussões no âmbito da Secretaria de Educação do Estado da Bahia, paralelamente às discussões na esfera federal, propiciaram a construção de diretrizes curriculares para a educação praticadas tanto em escolas que se localizam nas comunidades quilombolas, quanto nas unidades escolares que atendem estudantes oriundos de comunidades quilombolas, bem como a criação da modalidade de ensino: Educação Escolar Quilombola.

A partir daí se iniciaram, em outubro de 2013, as discussões sobre a elaboração e a implementação das Diretrizes Curriculares Municipais para Educação Escolar Quilombola em Salvador, já que o município apresentava seis comunidades quilombolas certificadas pela Fundação Cultural Palmares, além de uma historiografia rica, também no que concerne à presença quilombola ao longo dos anos.

Desse modo, neste artigo vamos, inicialmente, contextualizar o território quilombola soteropolitano, numa perspectiva histórica, explicitando assim o sentido de pensarmos numa educação escolar quilombola, levando em consideração a presença de uma territorialidade negra, secularmente construída e reconstruída desde a chegada dos primeiros africanos, oficialmente em 1538, em permanente diálogo com outras experiências de pertença ancestral, notadamente, indígena. E isso sem perder de vista que, em tempos atuais, se faz necessário o diálogo contínuo com as historicidades e complexidades que se constituem no presente e no cotidiano escolar no século XXI. Em seguida, faremos uma descrição do processo de construção das Diretrizes Curriculares Municipais para Educação Escolar Quilombola, na cidade de Salvador, entre 2013 e 2015.

Quilombos na cidade de Salvador: notas históricas sobre pertenças

Schwatz (1996) faz referência a quilombos na Bahia, em várias partes da capitania, entre os séculos XVIII e XIX. Parte do fenômeno, diz o autor, deve-se à larga predominância de africanos e africanas na população baiana no início do século passado, a ponto de eles/as representarem cerca de 60% da mão de obra em Salvador.

Cercada por bairros como Mata Escura, Pirajá, São Bartolomeu, Candeal, Engelho Velho da Federação, Cabula, Curuzu e Itapuã, Salvador poderia, perfeitamente, ser entendida como uma cidade sitiada por quilombos. O historiador Pedro Tomás Pedreira (1973) reuniu um bom número de ocorrência de aquilombamento na história da Bahia e, especificamente, em Salvador. Um deles, possivelmente o mais importante do período colonial, foi o Buraco do Tatu, situado entre Campinas de Pirajá e a Vila de S. Amaro de Ipitanga. Este quilombo foi atacado por uma guarnição de 200 homens sob o comando do capitão-mor Joaquim da Costa Cardoso, em 1763. Os primeiros registros sobre esse quilombo indicam que se formou em 1774. De acordo com os relatos, o quilombo teria sido arrasado pelo ataque militar das tropas do Governador Gonçalo Xavier de Brito, a conselho do arcebispo de Salvador dom Manuel de Santa Inês.

Em 1807, uma tropa de 80 homens foi constituída para atacar os quilombos de Nossa Senhora dos Mares e Cabula que, segundo as autoridades, eram perigosos. Consta que a expedição destroçou as povoações e prendeu 78 pessoas, entre ex-escravizados e homens forros que habitavam os locais. Já o quilombo do Urubu, que foi organizado nas matas de Pirajá, Cajazeiras, chegando ao Cabula, em 1826, teve a presença da Guerreira Zeferina como uma das grandes lideranças. Inclusive sobre este quilombo corria uma notícia que os quilombolas tinham um plano para atacar Salvador, e por esse motivo uma tropa foi enviada ao local e na refrega muitos soldados foram feridos.

Tomando como referência a região que compreende o Recôncavo baiano, é reconhecido que a presença humana tem início a partir das presenças Sambaquis há milhares de anos antes da chegada dos europeus, que depois foram reconstruídas com o aparecimento de outras populações, genericamente denominadas como indígenas, mas que representavam os Aratus, Tapuias e, depois, os Tupinambás. Do século XVI em diante, cronistas e viajantes descreveram a região a partir do surgimento dos povos europeus, como franceses, holandeses e portugueses.

Gabriel Souza Soares, no seu *Tratado Descritivo do Brasil, em 1587*, fez uma descrição minuciosa sobre o território brasileiro. Na Bahia, seus relatos trouxeram detalhes obtidos com as suas viagens e imersões nos interiores dos sertões baianos, bem como retrataram aspectos físicos da cidade de Salvador, a região da Baía de Todos os Santos e seu entorno. Aqui, o autor registrou a presença de inúmeras fazendas, capelas e diversos engenhos de açúcar, nestas regiões, desde meados do século XVI, algumas existentes desde o tempo das capitanias hereditárias, criadas em 1534 pelo rei D. João III.

Nessa região do entorno da Baía de Todos os Santos, na área que compreende o estuário do rio Pirajá até a região do Matoim (no município de Candeias-BA), encontraremos os atuais bairros de Paripe, São Tomé e São Tomé de Paripe, bem como as ilhas que compõem a cidade de Salvador, como Ilha de Maré, Ilha dos Frades e Ilha de Bom Jesus. Na Ilha de Maré, atualmente, estão as comunidades quilombolas de Salvador certificadas pela Fundação Cultural Palmares. São elas: comunidades quilombolas Alto do Tororó, localizadas na região continental da cidade de Salvador, no bairro de São Tomé de Paripe (Base Naval) e as comunidades de Praia Grande, Bananeiras, Porto de Cavalo, Martelo e Ponta Grossa, na Ilha de Maré.

Em geral, nessas localidades, onde ocorreram engenhos, moinhos e fazendas, também se deu a presença de mão de obra escravizada, tanto indígena como africana, o que já nos sugere indícios de resistência, lutas e fugas, através dos quilombos e levantes africanos e indígenas. Nesta região, por exemplo, as atuais pesquisas históricas descrevem uma grande movimentação de índios comandados pelo cacique Ipirú (Tubarão) no que ficou conhecido como a Batalha de Itapuã[2], em maio de 1555.

Em comum, na memória das comunidades quilombolas da Ilha de Maré e do Alto do Tororó, é notória a compreensão da presença dos seus ancestrais em tempo bastante antigo, sempre associada à resistência contra a escravização. Para os moradores das comunidades de Bananeiras, Porto dos Cavalos, Martelo, Ponta Grossa e Praia Grande, na Ilha de Maré, a resistência africana ocorreu através da fuga dos seus ancestrais escravizados do continente para a ilha. Essa fuga é tratada como uma épica aventura de travessia a nado em condições totalmente adversas, enfrentando peixes de vários tamanhos, incluindo tubarões.

Para os ilhéus, a presença africana contou com o apoio de índios que ainda habitavam aquelas áreas, caracterizando, assim, alianças regidas pela sobrevivência de ambas as culturas, o que se pode perceber nos nomes presentes. No Alto do Tororó, em seu mito de fundação, o surgimento de negros/as se deu a partir da fuga dos engenhos e fazendas próximas, e por se tratar de um local alto, havia a possibilidade de antever possíveis tentativas de captura, ou destruição por parte dos senhores de engenho e fazendeiros. Além disso, mantém o registro quanto à presença indígena, no momento da ocupação dos mais antigos, inclusive em sua denominação "Tororó", que é uma palavra do tupi antigo que significa "barulhento".

2 Tal movimento teve início na região de Paripe com desfecho no atual bairro de Itapuã.

Construção e proposições levantadas nas Diretrizes Curriculares para Educação Escolar Quilombola na cidade de Salvador-BA

Diante da riqueza de diversidade de saberes e conhecimentos produzidos pelas territorialidades quilombolas em todo o Brasil, e notadamente na Bahia, em 2010, a Secretaria Estadual de Educação (SEC-BA), em diálogo com as lideranças e professores quilombolas, iniciou as primeiras discussões sobre a construção de parâmetros curriculares (metodológicos e epistemológicos). Esses debates tomavam os saberes e conhecimentos produzidos nas comunidades quilombolas (Educação Quilombola) como elementos basilares na elaboração e estabelecimento dessas referências para as unidades escolares, da rede pública, localizadas em tais comunidades.

Assim, imbuídos na construção dessas bases, a SEC-BA, através da recém-criada Coordenação de Diversidade, sob a Coordenação da Profa. Dra. Nádia Cardoso, paralelamente às deliberações da Conferência Nacional de Educação (CONAE), também ocorrida em 2010, promoveu audiências em território baiano, entre os anos de 2010 e 2012. E assim, a Secretaria de Educação do Estado da Bahia homologou a Resolução do Conselho Estadual da Educação (CEE) nº 68, que estabeleceu as Diretrizes Curriculares para Educação Escolar Quilombola no Sistema de Ensino da Bahia, publicada no Diário Oficial de 20 de dezembro de 2013.

Nesse contexto, em setembro de 2013, um grupo interinstitucional municipal, na cidade de Salvador, propôs a elaboração das Diretrizes Municipais para Educação Escolar

Quilombola, tomando como referência a experiência na elaboração das diretrizes, a partir das audiências públicas e escutas das lideranças quilombolas, gestores/as e educadores/as que atuavam em comunidades quilombolas soteropolitanas, localizadas na Ilha de Maré e no Alto do Tororó, em São Tomé de Paripe.

As audiências públicas na cidade de Salvador ocorreram em outubro de 2013, a partir do seguinte cronograma: no dia 18, a abertura na comunidade do Alto do Tororó; depois no dia 22, na comunidade de Bananeiras; seguindo no dia 23, na comunidade de Praia Grande, no dia 24; na comunidade de Porto dos Cavalos, Ponta Grossa e Martelo; e, novamente, no dia 24 de outubro, na comunidade do Alto do Tororó, intercalando momentos de escuta e discussões ampliadas. Participaram das audiências públicas as seguintes representações: Secretaria Municipal da Reparação (SEMUR), Secretaria Municipal da Educação (SMED), Fundação Gregório de Matos (FGM), Conselho Municipal das Comunidades Negras (CMCN), Conselho Municipal da Educação (CME) e Centro de Estudo dos Povos Afro-Índio Americano (CEPAIA/UNEB). O processo de construção das visitas envolveu um diálogo permanente com a Coordenação Regional de Educação do Subúrbio II. Esse contato prévio foi extremamente importante para o agendamento de visitas e viabilização do transporte marítimo.

Na realização das audiências, num primeiro momento, ocorreu uma explanação sobre a importância da construção das Diretrizes Curriculares para Educação Escolar Quilombola, na cidade de Salvador. Nesse momento, abordou-se o histórico da legislação quilombola no Brasil, bem como a questão dos quilombos contemporâneos no país após a Constituição Federal de 1988.

Num segundo momento, perguntou-se aos participantes que tipo de escola eles queriam para aquelas comunidades, tomando como base o perfil dos/as educadores/as, gestores/as, o que teria de ser ensinado, como a escola deveria interagir como a comunidade, além de aspectos mais específicos, como o tipo de alimentação escolar apropriado para atender as especificidades. Em seguida, a palavra era franqueada para os participantes.

Por se tratar de comunidades localizadas tanto no continente, quanto na parte insular, foi possível identificar questões bastante peculiares a cada realidade, mas também inúmeros pontos comuns. Todas as propostas foram registradas e disponibilizadas para os membros do Grupo de Trabalho Intermunicipal e devidamente tratadas para a construção do documento final. Pontos como sustentabilidade, empreendedorismo comunitário, além de denúncia de atos de intolerância religiosa, racismo e homofobia, no interior das escolas, foram abordados na audiência. Comum em todos os diálogos promovidos, discutiu-se a necessidade de estimular o reconhecimento, conhecimento, herança cultural e pertencimento da ancestralidade negra.

Algumas questões foram encaminhadas para outras secretarias, que não estavam inseridas diretamente no GT, mas cujas ações interagiam com a qualidade da educação que ocorria naquelas localidades, como, por exemplo: a dificuldade de acompanhamento das famílias que possuíam crianças com anemia falciforme, albinismo ou outros casos de deficiência, que acarretavam a evasão de crianças das escolas; a ausência de postos de saúde, com atendimento 24h, ou mesmo a situação do transporte precário das lanchas, que impactava na ida e vinda tanto de profissionais de educação do continente para Ilha, bem como de alunos que se deslocavam para escolas com Ensino Fundamental II, Ensino Médio e EJA, uma vez que não existiam tais segmentos (e modalidades) na Ilha de Maré. Inclusive em alguns momentos, surgia com muito entusiasmo a defesa da proposta da construção de uma ponte interligando a Ilha de Maré e o município de Candeias-BA.

Um dado chamou a atenção. Já em 2013, a ausência de uma infraestrutura digital e a falta de um sinal de qualidade por parte das operadoras de serviços na Ilha de Maré e no Alto do Tororó apareceram em vários momentos nas discussões. A pandemia da Covid-19 e a necessidade do ensino remoto para atender as escolas nas ilhas tornaram essa situação mais evidenciada, infelizmente.

Por fim, e não menos importante, uma questão ficou como uma espécie de farol para o pensamento sobre intervenções futuras a partir das Diretrizes Curriculares para educação Escolar Quilombola, ou seja, para direcionar políticas públicas em âmbito mais amplo. Para as comunidades quilombolas, na Ilha de Maré, Bananeiras, Praia Grande, Porto de Cavalos, Ponta Grossa e Martelo, havia um relativo sentimento entre eles quanto ao "ser quilombola", ser negro ou quanto à pertença identitária negro-quilombola. Mas o sentimento de "não" pertencimento ao município de Salvador era uma questão que precisava ser melhor trabalhada nas escolas, seja no continente, seja nas ilhas.

Assim, a partir de tais escutas, deu-se a produção de um

importante material de análise, incluindo imagens, relatos de experiências e vivências, seguindo a metodologia das diretrizes nacionais e estaduais, de um documento norteador para educação escolar quilombola, capaz de dialogar com as especificidades locais, sem perder de vista as conquistas das demais diretrizes. De tal modo que, no Diário Oficial do Município, de 04 de dezembro de 2015, foi publicada a Resolução CME nº 033/2015 com as Normas para Implementação e Funcionamento das Diretrizes Curriculares Municipais para Educação Escolar Quilombola do Sistema Municipal de Ensino de Salvador-BA. Tal documento cumpria, assim, seu papel em orientar e propor políticas públicas reparatórias e afirmativas, notadamente no campo da educação, para o atendimento dos pleitos locais, sobre uma educação escolar quilombola, para a cidade de Salvador.

Houve também a constituição de um Grupo de Trabalho permanente com a participação de educadores/as e gestores/as das escolas quilombolas municipais, a Diretoria Pedagógica (DIPE) e Núcleo de Políticas Educacionais das Relações Étnico-Raciais (NUPER), ambas da SMED, para o acompanhamento de ações no âmbito da educação escolar quilombola. Em julho de 2018, a construção da residência estudantil quilombola, no município de Salvador, por meio da Secretaria Municipal de Reparação (SEMUR), através da intervenção da Secretária Titular da pasta, a Profa. Dra. Ivete Alves do Sacramento, se tornou um marco de alta relevância para a garantia do acesso e permanência dos estudantes cotistas quilombolas, oriundos das comunidades da Ilha de Maré, nas universidades públicas, em especial na Universidade do Estado da Bahia (UNEB).

Considerações Finais

A cidade de Salvador-BA, ao longo de sua constituição histórica, pode ser entendida à luz de uma territorialidade realçada com as pertenças indígenas, que consolidaram espaços, lugares e representações culturais de forma marcante e relevante, tanto a partir das antigas aldeias, quanto dos aldeamentos sob jurisdição jesuítica. Por outro lado, a fotografia urbana contemporânea tem na sua distribuição geográfica a presença dos povos europeus (ou povos trazidos a partir deles), sob concepções diferentes e interesses muitas vezes adversos, como entre católicos e protestantes, ciganos e principalmente a partir da vinda dos cristãos-novos e a concentração do comércio, dos engenhos e fazendas em determinadas áreas da cidade.

Nesse amplo e complexo contexto, há os povos africanos, de diversos grupos étnicos, ocupando praticamente todo o território soteropolitano, seja enquanto mão de obra especializada nas fazendas, engenhos, armações pesqueiras, seja nos ajuntamentos espalhados em todas as áreas, inicialmente inabitadas, e que depois foram sendo preenchidas pela expansão comercial intraurbana.

Porém, a presença africana reconstruiu territorialidades nos espaços onde eles estariam em liberdade, portanto, longe das casas-grandes. Tais territorialidades são os nossos quilombos. Espaços de liberdade, construídos ou na peleja ou no "arrodeio". Quilombos que foram destruídos, quilombos que foram formados a partir da alforria em massa, proporcionados por outros alforriados, e até quilombos que jamais foram descobertos, e que passaram a ser denominados como bairros periféricos ou suburbanos, com a expansão da cidade, na contemporaneidade.

Dessa forma, a urgência na efetivação da diretrizes curriculares municipais para uma educação escolar quilombola, em permanente diálogo com a educação quilombola, deve ser entendida também a partir das historicidades calcadas por presenças negro-quilombolas, desde o século XVI, em toda a cidade de Salvador, buscando sempre as atualizações e ressignificações a partir de novos sujeitos, novas pautas e sem perder de vista a luta pela liberdade, pela cidadania e por uma sociedade mais justa e igualitária.

Referências

ALMEIDA, João Carlos Deschamps de. **O Mucambo do Rio das Rãs**: um modelo de Resistência Negra. Bom Jesus da Lapa – Bahia: Arte e Movimento, 1994.

ALMEIDA, Alfredo W. B. Terras de pretos, terras de santo e terras de índio. **Revista Humanidades.** Brasília, ano 4, v. 15, 1987/88.

ANJOS, Rafael Sanzio Araújo dos. Territórios étnicos: o espaço dos quilombos no Brasil. In: SANTOS, Renato Emerson dos. (Org.). **Diversidade, espaço e relações étnico-raciais:** o negro na geografia do Brasil. Belo Horizonte: Autêntica, 2007.

BARBOSA, Wilson do Nascimento. **A identidade do negro no Brasil.** Artigo para o Curso de Pós-Graduação Aspectos da Cultura Negra no Brasil, Departamento de História, Programa de História Social, FFLCH-USP, s/d.

BRASIL. **Constituição da República Federativa do Brasil.** Org. Juarez de Oliveira. São Paulo: Saraiva, 1994.

___________. Lei de Diretrizes e Bases da Educação Nacional. Brasília: MEC, 1996.

___________. Diretrizes Curriculares Nacionais para a Educação das Relações Étnico-Raciais e para o Ensino de História e Cultura Afro-brasileira e Africana. Brasília: junho, 2005.

___________. Diretrizes Curriculares Gerais para a Educação Básica. Brasília, Conselho Nacional de Educação, 2010.

CARNEIRO, Edison. **Quilombo dos Palmares.** Rio de Janeiro: Civilização Brasileira, 1966.

CARVALHO, José Jorge de. (Org.) **O Quilombo do Rio das Rãs:** histórias, tradições, lutas. Salvador: EDUFBA.. 1996.

CONAE – Conferência Nacional de Educação. Documento final. Brasília: MEC, SEA, 2010.

GUSMÃO, Neusa M. M. **Terra de pretos, terra de mulheres.** Brasília: Ministério da Cultura/Fundação Cultural Palmares, 1995.

LEITE, Ilka Boaventura (Org.). **Terras e territórios de negros no Brasil.** Santa Catarina: UFSC, 1991.

LUZ, Marco Aurélio. **Agadá**: dinâmica da civilização africano-brasileira. Salvador: Centro Editorial e Didática-UFBA, 1995.

______________. **Cultura negra em tempos pós-modernos**. 2. ed. Salvador: EDUFBA/UFBA, 2002.

MAESTRI FILHO, Mario. **Quilombos e quilombolas em terras gaúchas**. Porto Alegre: Escola Superior de Teologia São Lourenço de Brindes. Caxias do Sul. Universidade de Caxias de Sul, 1979.

______________. **O escravismo no Brasil**. São Paulo: Atual Editora, 1994.

MATTOSO, Kátia de Queirós. **Ser escravo no Brasil**. 3. ed. São Paulo: Editora Brasiliense, 1990.

MESSEDER, Marcos Luciano Lopes. **Relatório de Identificação da Comunidade de Barra, Bananal e Riacho das Pedras – Estado da Bahia**. Fundação Cultural Palmares, 1988.

______________. **Relatório de Identificação da Comunidade de Mangal – Estado da Bahia**. Fundação Cultural Palmares, 1988.

MOURA, Maria da Glória da Veiga. **Ritmos e ancestralidade na força dos tambores negros:** o currículo invisível da festa. Tese de doutorado. São Paulo: USP, 1997.

O'DWYER, Eliane Catarino (Org.). **Terra de quilombos.** Rio de Janeiro: Associação Brasileira de Antropologia, 1995.

PEDREIRA, Pedro Tomás. **Os quilombos brasileiros.** Salvador: Prefeitura Municipal de Salvador, Departamento de Cultura da SEMEC, 1972.

SANTANA, C. E. C. **Lajes dos negros:** o quilombo da liberdade. Um estudo sobre uma comunidade negra no interior da Bahia. Coleção Memória da Educação na Bahia, Salvador, v. 1, n. 1, p. 5, 2001.

_____________. Carnaval, identidade e educação: um olhar sobre os blocos afros. **Sementes** (Salvador), v. 3, n. 3, p. 10-230, 2002.

_____________. Processos educativos na formação de uma identidade em comunidades remanescentes de quilombos: um estudo sobre Barra, Bananal e Riacho das Pedras. **Caderno de Pesquisa – Esse in Curso** (Salvador), v. IV, p. 15, 2005.

_____________. **Educação na Bahia:** memórias, registros, testemunhos. 1ª. ed. Salvador: EDUNEB, 2006, v. 1, 418p.

_____________. Malê Debalê: lugar de negro. Lugar de aprender. **Revista África e Africanidades**, v. 5, p. 5, 2009.

_____________. **Educação, região e territórios**. 1ª. ed. Salvador: EDUFBA, 2013, v. 12, 370p.

_____________. **As interfaces da educação e seus desafios**. 1ª. ed. Curitiba: CRV, 2019, v. 01, 252p.

_____________. Quilombo do Buraco do Tatu: memórias calhambolas em terras ipitanguense. In: CARDOSO, Tássio; FREITAS, Gildásio. (Org.). **De Ipitanga a Lauro de Freitas**: narrativas históricas do povo ipitanguense. Lauro de Freitas-Ba: Libre, 2019.

_____________. Reflexões acerca da Lei 11645/08 e sua relação com a experiência quilombola. In: CARDOSO, Tássio; FREITAS, Gildásio. (Org.). **De Ipitanga a Lauro de Freitas:** narrativas históricas do povo ipitanguense. Lauro de Freitas-Ba: Libre, 2019.

SANTOS, Milton. **O espaço do cidadão**. São Paulo: EDUSP, 2007.

SCHWART, Stuart B. Cantos e quilombos numa conspiração de escravos haussás. In: REIS, João; GOMES, Flávio (orgs.). **Liberdade por um fio**: história dos quilombos no Brasil. São Paulo: Cia das Letras, 1996.

Reestruturação Dos PPPs Das Escolas Do Território Juá/Bandeira

Participação, coletividade e possibilidades[1]

Michelle Oliveira de Matos[2]

RESUMO

Este trabalho é parte da pesquisa de mestrado que se configurou pelo desafio de reestruturar os Projetos Político-Pedagógicos (PPPs) das escolas do Território Juá/Bandeira, município de Bom Jesus da Lapa/BA, tomando como dispositivo de apoio as Diretrizes Curriculares Municipais para a Educação Escolar Quilombola (DCMEEQ), aprovadas em 2017, resultantes do desejo coletivo por mudanças curriculares no âmbito das escolas localizadas nas comunidades quilombolas do município. Com uma abordagem qualitativa, priorizou-se a pesquisa participativa

[1] Este trabalho é parte da pesquisa de mestrado intitulada "Reestruturação dos PPPs das escolas do Território Juá/Bandeira", tomando como dispositivo de apoio as Diretrizes Curriculares Municipais para a Educação Escolar Quilombola, apresentada como requisito parcial para obtenção do título de mestra pelo Programa de Pós-Graduação em Ensino e Relações Étnico-Raciais da Universidade Federal do Sul da Bahia – UFSB.

[2] Professora-mestra da rede municipal de Bom Jesus da Lapa e, atualmente, coordenadora da Educação Étnico-Racial da Secretaria Municipal de Educação – SEMED. Integrante do Coletivo Marilene Matos. E-mail: michelle.matos2012@hotmail.com.

com o uso dos seguintes instrumentos de coletas de dados: rodas de conversas, questionários individuais e coletivos, entrevista semiestruturada, grupos de estudos e encontros formativos. Deste modo, tivemos a intenção de evidenciar como a educação escolar se inseriu nos contextos. E nesse sentido, percebemos que, atualmente, as escolas são reconhecidas pelos/as moradores/as como uma das conquistas do território. Notamos, que as duas escolas reconhecem a especificidade do lugar e apontam para o compromisso de incluir no currículo os saberes e os conhecimentos das comunidades, como propõem as DCMEEQ. A pesquisa ainda demonstrou que, com uma escuta atenta das necessidades das comunidades e com engajamento político de todas as partes que compõem o sistema de ensino, é possível, sim, colocar em prática a educação escolar quilombola.

Palavras-chave: Currículo; Educação Escolar Quilombola; Projeto Político-Pedagógico; Coletividade.

Breve contextualização do Território Juá/Bandeira e suas escolas

O Território Juá/Bandeira, à margem direita do Rio São Francisco, está situado na zona rural do município de Bom Jesus da Lapa/BA, distanciando-se cerca de 780 km da capital do estado e 60 km da sede do município. É composto por cerca de 450 famílias, distribuídas entre as localidades de Juá, Bandeira, Santa Rita, Campo Grande I e II e, ainda, Caldeirão, totalizando quase 20 mil hectares. Por meio das pesquisas de Santana (2012) e Santos (2017), podemos dizer que esse território era uma antiga fazenda de gado e teria sido a primeira localidade formada na Fazenda Curralinho[3], originária de antigos currais da propriedade.

O estudo de Santana (2012) ainda aponta que, de 1837 a 1980, através de compras, vendas e de estratégias de união matrimonial, a Fazenda Curralinho teve vários proprietários, incluindo a família Teixeira, que nessa época detinha sob sua guarda grandes extensões de terra, no que configura hoje como Território Velho Chico. Para os/as moradores/as que viviam na condição de encarregados, vaqueiros ou agregados, as relações com os fazendeiros ora era de negociação, ora de conflito, que nem sempre se apresentavam explicitamente. Na década de 1980, esta interação passa a ser mais conflituosa e, então, nesse momento, se fez necessária uma melhor organização para lutar pelo território.

3 A Fazenda Curralinho pertenceu à família latifundiária Guedes de Brito, no século XVIII. No inventário do sexto Conde da Ponte, João de Saldanha da Gama Melo Torres Guedes de Brito, datado de 1832, foram identificadas oito grandes fazendas, dentre elas, a Fazenda Curralinho.

Seu Valdimiro, um morador da comunidade do Juá e liderança do território, conta que na época do conflito, os fazendeiros obrigaram muitas famílias a sair de suas casas, só retornando depois que saiu a desapropriação. Para ele, a fase de disputas foi de muita luta para a comunidade, porém, com a ajuda do Padre Rosivaldo e da Comissão Pastoral da Terra (CPT), de outras pessoas e organizações, foram se fortalecendo. Na década de 1990, criaram-se duas associações, e depois de mais de 15 anos de conflitos e de esforços, de várias tentativas dos fazendeiros para derrubar o grupo, de forma gradativa, foi sendo feito o processo de reforma agrária, incidindo no ano 2000 na criação dos assentamentos: Santa Rita, Campo Grande I e Campo Grande II, nas quais poderiam ter acomodadas, no total, 590 famílias.

Durante o conflito, a comunidade também reivindicou tanto o critério étnico de comunidades negras rurais, quanto das formas de produção tradicional para acessar o direito à regularização das terras da União (SANTOS, 2017). É nesse sentido que, junto à CPT e ao movimento CETA, a comunidade procurou entender e requerer o direito a ser reconhecida enquanto quilombola. Então, em 2004, recebeu a Certidão de Autorreconhecimento assinada pelo presidente da Fundação Cultural Palmares. Na visão de Seu Valdimiro, isso é bem melhor do que o processo de reforma agrária, embora o território ainda não tenha alcançado a titulação definitiva de suas terras, nem acessado de forma efetiva as políticas públicas, como a estrada que atualmente está em péssimas condições, não somente para circular internamente, como também para chegar a outras comunidades, e a sede do município.

As famílias do Território Juá/Bandeira sobrevivem da

lavoura, têm seus animais, seu gado, vivem da pesca, pois a lavoura hoje não está fácil. A maioria das famílias complementa sua renda com os benefícios do governo federal, como, por exemplo, o Bolsa Família (Seu Valdimiro). A principal atividade é a pesca, no Rio São Francisco, seja por meio de anzóis, redes ou tarrafas. No período de chuva, o plantio é feito nas áreas de sequeiro, e no de seca, nas áreas de lameiro. Os produtos excedentes são vendidos na feira livre de Bom Jesus da Lapa e municípios vizinhos. As atividades são praticadas por homens e mulheres, com a ajuda das crianças, em alguns momentos.

Vale lembrar que o território é composto por seis comunidades, sendo que duas possuem escola. No quilombo Bandeira está a Escola Municipal Nossa Senhora da Conceição, e no quilombo Santa Rita, a Escola Municipal Santa Rita. Sobre a configuração atual dessas comunidades, não será possível trazer todas as informações, mas ressalto que o quilombo Bandeira conta com, aproximadamente, 620 moradores/as e 163 famílias, já o quilombo Santa Rita é composto por 79 famílias e em torno de 240 habitantes.

O samba de roda é uma das principais práticas culturais das comunidades, e vem de muito tempo. O senhor José Pereira dos Santos, na época com 97 anos, em entrevista concedida à Escola Nossa Senhora da Conceição, contou que sua bisavó faleceu com 115 anos, que era uma sambadeira muito boa e que aprendeu com seus pais, passando de geração a geração. Segundo esse senhor, tempos atrás, o samba de roda era a principal diversão do lugar. Já Dona Laurinda Pereira de Souza, de 69 anos, filha do senhor José, diz que tanto para ela, quanto para as mulheres de sua época, o samba era uma forma de esquecer os problemas do dia a dia. Sendo constituído por mulheres e homens, o samba de roda resiste, marcadamente presente em alguns eventos que acontecem no decorrer do ano.

Em um contexto de demandas territoriais e sociais, o Território Juá/Bandeira vem se reconfigurando, ora para continuar resistindo e existindo, ora para afirmação enquanto sujeitos. Os desafios são enormes e contínuos, sendo necessário, muitas vezes, um redobrar de forças para lutar por questões que, por direito, deveriam fazer parte do cotidiano dos/as quilombolas, como é o caso da educação escolar, que é o que vamos abordar agora. Iniciemos, então, com a narrativa de Dona Lucinéia, moradora do quilombo Bandeira:

> Eu nasci e criei aqui. Então, a gente aqui nunca teve professor, quem tinha antigamente e que podia pagar o professor em casa, esses aí soube, quem não tinha... Aqui, quando aconteceu de dar aula pra nós, foi Odelina, depois outras professoras leiga que veio, era embaixo de uma latada. Então, hoje nós tem uma conquista grande, porque um colégio desse aqui, se a gente tivesse antigamente, a gente tinha oportunidade de aprender, e hoje tem na porta da casa, minhas filhas mesmo estudou aqui, foi pra Lapa, estudou o primeiro ano, o segundo, o terceiro não bombou, estudou aqui até a oitava série. Então, quando chegou lá na Lapa [sede do município], todos os professor perguntou onde estudou porque tava de parabéns.

Em poucas palavras, essa senhora apresenta um panorama geral de como vem se constituindo a educação escolar no território até chegar aos dias atuais. Pela memória dos/as moradores/as, existem vários elementos que comprovam a presença de negros/as escravizados/as no território há mais de 300 anos, e por meio dos relatos já no processo de pesquisa, mais precisamente, na roda de conversa com a comunidade, foi apontado que a primeira experiência de educação formal aconteceu em 1954. Então, se fizermos um paralelo entre essas datas, verificaremos um atraso muito grande no acesso à escolarização. Ainda assim, por iniciativa da própria comunidade, foram se criando estratégias para que a educação escolar se fizesse presente no território, desde o "contrato" de professores particulares até a organização de aulas, seja embaixo de árvores, na casa de farinha, na construção de casa de taipa ou cedendo residências.

Como está exposto na fala de Dona Lucinéia, as duas escolas do território são motivos de alegria para os/as moradores/as, que as têm como verdadeiras conquistas. Atualmente, a Escola Municipal Nossa Senhora da Conceição está passando por uma reforma, tanto para manter a estrutura física existente, quanto para aumentá-la, apesar de já possuir seis salas de aula com, aproximadamente, 52 m^2 cada. Conta com oito professoras, o diretor e o coordenador pedagógico e com mais de 200 estudantes que foram divididos nas etapas da Educação Infantil, anos iniciais e finais do Ensino Fundamental e Educação de Jovens e Adultos (EJA), anos iniciais e finais. A Escola Municipal Santa Rita atende as mesmas etapas de ensino, com a mesma estimativa de estudantes, tendo em seu quadro de funcionários uma diretora, uma coordenadora pedagógica e sete professoras.

Segundo Seu Valdimiro, a Escola Municipal Santa Rita

foi inaugurada em 2014, a partir da reivindicação das próprias comunidades quilombolas, por meio do movimento quilombola do Território Velho Chico (CRQ) e, em âmbito nacional, pela Coordenação Nacional de Articulação das Comunidades Negras Rurais Quilombolas (CONAQ) que, nas reuniões com o MEC, insistiram em exigir escolas diferenciadas para os territórios quilombolas. Assim, para o município de Bom Jesus da Lapa, foram aprovadas e construídas cinco escolas com o mesmo padrão e com uma boa estrutura física. Contam com seis salas de aula grandes (48 m^2 cada uma), uma sala para reforço escolar, uma sala para o laboratório de informática, dois banheiros para estudantes, um banheiro para professores/as e gestão, um banheiro com chuveiro próximo à cantina, um almoxarifado, uma cantina grande, um espaço para biblioteca, uma sala para os/as professores/as, uma diretoria, uma secretaria, uma passarela e alpendre ao redor de todas as salas, dois depósitos próximos à cantina e uma guarita.

A construção das Diretrizes Curriculares Municipais para a Educação Escolar Quilombola (DCMEEQ)

Como as DCMEEQ foram o dispositivo de apoio para a reestruturação dos PPPs, é importante trazer aqui como se deu seu processo de construção, uma vez que expressam o desejo coletivo por mudanças curriculares no âmbito das escolas quilombolas do município e consideram que o projeto político-pedagógico é, sem dúvidas, o mais significativo instrumento de gestão: "entendido como expressão da autonomia e da identidade escolar", além de caracterizar-se como "primordial para a garantia de uma Educação

Escolar Quilombola com qualidade social" (BOM JESUS DA LAPA, 2017, p. 17).

Então, com a intenção de compor com as comunidades quilombolas um documento que auxiliasse na efetivação da política de educação escolar quilombola no município, em 2017, enquanto parte da Coordenação Municipal da Educação Étnico-Racial, propomos para a CRQ a construção das DCMEEQ, de modo que essa foi uma das ações que desenvolvemos de forma conjunta. Assim, embora a proposta tenha sido idealizada por mim, foi elaborada de maneira dialogada e participativa. Primeiro, a ideia foi apresentada à coordenação do movimento, que de imediato colocou-se à disposição e, desse modo, entrou em contato com a diretoria das associações dos 10 territórios quilombolas para que fôssemos realizar as primeiras reuniões. Estas tinham como objetivo ouvir todos/as os/as quilombolas sobre o que eles/as achavam da proposta que ora estávamos levando, e os escutávamos falar também de suas experiências na educação escolar. Para isso, dialogamos com cada comunidade de forma separada.

Assim como identificamos no Território Juá/Bandeira, muitas vezes essas falas, principalmente das pessoas mais velhas, eram carregadas de um forte sentimento de inferioridade por não terem tido a oportunidade de estudar, como foi percebido no relato de Seu Alípio, um senhor de 67 anos, do quilombo Lagoa do Peixe, que começou a estudar na fase adulta e tinha que frequentar a escola à noite, depois de trabalhar na roça. Ele contou: "A culpa foi minha de parar de estudar, devia ter aguentado mais". Dona Lucidalva, que também é do mesmo quilombo, lamentou: "Eu só comecei a estudar com 11 anos". Dona Josefina, do Território Peroba, que caminhava 5 km para chegar à escola e, quando voltava, tinha que ir para a casa de farinha limpar mandioca, teve que parar de estudar aos 12 anos, pois na comunidade vizinha só tinha até a quarta série, e seu pai não permitiu que ela fosse à escola na cidade e dizia: "Mulher não vai estudar na Lapa, não" (Dona Josefina).

A partir dessas experiências, e pelos demais depoimentos que ouvimos, foi possível perceber que os processos de escolarização nos 10 territórios quilombolas certificados do município foram muito parecidos, sempre marcados pela negação do direito de estudar e a presença de iniciativas próprias que favorecessem o acesso dos/as moradores/as ao saber sistematizado. Isso nos faz lembrar que, historicamente, o Estado brasileiro, além de não viabilizar espaços de educação escolar à população negra, ainda estabelecia estratégias que dificultavam o acesso à escolarização e outros meios de prover o conhecimento.

Depois do momento de escuta, em todos os territórios quilombolas, realizamos miniconferências em que propusemos aos/as mediadores/as que dialogassem com os/as participantes sobre o contexto da educação para a população negra no Brasil. E foi na ocasião da miniconferência no Território Bandeira que Seu Ormando, quilombola de Fortaleza, ao se referir à história da população negra, disse: "Se a princesa Izabel fez o que fez, foi por causa de homens e mulheres como nós que lutaram para isso". Por meio do questionamento "a escola que temos e a escola que queremos", também surgiram propostas relacionadas aos itens: nucleação e transporte escolar, alimentação, projeto político-pedagógico, gestão, avaliação e formação de professores/as.

Dessa forma, as miniconferências aconteceram de maneira

nucleada e com a representação de cada território, como foi o caso de Juá/Bandeira que, no dia 22 de setembro de 2017, sediou a terceira das quatro miniconferências, com a presença de nove representantes do próprio território e três de Fortaleza. Para mediar os quatros momentos dessa etapa, convidávamos, algum/a quilombola ou militante do movimento quilombola para que fosse o mais participativo possível. Sendo assim, ao realizarmos as miniconferências, tínhamos a intenção de fazer com que as pessoas da comunidade se sentissem parte ativa da construção do documento. A fala de Maricélia, quilombola de Juá/Bandeira, parece indicar que tivemos êxito: "Serão nossas vozes e nossas falas que estarão no documento".

Com o objetivo de chamar a atenção das autoridades municipais para a elaboração das DCMEEQ, a última etapa foi realizada no dia 06 de outubro de 2017, na cidade de Bom Jesus da Lapa. Além disso, a definição do local se deu pelo fato de que a cidade se apresentou como um ponto de melhor acesso para as comunidades quilombolas. Assim, iniciamos com uma mesa de abertura com quilombolas representando os vários segmentos que participaram do processo (mulheres, homens, professoras, estudantes, movimento quilombola) e autoridades municipais, tais como os secretários, representante do prefeito e a diretora do Núcleo Territorial de Educação (NTE 02).

Depois desse momento, tivemos a oportunidade de refletir, através de uma palestra, sobre a formação das comunidades negras no Território Velho Chico e sobre o contexto da educação para as relações étnico-raciais no Brasil e no município. Em seguida, foram apresentadas e discutidas as propostas levantadas nas miniconferências. Sobre esta última etapa, ressalta-se a fala de Iane Pereira da Silva, quilombola de Rio das Rãs que, via *WhatsApp*, ao convidar as comunidades quilombolas para a conferência final, escreveu o seguinte:

> Depois de uma longa e gratificante jornada junto às comunidades quilombolas na discussão da construção das Diretrizes Curriculares Municipais para a Educação Escolar Quilombola, chegamos a uma nova e fundamental etapa que é de unificar e de sintetizar as discussões realizadas nesse processo de construção.

A fala de Iane demonstra que a opção de trabalharmos coletivamente valeu a pena, mesmo tendo a certeza de que as DCMEEQ por si só, não vão dar conta de atender as especificidades das escolas quilombolas. Mas acreditamos, sim, que esse documento pode ser um dispositivo de mudança, desde que esteja acompanhado por uma série de ações e, dentre estas, as mais importantes são o envolvimento e a escuta atenta das comunidades, que são quem podem nos indicar o caminho da efetividade da educação escolar quilombola. Foi justamente nesse sentido que pensamos e colocamos em prática a reestruturação dos PPPs das duas escolas do Território Juá/Bandeira.

O percurso de reestruturação dos PPPs tendo como dispositivo de apoio as Diretrizes Curriculares Municipais para a Educação Escolar Quilombola

Além de utilizarmos as DCMEEQ como dispositivo de apoio na construção dos PPPs de Juá/Bandeira, a partir da justificativa apresentada no início do tópico anterior, ressaltamos que corroborou para isso o fato de que essas diretrizes indicam como deve se pautar o PPP das escolas quilombolas. Encontramos, no referido documento, cinco artigos que versam especificamente sobre o PPP (Artigos 31, 32, 33, 34 e 35). Outro ponto a se considerar é que, a partir de nossa experiência, em muitos casos, a elaboração do PPP das escolas localizadas nos quilombos vai à contramão do que propõem suas diretrizes, tornando-se apenas um instrumento meramente burocrático. Dessa forma, importa muito para uma escola localizada dentro de um território quilombola ter um documento construído de forma autônoma e coletiva, mediante o envolvimento e participação de toda a comunidade escolar (BRASIL, 2012).

Então, para que o processo tivesse a melhor participação possível, utilizamos os seguintes instrumentos de coletas de dados: rodas de conversas, questionários individuais e coletivos, entrevistas semiestruturadas, grupos de estudos e encontros formativos. Aqui, por conta do pouco espaço, vamos apresentar essa trajetória de forma geral, sem atentar muito para os detalhes e especificidades de cada escola, como estão descritos na dissertação.

A pesquisa dividiu-se em três etapas: a primeira delas foi a de preparação, que consistiu em rodas de conversa com todos os segmentos da comunidade escolar em momentos distintos. Todas as rodas tiveram como objetivo geral apresentar a proposta e mobilizar o grupo para o trabalho. Porém, por conta do público, para cada uma utilizamos estratégias diferentes. Sendo assim, iniciamos a conversa com os/as professores/as, coordenação pedagógica e gestão motivados/as pelos seguintes questionamentos: o que se espera de uma escola quilombola? Em que ela difere das demais escolas? É apenas sua localização geográfica? O que é ser um/a professor/a quilombola? Que perfil de estudante pretende formar?

A segunda roda de conversa contou com a presença da gestão, coordenador pedagógico, professores/as, pais, mães, profissionais de apoio (secretário, porteiros, merendeiras e auxiliares de serviços gerais) e representantes da comunidade. Nessa ocasião cada pessoa falou sobre suas experiências na escola dentro da comunidade. Desse modo, por meio da memória do grupo, fizemos uma retrospectiva da história da educação escolar no quilombo Bandeira. Na terceira roda o público atendido foram os/as estudantes, que discutiram a temática "A escola que temos e a escola que queremos". Com os/as alunos houve a necessidade de termos cinco rodas de conversa divididas da seguinte forma: a primeira com a participação da Educação de Jovens e Adultos, a segunda voltada à Educação Infantil, a terceira com o 1º, 2º e 3º anos, a quarta envolvendo o 4º e 5º anos e a quinta com os anos finais do Ensino Fundamental.

Ainda na primeira etapa, aconteceram os encontros formativos sobre as DCMEEQ, que foi uma necessidade levantada na roda de conversa com as professoras, porém, os/as estudantes da Educação de Jovens e Adultos também apontaram interesse em conhecer o documento.

Em seguida, partimos para a segunda etapa, a qual foi composta de sete grupos de estudo, embasados teoricamente pelas DCMEEQ, Veiga (1998) e Vasconcellos (2002), e que tinham duração de duas horas, com exceção de um que se estendeu por quatro horas. Participaram desses encontros as representações de cada segmento escolar e da comunidade com o intuito de construirmos de fato cada dimensão do PPP (marco referencial, diagnóstico e programação), que se deu por meio de trabalhos em grupos (trios ou duplas) e em plenária.

Ainda fez parte da segunda etapa um questionário que foi respondido individualmente por 25 pessoas na Nossa Senhora da Conceição e por 15 pessoas na Santa Rita, o qual tinha como intenção identificar o viés político (visão de sociedade e de ser humano que queremos formar) e o pedagógico (ações educativas sobre as características que devem ter a instituição planejada), que serviram para o marco referencial, principalmente para o marco situacional e filosófico. Na segunda etapa também construímos a última dimensão dos PPPs, a programação que, segundo Vasconcellos (2002, p. 23), "é o conjunto de ações concretas assumido pela instituição, naquele espaço de tempo previsto no plano, que tem por objetivo superar as necessidades identificadas".

A terceira etapa consistiu na sistematização, ou seja, a escrita do PPP, que teve como responsáveis o gestor, o coordenador pedagógico e eu, colaboradora/pesquisadora. Para essa fase, foi necessário retomarmos as duas primeiras etapas, tanto por meio da escuta dos áudios gravados nos encontros, quanto da consulta às partes escritas, como as nossas observações, os questionários individuais e coletivos.

Podemos dizer, então, que ao reestruturarmos o projeto político-pedagógico, levamos em conta a participação efetiva da comunidade escolar e de representantes do território. Assim como propõem as DCMEEQ, consideramos importante ressaltar a realidade que contorna as escolas em seus aspectos sociais, econômicos e culturais, bem como dar visibilidade à historicidade da luta pela educação escolar e ao forte valor histórico-cultural que as unidades escolares ocupam na vida dos/as cidadãos/ãs, não somente do Bandeira e Santa Rita, mas de todo território quilombola.

Algumas considerações e novas possibilidades

Além de outras percepções, tentamos evidenciar neste trabalho que o Estado, maior violador dos direitos das comunidades tradicionais, negou aos/as moradores/as do Território Juá/Bandeira, por muito tempo, o acesso à educação escolar, assim como negou para as outras comunidades quilombolas do município. Entretanto, a comunidade foi à luta, por diversas vezes criou estratégias para amenizar a ausência do direito à escolarização e talvez seja por esse motivo que, atualmente, com a aquisição de escolas bem estruturadas, os/as moradores/as consideram-nas como uma conquista, e se refiram a elas de modo celebrativo.

Desse modo, pôde-se perceber que a construção das DCMEEQ foi validada por um processo que contemplou a quem interessa de fato: as comunidades quilombolas. Mas, por si só, elas não serão capazes de efetivar a educação escolar quilombola. Com isso queremos dizer que o sistema municipal de ensino precisa ouvir atentamente as comunidades, uma vez que são elas que poderão apontar o melhor caminho para alcançar tal objetivo.

É importante dizer que essa pesquisa abriu novas possibilidades de reestruturação dos PPPs, não somente das demais escolas quilombolas do município, mas de escolas quilombolas presentes em cidades distantes da nossa, como é o caso da Escola Municipal de Ilha de Maré, que através do Projeto Ancestralidade Griot[4], nos convidou para mediar encontros de intercâmbio com a finalidade de elaborar o PPP da referida escola.

Até o momento, realizamos quatro encontros, sendo os dois primeiros no formato on-line com a participação da coordenadora pedagógica e dos/as professores/as, e os últimos presenciais, com a gestão e os/as docentes, além de representantes dos demais segmentos da comunidade escolar e lideranças do quilombo. Em um dos encontros on-line, apresentamos os conceitos e a metodologia de elaboração do projeto político-pedagógico, tendo como base teórica Vasconcellos (2002). No segundo, dialogamos sobre como se deu o processo de reestruturação dos PPPs das escolas do Território Juá/Bandeira, qual a metodologia e a estrutura utilizada.

Os dois encontros presenciais aconteceram na Escola Municipal de Ilha de Maré. Na manhã do primeiro encontro, por meio de uma roda de conversa, dialogamos sobre a luta pela educação escolar no território; e à tarde, dividimos os participantes em grupos para iniciarmos a discussão e responder o questionário que servirá de base para a construção das duas primeiras partes do marco referencial (marco situacional e filosófico). No segundo encontro, utilizamos a parte da manhã para revermos a estrutura do PPP e como se caracterizam as dimensões que o compõem, e retomamos a formação dos grupos para dar continuidade ao trabalho iniciado no encontro anterior, sendo que essa atividade

[4] Projeto selecionado por meio do Edital Equidade Racial na Educação Básica, publicado pelo CEERT e submetido por Nádia Maria Cardoso da Silva, uma das professoras da Escola Municipal Ilha de Maré.

somente foi concluída no período da tarde, com a socialização das respostas em plenária. Fechamos o encontro apresentando a equipe de sistematização, as orientações para continuidade do processo de estruturação do PPP, uma vez que não estarei presente nos encontros posteriores.

É importante salientar que, por meio desses encontros, foi possível identificar que a escola se apresenta como espaço de resistência e riqueza histórico-cultural pelos elementos constitutivos daquele território, como também nos evidencia desafios, que vão além das travessias em mar aberto enfrentadas pelas professoras em embarcações de péssima qualidade. Podemos considerá-los como atravessamentos, que estão na ordem do descumprimento da política instituída nacionalmente e em âmbito municipal, já que o município tem diretrizes próprias para a educação escolar quilombola.

Porém, consideramos que maior que os desafios é a força de luta ancestral presente no território. Isso foi latente nas falas dos/as participantes nas rodas de conversa, o que aponta para nós que esse pode ser um dos possíveis caminhos que vai viabilizar, por meio de uma construção dialogada do PPP, avançar na mobilização para efetivação da educação escolar quilombola. Portanto, esperamos que a continuidade da estruturação do PPP seja um compromisso de toda comunidade escolar, especialmente da gestão da escola, pois é a mesma que define dentro da programação cotidiana os espaços para esse trabalho.

Referências

BOM JESUS DA LAPA. **Resolução nº 004**, de 20 de dezembro de 2017. Define Diretrizes Curriculares Municipais para a Educação Escolar Quilombola na Educação Básica.

BRASIL. Conselho Nacional de Educação. **Diretrizes Curriculares Nacionais para a Educação Escolar Quilombola na Educação Básica.** Resolução CNE/CEB nº 8, de 20 de novembro de 2012. Brasília, Diário Oficial [da] República Federativa do Brasil, 21 de novembro de 2012.

SANTANA, N. P. **Família e microeconomia escrava no sertão do São Francisco (Urubu-BA, 1840 a 1880)**. 2012. 218 f. Dissertação (Mestrado) – Universidade do Estado da Bahia, Programa de Pós-Graduação em História Regional e Local, Santo Antônio de Jesus, 2012.

SANTOS, T. R. **Entre terras e territórios: luta na/pela terra, dinâmica e (re)configurações territoriais em Bom Jesus da Lapa (BA)**. 2017. 326 f. Tese (Doutorado) – Instituto de Filosofia e Ciências Humanas, Universidade Estadual de Campinas, Campinas.

VASCONCELLOS, Celso dos Santos. **Planejamento**: Projeto de Ensino-Aprendizagem e Projeto Político-Pedagógico. 7. ed. São Paulo: Libertad, 2002.

VEIGA, Ilma Passos Alencastro. Projeto político-pedagógico da escola: uma construção coletiva. In: VEIGA, Ilma Passos da (org.). **Projeto político-pedagógico da escola:** uma construção possível. Campinas: Papirus, 1995 p. 11-35.

Gamificação no ensino da história e culturas afro-brasileira e africana

Relato de experiências

Zelinda Barros[1]

Resumo

Neste artigo, relato a experiência de produção de jogos e atividades gamificadas nos cursos de Bacharelado em Humanidades e Licenciatura em Ciências Sociais da Universidade Internacional da Lusofonia Afro-brasileira (UNILAB), campus São Francisco do Conde, Bahia, no período de 2021 a 2022. São apresentados subsídios à compreensão do processo de gamificação na educação, em geral, e no ensino de história e cultura afro-brasileiras e africanas, em particular, destacando a importância da gamificação como recurso auxiliar ao processo de ensino-aprendizagem. Com isto, espero também contribuir para a abordagem de conteúdos relacionados à História e Cultura Afro-brasileiras na Educação Básica, em conformidade com a Constituição Federal (1988), a

[1] Antropóloga, docente adjunta da Universidade da Integração Internacional da Lusofonia Afro-brasileira (UNILAB), campus dos Malês, em São Francisco do Conde/BA.

Lei de Diretrizes e Bases da Educação Nacional (1996) e a Lei nº 10.639 (2003).

Palavras-chave: Gamificação; jogos digitais; Educação Básica; História e Cultura Afro-brasileiras e Africanas.

Com a abordagem de conteúdos relacionados à história e cultura afro-brasileiras e africanas em todo o currículo da Educação Básica determinada pela Lei nº 10.639/03, nos deparamos com o desafio de criar estratégias didáticas que aproximem os diferentes campos disciplinares na abordagem à temática. Assumindo este desafio, venho produzindo recursos didáticos em meio digital com a intenção de viabilizar um diálogo interdisciplinar que nos auxilie, a partir do ensino de Sociologia, a disseminar e fomentar a construção de conhecimentos relacionados à história e cultura afro-brasileiras[2].

Neste artigo, relato a experiência de produção de jogos e atividades gamificadas para o ensino de história e cultura afro-brasileiras nos cursos de Bacharelado em Humanidades e Licenciatura em Ciências Sociais da Universidade da Integração Internacional da Lusofonia Afro-brasileiras (UNILAB), a fim de estimular a gamificação como recurso auxiliar à abordagem destes conteúdos na Educação Básica.

A gamificação na Educação

A gamificação, ou seja, "uso dos elementos, estratégias e pensamentos dos jogos fora do contexto de um game, objetivando a participação efetiva dos envolvidos e a prática da resolução de problemas" (REZENDE; MESQUITA, 2017), vem sendo cada vez mais utilizada no comércio de bens e serviços, no cotidiano laboral ou em organizações sociais, fundamentando práticas que visam promover a motivação, o engajamento e a busca pela

2 Apesar de utilizar a expressão "história e cultura afro-brasileiras" no singular, entendo que se tratam de áreas que abrigam uma multiplicidade de expressões históricas e culturais e que estas refletem a diversidade da população afro-brasileira.

solução de problemas. No espaço escolar, o processo de gamificação tem como proposta engajar os estudantes no processo de ensino-aprendizagem de modo a promover a construção e a disseminação colaborativas de conhecimentos com o uso de recursos didáticos que incorporam, juntos ou separadamente, os principais elementos dos games: missão; enredo e personagens; níveis; objetivos; recursos e itens; colaboração e ajuda; desempenho e nível de experiência desenvolvido; pontuação (REZENDE; MESQUITA, 2017).

Ivanio Dickmann (2021) nomeia a gamificação no contexto específico da educação, de "gameducação". Para o autor, *gameducar* responde a uma necessidade pedagógica previamente identificada pela/o docente sendo baseada no "triângulo da gameducação", que necessariamente envolve jogo, jogadoras/es e educadoras/es reunidas/os em torno do objetivo de ensinar-aprender. A noção de gameducação de Dickmann (2021) inclui não somente o uso de elementos do jogo como dos próprios jogos com fins educativos, podendo também ocorrer com o emprego de jogos tradicionais (tabuleiro, cartas etc.). Atualmente, observarmos mais frequentemente o uso dos jogos digitais neste contexto de imersão tecnológica que atualiza a prática milenar de jogar, ou seja, do brincar de modo organizado, mediado por regras e orientado por determinados objetivos, aparentes ou implícitos (PETRY, 2016b).

Marc Prensk, um dos pioneiros no estudo da aprendizagem baseada em jogos digitais, aponta como um dos desafios desta aprendizagem "descobrir e inventar meios de *incluir* a reflexão e o pensamento crítico seja embutido no jogo ou por meio de um processo de reflexão e avaliação com a orientação de um instrutor na aprendizagem *e ainda torná-la um jogo divertido.*" (PRENSKY,

2012, p. 82). Para Arlete dos Santos Petry (2016a, p. 46), "o que se quer quando se utiliza um jogo com finalidade educativa é que aqueles que jogam consigam levar a aprendizagem obtida no jogo para fora dele". Ultrapassando o entendimento comum de jogo digital como "*software* desenhado para fins de entretenimento em uma ou mais plataformas (console, computador, smartphone, etc.)", Lynn Alves, uma das pioneiras, no Brasil, dos estudos sobre o uso de jogos digitais na educação, e Helyom Viana Telles, historiador, definem jogo digital como "o que se faz com o *software* e a partir dele" (ALVES; TELLES, 2016, p. 126).

Assim como toda inovação tecnológica, educar por meio dos jogos encontra resistências que se orientam por interpretações equivocadas, como a visão do jogo como um entretenimento que dispersa a atenção, incita à violência e promove o isolamento social – especificamente os videogames (LIMA, 2020). Contudo, além de contribuir para o envolvimento ativo dos/as estudantes no processo de ensino-aprendizagem, os jogos estimulam o desenvolvimento de habilidades como "cooperação (agir intencionalmente em prol de uma meta comum), coordenação (sincronizar esforços e compartilhar recursos) e cocriação (produzir coletivamente um novo resultado)" (LIMA, 2020, p. 8), fomentando o diálogo e motivando práticas pedagógicas que incorporem elementos facilitadores do relacionamento entre os indivíduos no mundo atual (BARROS, 2012).

Gamificação no ensino de História e Cultura Afro-brasileiras

As transformações pelas quais vem passando a educação

e, neste campo mais amplo, o ensino de sociologia, demandam a construção de novos caminhos (ou atualização de alguns preexistentes) no sentido de contemplar as diferentes formas de aprender, num contexto de imersão tecnológica digital desigual. O antigo modelo de produção e difusão de conhecimentos, baseado na comunicação unidirecional durante muito tempo reproduzido em escolas e universidades, centrado na figura da/o docente e voltado à formação de hábitos e comportamentos padronizados por meio da disciplina, perdeu espaço num contexto marcado pela necessidade de conhecimentos produzidos de modo interativo, colaborativo e com respeito às diferenças (SILVA, 2014).

Conteúdos das mais variadas áreas vêm sendo abordados em jogos educativos digitais (sociológicos, históricos, matemáticos etc.), proporcionando uma vasta gama de recursos disponibilizados em jogos históricos digitais de modo comercial ou gratuito, como *Tríade*[3], *Búzios: Ecos da Liberdade*[4], *Dois de Julho*[5] e outros. Em se tratando do ensino de história e cultura afro-brasileiras e africanas, além do desenvolvimento da sensibilidade necessária à abordagem dos temas relacionados, desprovida de estereótipos e distorções racistas, parto do entendimento de que o aprendizado por meio da gamificação pode trazer contribuições importantes para o modo como enfrentamos o racismo em sala de aula.

O processo de desenvolvimento de jogos e atividades gamificadas para o ensino de história e cultura afro-brasileiras é um dos desdobramentos da minha trajetória atuando na área da

3 http://www.comunidadesvirtuais.pro.br/triade/download.html
4 http://www.comunidadesvirtuais.pro.br/buzios/downloads/
5 https://doisdejulhogo.com.br/

educação. Como ciberativista, desde 2008 tenho elaborado blogs, cards informativos, calendários e textos didáticos com o propósito de disseminar, nas redes sociais digitais[6], conhecimentos que vêm sendo produzidos por pesquisadoras/es negras/os, acadêmicas/os ou não, mas que ainda não gozam da visibilidade necessária para contribuir para o salto qualitativo que devemos dar na área da educação em benefício de todas as pessoas, especialmente as negras.[7]

Desde 2021, ano em que as aulas presenciais já estavam suspensas devido ao período de distanciamento social decorrente da pandemia de Covid-19, venho trabalhando os conteúdos pedagógicos por meio de recursos digitais gamificados. Com a produção de tais recursos, assumi o desafio de contribuir para o debate sobre gamificação e estimular a aprendizagem baseada em jogos digitais por intermédio do desenvolvimento de uma metodologia de ensino-aprendizagem "aberta, flexível e dialética", como proposta por Bridi, Araújo e Motim (2010), e construída num espaço educativo caracterizado pela interatividade, tal como definida por Silva (2014).

A escolha dos temas abordados nos jogos e atividades

[6] Como os blogs *Fazer Valer as Leis* (www.fazervaleralei.blogspot.com) e *Casos e Coisas do Gênero* (http://casosecoisasdogenero.blogspot.com), de 2008; o grupo de discussão Ensino de História e Cultura Afro-brasileiras (https://www.facebook.com/groups/historiaeculturaafro), de 2012; a página *Calendário Negro* (www.facebook.com/calendarionegro), de 2015; entre outros.

[7] De 18 de maio a 15 de outubro de 2021, ministrei, na UNILAB, o curso de extensão "Produção de recursos didáticos em meio digital para implementação da Lei nº 10.639/03", voltado a docentes da Educação Básica de escolas públicas de Salvador (BA) e demais municípios da região metropolitana. Desta experiência, resultou o e-book *Recursos digitais para implementação da Lei nº 10.639/03* (https://bit.ly/3F4fwDd), em que foram apresentados os recursos didáticos produzidos pela equipe e pelas/os participantes que concluíram o curso. Em 2022, desenvolvi o projeto de pesquisa "Implicações da abordagem de conteúdos relacionados à história e cultura afro-brasileiras e africanas no ensino de Sociologia por meio da gamificação", aprovado no Edital PROPPG 02/2022 - PIBIC/UNILAB (IC, Af), PIBIC/CNPq (IC, Af e ICJ), BICT/FUNCAP e PIBIC/FAPESB, da Pró-Reitoria de Pesquisa e Pós-graduação da UNILAB.

gamificadas foi feita a partir dos conteúdos indicados nos planos de ensino dos componentes curriculares "Sociologia: desafios e perspectivas de intervenção social", "Relações Raciais e de Gênero na Cibercultura", "Sociologia da Educação", "Laboratório de Ciências Sociais e Educação", "Tecnologias Digitais Aplicadas à Educação em Ciências Sociais" e "Laboratório de Saberes e Educação Étnico-racial" dos cursos de Bacharelado em Humanidades e Licenciatura em Ciências Sociais da Universidade Internacional da Lusofonia Afro-brasileira (UNILAB)[8].

Quadro 1 – Jogos e Atividades gamificadas

CONTEÚDO	COMPONENTE	RECURSO
Constituição da Sociologia	"Sociologia: desafios e perspectivas de intervenção social"	Quiz "Sociologia"
Principais linhagens de pensamento da Sociologia	"Sociologia: desafios e perspectivas de intervenção social"	Jogo "Descubra a palavra – Conceitos sociológicos clássicos"
Desigualdades e contradições nas dinâmicas de acesso, uso, desenho e produção das TIC	"Relações Raciais e de Gênero na Cibercultura"	Jogo "Cientistas Negras"

[8] A UNILAB foi criada em 20 de julho de 2010, fundamentada no princípio da cooperação solidária. Com sede administrativa em Redenção, no Ceará, suas atividades estão distribuídas em três campi: Campus da Liberdade, em Redenção (CE); Campus das Auroras, em Redenção e Acarape (CE); Campus dos Malês, em São Francisco do Conde (BA). Em parceria com países-membros da Comunidade dos Países de Língua Portuguesa (Portugal, Timor-Leste, Moçambique, Angola, Guiné-Bissau, Guiné Equatorial, São Tomé e Príncipe e Cabo Verde), esta universidade federal compartilha soluções inovadoras para processos históricos similares e auxilia no fortalecimento de uma rede internacional que, com respeito à soberania dos países parceiros, realiza ações e intervenções de apoio técnico, acadêmico, científico, cultural e humanitário.

Produção de recursos didáticos em meio digital para a educação em Ciências Sociais, Povos tradicionais e Educação	"Tecnologias Digitais Aplicadas à Educação em Ciências Sociais" "Laboratório de Saberes e Educação Étnico-racial"	Jogo da Memória "Escritoras Negras" Jogos "Malungos", "Labirinto", "Escolha a Pedra" e "Kwanzaa", "Descubra a Palavra – Quilombos" Conto africano – *A briga das lagartixas* Conto africano – *As Mamas* Conto africano – *Noiba nobo* Conto africano – *O peul e o bozo* Conto africano – *O que os matou* Conto africano – *Os pretendentes da princesa gorila*

Todos os recursos didáticos foram desenvolvidos no *PowerPoint*, programa que vem sendo largamente utilizado principalmente para a apresentação de slides, mas que também pode ser empregado no processo de gamificação das aulas e no desenvolvimento de jogos simples.

Inicialmente, escolhi desenvolver *quizzes* e outras atividades gamificadas, ou seja, atividades com elementos de jogo, devido à baixa complexidade de execução no *PowerPoint*. Após estudar melhor o programa com o apoio de tutoriais disponíveis na internet[9], adaptei jogos africanos tradicionalmente realizados em

[9] É possível encontrar vários tutoriais sobre o PowerPoint no YouTube.

espaços físicos para o *PowerPoint* e, em seguida, selecionei alguns contos de povos tradicionais africanos para a gamificação digital.

Um recurso que trouxe um duplo desafio para o seu desenvolvimento foi o *Malungos*, criado para apresentar alguns aspectos relacionados às comunidades quilombolas da região da Bacia do Iguape,[10] em Cachoeira/BA. Além da dificuldade técnica, pois é mais complexo em relação aos demais em termos de design, houve o desafio afetivo, pois minha linhagem materna pertence a uma dessas comunidades, Santiago do Iguape.

O jogo, desenhado para 2 (dois) jogadoras/es, é formado por cards explicativos, um *quiz* e um tabuleiro, em que os jogadores têm como avatares Zumbi e Dandara e se movem à medida em que a roleta é girada a cada rodada. Após girarem a roleta para que seja escolhido quem vai começar a rodada, o/a jogador/a avança com o seu avatar até o número de casas sorteado e, ao clicar no quadrinho que tem o nome de uma comunidade da Bacia do Iguape, responde à questão do quiz. O processo é repetido, e ganha quem conseguir percorrer mais rápido a trilha.

As técnicas de gamificação utilizadas no desenvolvimento do recurso *Malungos* foram: o estabelecimento de *níveis*, que indicam o progresso do usuário dentro do sistema e tem como objetivos "manter a percepção de que há progresso na história do jogo/sistema, proporcionando o engajamento do usuário", desenvolver "habilidades do usuário e visa que a cada nível avançado, habilidades

[10] A região da Bacia do Iguape, localizada na zona rural do Recôncavo da Bahia, a 40 km do município de Cachoeira, e a 110 km da cidade de Salvador, foi originalmente habitada pelos indígenas Maracás e uma das maiores produtoras de açúcar do Brasil. No início do século XIX, os engenhos da região forneciam cerca de um terço de todo o açúcar exportado pelo país. Há registros da existência de 22 usinas de açúcar nesse período. A vila de Santiago do Iguape, região central de Iguape, foi fundada pelos jesuítas por volta de 1561. Chamava-se Santiago Maior do Iguape até o século XIX.

aprendidas sejam reforçadas ou novas sejam aprendidas"[11] e motivar os/as jogadores/as a avançarem no jogo; a proposta de *desafios*, "elementos que orientam os usuários sobre as atividades que devem ser realizadas dentro de um sistema"[12]; os *loops de engajamento*, ou seja, a "criação e manutenção de emoções motivadoras que contribuem para que o usuário se mantenha motivado e engajado na utilização do ambiente"[13]; as *regras*, o *feedback* e a *narrativa* que, por meio da história local, busca informar e engajar as/os usuárias/os.

Durante o período de ensino remoto, os componentes foram ministrados em unidades de aprendizagem com duração de 7(sete) dias cada, com atividades no *Google Meet* (encontros síncronos) e no *Google Classroom* (exercícios). Ao final de cada unidade, foi realizado um encontro síncrono (conexão simultânea) com duração de 2 (duas) horas, bem como foi disponibilizado, na sala virtual, um exercício para fixação da aprendizagem (quiz, fórum de discussão, exibição e discussão de material audiovisual ou outro). Os exercícios ficaram disponíveis na plataforma e a frequência foi aferida a partir da realização dos exercícios avaliados.

Os recursos digitais foram utilizados como auxiliares do processo de aprendizagem dos/as estudantes, no segundo momento dos encontros síncronos, quando os conteúdos abordados nos textos debatidos no primeiro momento aconteciam de forma lúdica, engajando melhor a turma. O que pude observar é que a turma participava mais quando os recursos digitais eram empregados. A satisfação da turma em relação à metodologia

[11] KLOCK et. al., 2014, p. 3.
[12] Ibid, p. 4.
[13] Ibid, p. 5.

adotada também foi confirmada nas avaliações dos componentes feitas pelos/as estudantes ao final de cada semestre.

No que se refere à efetividade dos recursos digitais gamificados no combate ao racismo, em pesquisa anterior (BARROS, 2012), eu pude constatar que, devido à complexidade do fenômeno, a mudança no modo como a educação está estruturada é um fator fundamental, mas este enfrentamento depende de que transformações ocorram em outros setores para poder ser verdadeiramente concretizado.

Considerações finais

Neste breve relato, apresentei a experiência de gamificação nos cursos de Bacharelado em Humanidades e Licenciatura em Ciências Sociais da Universidade Internacional da Lusofonia Afro-brasileira (UNILAB), durante o período de distanciamento social provocado pela pandemia de Covid-19. Os recursos foram empregados com o propósito de familiarizar as/os estudantes de graduação com o uso de tecnologias digitais nas ações educativas e motivá-las/os em seu processo de aprendizagem, não tendo a intenção de substituir a leitura dos textos indicados na bibliografia básica dos componentes, imprescindível à boa formação acadêmica.

Referências

ALVES, Lynn; VIANA, Helyom. "Ensino de História e videogame: problematizando a avaliação de jogos baseados em representações do passado". In: ALVES, Lynn; COUTINHO, Isa de Jesus (orgs.). **Jogos digitais e aprendizagem**: fundamentos para uma prática baseada em evidências. Campis, SP: Papirus, 2016. p. 125-146.

BARROS, Zelinda. Refletindo sobre o ensino de História e Cultura Afro-brasileiras à distância. **Revista da Associação Brasileira de Pesquisadores(as) Negros(as)** (ABPN), v. 3, p. 101-116, 2012.

DICKMANN, Ivanio. "O triângulo da gameducação: os três pilares para gamificar uma aula. In: ________ (Org.). **Start**: como a gamificação e os jogos de aprendizagem estão transformando a práxis educativa atual com suas dinâmicas inovadoras e criativas. Chapecó: Livrologia, 2021. p. 13-34.

KLOCK, Ana Carolina Tomé; CARVALHO, Mayco Farias de; ROSA, Brayan Eduardo; GASPARINI, Isabela. "Análise das técnicas de gamificação em ambientes virtuais de aprendizagem". **CINTED – Novas Tecnologias na Educação**, v. 12, nº 2, dez., 2014. p. 1-10.

LIMA, Marcos R. Ornelas de. "Lições dos games para se pensar a reconstrução do espaço escolar ou como Super Mário pode dialogar com Paulo Freire". In: MEIRA, Luciano; BLIKSTEIN, Paulo (Org.). **Ludicidade, jogos e gamificação na aprendizagem**. Porto Alegre: Penso, 2020. p. 3-12.

PETRY, Arlete dos Santos (a). "Jogos digitais e aprendizagem: algumas evidências de pesquisa". In: ALVES, Lynn; COUTINHO, Isa de Jesus (org.). **Jogos digitais e aprendizagem**: fundamentos para uma prática baseada em evidências. Campis, SP: Papirus, 2016. p. 43-60.

PETRY, Luís Carlos (b). "O conceito ontológico de jogo". In: ALVES, Lynn; COUTINHO, Isa de Jesus (org.). **Jogos digitais e aprendizagem**: fundamentos para uma prática baseada em evidências. Campis, SP: Papirus, 2016. p. 17-42.

PRENSKY, Marc. **Aprendizagem baseada em jogos digitais**. São Paulo: Ed. SENAC, 2012.

REZENDE, B. A.; MESQUITA, V. dos S. "O uso de gamificação no ensino:

uma revisão sistemática da literatura." In: SBGames – XVI Simpósio Brasileiro de Jogos e Entretenimento Digital. Curitiba, 2017. Disponível em: <https://www.sbgames.org/sbgames2017/papers/CulturaShort/175052.pdf>. Acesso em: mar. de 2023.

SILVA, Marco. **Sala de aula interativa**: educação, comunicação, mídia clássica. 7. ed. São Paulo: Edições Loyola, 2014.

6. Ilha de Maré
histórias de resistências e reexistências quilombolas

Mãe Balbina – a matriarca de Ilha de Maré?

Marcos Rodrigues[1]

Resumo

Este trabalho apresenta aspectos da história de vida de Mãe Balbina, principal liderança social e religiosa do século XX, na Ilha de Maré, Salvador (BA). Uma trajetória de grande popularidade que permanece na memória coletiva local como exemplo de sabedoria e conhecimento da medicina popular e prática de religiosidade. Diante da escassez de fontes documentais escritas, a diretriz aplicada para esta abordagem, com recorte sobre história de vida, revela a importância da atividade empírica e sugere possibilidades para outras formas de investigação.

Palavras-chave: Mãe Balbina; Ilha de Maré; Memória; Narrativas orais.

1 Mestre em Estudos Étnicos e Africanos; Bacharel em Comunicação pela UFBA. E-mail: jmbr.ba@gmail.com

Este texto aborda a trajetória de Mãe Balbina, conhecida por sua sabedoria e prática religiosa, que marcou época na comunidade de Praia Grande, Ilha de Maré, em Salvador (BA). A partir da pesquisa de mestrado pelo Programa de Pós-Graduação em Estudos Étnicos e Africanos da Universidade Federal da Bahia (UFBA), aqui segue uma breve apresentação sobre o local e sua moradora mais ilustre no século XX. Por meio da análise de entrevistas e do relatório da pesquisa, o lugar da memória (BOSI, 2003), das vivências e dos depoimentos orais, se constitui a base deste discurso.

A Ilha de Maré, a segunda em extensão da Baía de Todos os Santos, possui uma história repleta de episódios guardados na memória de seus habitantes. Distante de Salvador por nove milhas náuticas (equivalente a cinco quilômetros), a partir do terminal de São Tomé de Paripe, localiza-se em frente ao Porto de Aratu, na foz do rio Cotegipe. Um lugar ainda pouco lembrado, sobretudo a partir do período transitório entre o Império e a República em que figurou a abolição da escravatura.

De olho nesse contexto de mudanças sociais e com a técnica de observação participante[2], foi possível coletar histórias da vida de Balbina Bárbara de Santana junto às fontes orais testemunhas do seu tempo. A maior curiosidade percebida, durante o trabalho de campo, foi a grande representatividade da finada Balbina, ou mãe Bina, na memória das pessoas que lembravam a sua importância na região da Ilha de Maré. Nos primeiros momentos, pôde-se

[2] Forma de investigação em que o observador fica inserido no grupo estudado e partilha das vivências, hábitos e atividades, conforme a ordem de interesse do grupo e as circunstâncias do campo.

tecer algumas considerações a respeito do culto religioso de matriz africana existente na Ilha de Maré e suas respectivas lideranças (RODRIGUES, 2012).

Entre o final do século XIX e o início do século XX, Salvador, a capital da Bahia, se adaptava à nova política econômica e à nova realidade social. A população negro-mestiça, mão de obra livre, também se movimentava em busca de novo rumo no mercado de trabalho, outros espaços de moradia e seguia ainda como base da economia. O mar da Baía de Todos os Santos continuava colorido de saveiros a transportar passageiros e mercadorias entre Salvador e o Recôncavo. A comunicação era escassa, e água potável e energia elétrica, artigos de luxo em um território remanescente da ocupação de três engenhos e várias fazendas. Os grupos familiares herdeiros das propriedades mantinham a relação de posse e dependência sobre os pequenos agricultores por meio do arrendamento de terra e da cobrança de parte da produção. O marco social caracterizava-se pelo conflito, autoritarismo e resistência (OLIVEIRA, 2011).

Possivelmente, foi nesse cenário de transição política e social que Balbina chegou à Ilha de Maré, com seu marido, Silvano, na localidade de Praia Grande, para fixar residência e se tornar uma liderança popular. Sua memória, apesar dos fragmentos e pela sua singularidade, é digna de registro na história da cidade de Salvador. Mulher de coragem, bem articulada, sempre ativa, espiritualizada, parteira, rezadeira, curandeira, numa época crítica, em que as pessoas portadoras de poderes sobrenaturais eram perseguidas pela polícia.

Balbina instalou um terreiro de candomblé na Cidade de Palha, local de poucos moradores e acesso não muito fácil. Dona

Adelita[3], 82 anos, foi a primeira testemunha mais próxima daquele período encontrada para contar um pouco sobre a origem de Balbina, porém com limitações.

> P- A senhora sabe desde quando ela estava por lá?
> R- Quando eu nasci, ela já estava lá.
> P- Também ela nunca disse quando chegou ali?
> R- Não. Também a gente não se interessou.

De acordo com os relatos, era considerada a mãe da ilha. Ninguém sabe dizer quando chegou lá. Sua origem ainda é imprecisa, em decorrência da falta de documentação e falhas das memórias orais. Enquanto o cartório de Periperi nega o acesso a uma busca apurada nos registros de óbitos da ilha, por outro lado, os descendentes de Balbina não possuem nenhum tipo de documento a não ser memórias, que passam a se constituir em fenômenos através da oralidade. Rouchou (2000, p. 176) defende que "onde não há documentação, recorre-se à história oral". E ainda sem algum tipo de documento escrito, esta ferramenta pode servir como recurso complementar num trabalho de campo. Assim, as pessoas entrevistadas (re)compuseram parte da vida de Balbina por meio de suas narrativas orais. Dona Adelita, hoje moradora no bairro de Itapuã, uma espécie de arquivo humano vivo sobre aquele tempo, recupera algumas passagens da época.

> P- Como era a ilha naquele tempo?
> R- Não tinha nada, muita fraqueza. Só tinha demais era marisco pra se comer e banana. Não tinha loja, nunca

[3] Entrevista realizada em 27/07/2011.

teve uma farmácia, até hoje não tem. Não tinha hospital, o médico pra ir lá era uma vez no ano, e se fosse passear, era um doutor, ou era um deus que se recebia.
P- E se morava bem lá?
R- Morava. Cê dormia e acordava sem uma notícia desagradável... tudo ali, noite de lua, a gente ia cantar roda na praia, de mãos dada dizendo verso, os namorado ali sentado, tudo, era uma vida santa.

Desde as primeiras décadas do século XX, tudo indica que a população local conviveu com as práticas de cura e rituais caseiros de uma parteira que se instalou na Ilha de Maré, uma vez que não havia serviço público de saúde. Os moradores mais antigos não hesitam em exaltar o seu prestígio. Mãe Bina de Iansã era única por lá, requisitada por todos que precisavam. A importância do testemunho de Dona Adelita sobre Balbina se traduz na memória retomada com a entrevista.

P- A senhora tinha alguma relação com a casa de Balbina?
R- Tinha porque Balbina era comadre de meu pai. Meu irmão mais velho, que meu pai teve no tempo de solteiro, quem batizou foi Balbina. Eliziário era o nome de meu irmão. E a gente aí cresceu e sempre que tinha alguém doente era Balbina pra dar um chá, ela era filha de índio.
P- Ela nasceu na ilha?
R- Não, ela nasceu pro lado de cá de Itapuã... das barreiras, um lugar que chama barreiras... eu sei até aí... nem ela nem o marido dela era da ilha. O marido dela era daqui, itapuanzeiro.[4]

[4] Referência a quem nasce no bairro de Itapuã, em Salvador.

P- Ela chegou pra lá quando?

R- Não sei, quando ela chegou lá, eu nem era nascida. Agora, os filho dela nasceu na Ilha de Maré.

Se, por um lado quase nada sabemos da ascendência de Balbina, por outro, seus descendentes fincaram raiz na ilha. Normalmente, as maiores referências são as duas filhas Madalena e Maria Genoveva (Menininha). As netas e os bisnetos também estão por lá e foram formando novas famílias. Dona Adelita lembra que era comadre de Menininha. Porém, Balbina teve outros filhos.

Figura 1 - Descendentes de Balbina

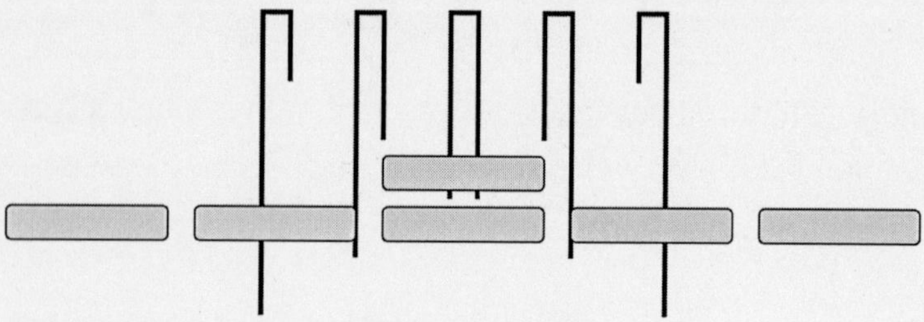

Fonte: Marcos Rodrigues

A elaboração desse gráfico (fig. 1) só foi possível depois da entrevista com Dona Alzira, neta de Balbina, filha de Madalena. Foi a única pessoa a informar que sua avó teve cinco filhos. Suas informações foram preciosas, a exemplo da identificação dos tios e a passagem dos últimos dias de vida de sua avó Balbina.

Nascida no dia 4 de dezembro, não se sabe em que condições, foi adicionado o nome de Bárbara, certamente pela influência católica dos pais, em homenagem à santa. Tornou-se filha de Iansã e tinha a companhia do Caboclo Rei das Ervas na sua espiritualidade.

Dona Adelita continua com seu testemunho, embora em alguns momentos trocando nomes:

> P- Ela teve muito filho de santo?
>
> R- Teve, demais... tinha muito filho de santo... muita gente. E lá tudo era bem feitinho, em primeiro lugar fé em Deus e respeito. Aquela velha era reconhecida mesmo, de respeito...
>
> P- Quanto tempo mais ou menos o candomblé dela durou lá?
>
> R- A vida toda que ela viveu. Depois Menininha, a filha, ficou fazendo festa, ficou fazendo direitinho.
>
> P- Aliás, quem assumiu a casa dela foi Madalena, dona Menininha fez a casa dela depois...
>
> R- Foi Madalena, foi. Madalena, que era de Nanã.
>
> P- Então ela ficou durante uns 50 anos...
>
> R- Fazendo o candomblé lá na Ilha de Maré, foi isso mesmo, foi menos que isso não.

O início do terreiro também é desconhecido. No entanto, as narrativas orais indicam que Balbina negociou, se legitimou, gerou um grupo hierarquizado a sua volta e construiu a sua história no local. Em Praia Grande, todos os entrevistados declararam que, quando nasceram, ela já existia, já morava na ilha. Balbina parecia ser uma pessoa predestinada. Numa localidade onde a cultura da política pública não passaria de um sonho, adotou a função do amparo e do cuidado, com atos de caridade, na medida em que também aumentavam os laços de compadrio. O ofício de parteira é lugar-comum na memória de todos os depoentes, mesmo aqueles que não conseguiram se lembrar de muitos fatos ou momentos. As declarações que seguem possuem significados muito próximos sobre a pessoa de Balbina, tendo em vista que algumas gerações nasceram e foram cuidadas por ela. Ao indagar quem era e qual sua importância na Ilha, as respostas vinham de forma enfática.

> [...] Era uma mãe de santo, uma curadeira muito boa. [...] O pessoal tinha muita fé. Tudo que ela fazia dava certo, curava as pessoas, gente desenganada do médico e ela curava, botava boa. Ia pra o médico, fazia exame tudo, o médico desenganava, vinha pra ela, gente de longe mesmo, não era daqui de perto não. De Passé, de Candeias, de Feira de Santana, de São Francisco do Conde, Caboto... era gente que vinha pra aqui ruim mesmo, desenganada do médico, ela curava. Ela era curadeira mesmo, a finada Balbina. (Angélica)[5]

> Era zeladora, podia a pessoa ter a doença que tivesse... Clarice, uma prima minha que mora ali, tava com pobrema, levou pra ela, a finada mãe dela levou, fez remédio, botou, oh Clarice aí, ficou boa. Não foi pra médico, num foi pra lugar nenhum. Ela curava, curadora mesmo. Curava a pessoa, podia ser doença de médico, pode ser o que for, que ela botasse a mão, você creia em Deus, podia dizer: tava salvo. (Dona Angelina)

> Ela tinha muita importância aqui na ilha, era uma parteira aqui de mão cheia, e sobre também poblema da seita (...) antigamente só tinha ela, era a primeira mãe de santo que tinha aqui na ilha. (Anade)[6]

[5] Entrevista realizada em 10/07/2011.
[6] Entrevista realizada em 08/03/2011.

Diante dos informes passados, algumas questões geraram outras discussões. Por exemplo, era muito curioso que Balbina tivesse sido uma mãe de santo bem-sucedida no início do século XX, sem ser importunada pela polícia um momento sequer. Tratava-se de um período de caça às bruxas, em que candomblé e capoeira eram casos de polícia e motivos de perseguição. A repressão policial aos terreiros na Bahia era quase uma rotina durante a primeira metade do século passado (BRAGA, 1995).

Entretanto, sobre indícios de perseguição na ilha, não há notícia. Dona Adelita declarou que sua avó era quem costurava a roupa do delegado da Ilha de Maré, à época, João Cafezeiro – na sua descrição, um homem branco, gordo, dono da Fazenda Cruz. Pertencia à segunda geração da família Cafezeiro, que passou a dominar as terras de Praia Grande a partir de 1908 (OLIVEIRA, 2011). A relação entre Balbina e ele pode simbolizar o que conhecemos na etnicidade como negociação. Considerando o pensamento de Foucault (1979), percebe-se a presença universal do poder, que vem de todo lugar, e acredita-se que não há lugar sem poder. No cenário imaginado, onde a relação de luta marca a eterna oposição entre resistência e dominação, os grupos de interesse se organizavam a compartilhar normas na integração social com os demais membros da coletividade (CARVALHO, 1989). Apesar de protetor, não se tem informação de que o delegado fosse frequentador ou cliente do terreiro. Dona Adelita segue com mais revelações:

> P- Na época em que dona Balbina tinha terreiro, era o período que a polícia corria atrás dos candomblés...

> R- Sim, e não corria atrás dela por causa de João Cafezeiro, que era o padrinho do negócio lá... tudo dela era ele que resolvia pra isso. [...] Pedrito que morava em Periperi, Plataforma... era um branquinho, pequenininho... não deixava os candomblé.
> P- Ele era compadre dela?
> R- Chamava compadre, mas não chegou a batizar filho, não. Agora ele era um bate-forte dela porque ninguém mexia com ela. [...] Era o dono da Praia Grande, ali.

Simultaneamente, Balbina construiu uma matriz do candomblé de caboclo na Ilha de Maré. A forma de culto mescla o ancestral brasileiro a rituais de tradição angolana. De origem e traços notadamente indígenas, absorveu os valores africanos e europeus e prosseguiu com uma nova forma de ser cultural na relação emergente da subalternidade.

Quando entra em discussão o nome de Balbina, seus papéis se misturam. Se como parteira sua fama não tinha limite de alcance, como líder de terreiro nada ficava a dever. Os casos são muitos e os boatos também. Entretanto, os sentimentos de consideração, gratidão e admiração são percebidos logo que seu nome é pronunciado. Sem sombra de dúvida, foi uma pessoa que teve um grande papel social em Praia Grande, especificamente, e na região da Ilha de Maré, de forma mais extensiva.

Balbina não é fruto de uma criação do imaginário coletivo. Ela constitui-se uma memória testemunhada. O seu poder de cura se estendia desde males desconhecidos pela modernidade a casos que a medicina convencional descartava tratamento. Há até quem diga que era uma mulher milagrosa. Seu conhecimento sobre as folhas medicinais era vasto, e sobre rezas, único. Ainda hoje, são frequentes os diálogos em torno dos seus saberes e fazeres a partir do lugar ocupado por ela na memória popular da Ilha (RODRIGUES, 2021).

À medida que surgem elementos, é possível perceber que a história de Balbina é composta de outros fatos que não foram percebidos a tempo de serem esquecidos. Sabe-se que foi a primeira pessoa a instalar um terreiro de candomblé na Ilha de Maré e três de suas filhas carnais eram também suas filhas de santo: Madalena, Menininha, Cili e Joana (filha adotiva), iniciadas na casa de Iansã e do **Caboclo Rei das Ervas**. Nas entrevistas foi revelado o nome de América, conhecida como Almofadinha. Pertencia a uma outra família de Praia Grande e depois se tornou também liderança religiosa. Daí para frente, nos inteiramos sobre o que é possível na comunidade atual, conforme o gráfico a seguir (Fig. 2).

Figura 2 – Família religiosa de Balbina

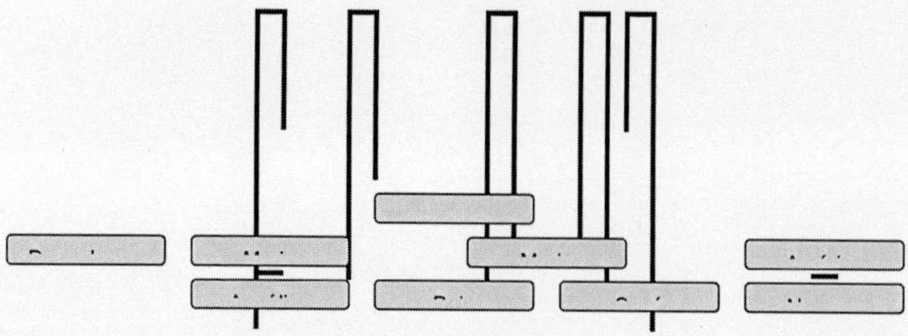

Fonte: Marcos Rodrigues (Pesquisa de campo)

Por enquanto, não são conhecidos os indícios da ancestralidade familiar ou religiosa de Balbina. Todavia, os seus descendentes conseguem tê-la como primeira referência ancestral, mesmo aqueles que não seguiram a prática religiosa do candomblé. O seu estabelecimento na ilha gerou uma história de família dentro de uma nova realidade, com novos códigos de convivência, com novas relações sociais e culturais, com novos significados.

REFERÊNCIAS

Fontes orais

Anaildes de Santana (Anade), 75 anos, neta de Balbina.

Angélica Pereira Souza, 60 anos, filha de santo de Madalena (filha de Balbina).

Angelina Neves de Neves, 76 anos, comadre de Balbina.

Belmérica Adelita Magalhães Matos, 82 anos, comadre de Menininha (filha de Balbina).

Alzira Santana, 76 anos, neta de Balbina.

Fontes bibliográficas e eletrônicas

BOSI, Ecléa. **O tempo vivo da memória:** ensaios de psicologia social. São Paulo: Ateliê Editorial, 2003.

BRAGA, Júlio. **Na gamela do feitiço:** repressão e resistência nos candomblés da Bahia. Salvador: Edufba, 1995.

CARVALHO, Maria Rosário (org.). **Identidade étnica, mobilização política e cidadania.** Salvador: UFBA/EGBA, 1989.

FOUCAULT, Michel. **A microfísica do poder.** Rio de Janeiro: Graal, 1979.

OLIVEIRA, Queila. **Ilha de Maré:** espaço, tempo, territórios e identidades. 152 f. Dissertação (Mestrado em Antropologia) – Faculdade de Filosofia e Ciências Humanas da UFBA, Salvador, 2011.

RODRIGUES, Marcos. Breves considerações sobre o candomblé na ilha de maré – Salvador: entre fios de memória. **Cadernos de aulas do LEA**, n ° 1, v. 1, nov., 2012, p. 61-72.

____________. Lembranças da Ilha da Maré: diálogos entre saberes e fazeres da Mãe Balbina. **Revista Cadernos de Ciências Sociais da UFRPE**, 1(17), 2021, p. 68-81.

RODRIGUES, J. M.B. **Três conversas de barracão em Praia Grande**

(Ilha de Maré): hoje, assim como no tempo de Mãe Balbina. 182 f. Dissertação (Mestrado em Estudos Étnicos e Africanos) – UFBA, Salvador, 2012.

ROUCHOU, Joëlle. História Oral: entrevista-reportagem x entrevista-história. **Revista Brasileira de Ciências da Comunicação.** São Paulo, v. XXIII, nº 1, jan./jun. 2000. Disponível em: <http://www.portcom.intercom.org.br/ojs-2.3.1-2/index.php/.../520>. Acesso em: 10 jun. 2010.

Educação Escolar Quilombola em Ilha de Maré

Nádia Maria Cardoso da Silva[1]
Laricia das Neves[2]

Resumo

Para além do paraíso de suas águas cristalinas e de sua mata atlântica, apresentamos Ilha de Maré como o território mais negro e quilombola de Salvador (BA), de acordo com o IBGE (2010), que vive um histórico de racismo estrutural, refletido nas restrições ao direito à educação escolar frente ao abandono das políticas públicas de educação, num flagrante caso de racismo institucional. Colocamos em visibilidade, inicialmente, as histórias de lutas de

1 Ativista da igualdade racial e de gênero em Salvador; graduada em Antropologia (Universidade Federal da Bahia); especialista em Direitos Humanos (Ministério Público/ Universidade Estadual da Bahia); mestra em Educação (Universidade Estadual da Bahia). Doutora em Cultura e Sociedade (Universidade Federal da Bahia); professora da Rede Municipal de Educação de Salvador, trabalhando há 5 anos numa escola quilombola de Ilha de Maré. Coordenadora do Projeto Ancestralidade Griot – eu vim de Ilha de Maré quilombola, mano!

2 Larícia das Neves Gonzaga, mulher negra e quilombola, filha de pescador e marisqueira, nascida e criada no quilombo de Praia Grande/Ilha de Maré (Salvador/BA). Graduada em Pedagogia, atuou como professora da educação infantil e dos anos iniciais, na Escola Municipal de Ilha de Maré, no período de 2016 a 2019. Foi assistente de pesquisa do Projeto Ancestralidade Griot – eu vim de Ilha de Maré quilombola, mano!

Ilha de Maré por seu território e por educação escolar de tal forma que possamos nos situar para a reflexão sobre a importância da estratégica e necessária agenda contemporânea de busca por direitos nesse território: a educação escolar quilombola. Ao lado da luta comunitária permanente pela chegada de escolas às suas comunidades, Ilha de Maré precisa lutar para que a educação quilombola entre pela porta da frente e protagonize, junto com os conhecimentos considerados escolares, o centro dos currículos e das salas de aula das escolas quilombolas existentes no seu território. Assim, fazemos um balanço do estado da arte da educação escolar quilombola em Ilha de Maré, destacando seus principais desafios. Ao final, destacamos algumas das contribuições dadas pelo Ancestralidade Griot para esse território se afirmar cada vez mais como negro e quilombola, também no que diz respeito ao acesso a um conjunto de direitos educacionais: direitos de igualdade e diferença.

Palavras-chave: educação escolar; educação quilombola; educação escolar quilombola; Ilha de Maré.

Introdução

Minha Ilha só tem mato, mas é linda de se ver,
Minha Ilha só tem mato, mas é linda de se ver,
Eu não troco minha Ilha nem por mim nem por você!
Minha Ilha deu petróleo, tem azeite de dendê,
Minha Ilha deu petróleo, tem azeite de dendê,
e ainda tem marisco que dar para sobreviver!
(Seu Djalma, Bananeiras, Ilha de Maré,
em Salvador/BA)

Todes sabemos que Salvador é a cidade mais negra da diáspora africana no mundo, e muitos de nós também temos o conhecimento de que mais de 80% dos estudantes matriculados na educação pública de Salvador são negras e negros. Mas, poucos de nós sabem que Salvador é também um território quilombola, e menos ainda que uma de suas três ilhas – Ilha de Maré – é o território mais negro e quilombola de Salvador.

Cantada em verso, prosa e música[3], Ilha de Maré é mais conhecida, na Bahia e, menos, no Brasil, como um paraíso turístico, por suas águas exuberantes da Baía de Todos os Santos – a maior baía do litoral brasileiro. Sua mata atlântica ainda fechada, prenhe

[3] Contemporâneo de Gregório de Matos no curso de Direito em Coimbra, Manuel Botelho de Oliveira (1636-1711) foi um poeta que representou o estilo barroco que se desenvolveu na época do Brasil-Colônia, além de ter sido o primeiro brasileiro a publicar poesias em livro. Proprietário de engenho em Ilha de Maré, o Engenho da Maré – localizado onde hoje situa-se a comunidade de Botelho –, Manoel Botelho possui como um dos seus poemas mais conhecidos "Ilha de Maré", em que celebra a bela natureza brasileira. Por outro lado, gravada pelo músico e compositor baiano Walmir Lima e depois por Alcione (1977), quando passou a ser tocada no Brasil inteiro (e, por último, por Mariene de Castro), o samba *Eu vim de Ilha de Maré* narra uma prática cultural comum das/os moradoras/es de Ilha de Maré de acompanhar com seus sambas – cujos autores populares não se tornaram reconhecidos – a tradicional Festa do Bonfim, que acontece todos os anos em Salvador. Segundo relatos orais dos estudantes da Escola Municipal de Ilha de Maré, esse samba foi composto por uma das mulheres negras que faziam samba para se divertir aos finais de semana na comunidade de Botelho (Ilha de Maré, em Salvador/BA. Tal comunidade se denomina Botelho em homenagem ao poeta do barroco brasileiro e escravocrata Manoel Botelho.

de bananeiras, mangueiras, coqueiros e cana-bravas, é onde vivem mulheres que mariscam, fazem doces de bananas enrolados na palha e rendas de *bilro*[4], e homens que se dedicam à pesca de rede com canoas pintadas ou ao artesanato com esse bambu típico. A novidade que trazemos é que esta não é a única história de Ilha de Maré. Essa lindeza de paisagem natural também é o cenário do território mais negro e quilombola de Salvador, apesar de também próximo e voltado para o Recôncavo baiano, portanto, fecundo de histórias de resistências e de reexistências negras e quilombolas. Mas também é cenário de problemas estruturais, abandono social, racismos institucionais e ambientais, com precariedade de acesso a direitos fundamentais, como ao saneamento básico.

Breve história da luta pela terra em Ilha de Maré

Ilha de Maré foi se constituindo o território mais negro de Salvador, a partir das suas histórias de opressões raciais ocorridas durante a colonização portuguesa no Brasil. Como nos lembra Oliveira (2016, p. 97), existiam em Ilha de Maré dois engenhos – o Bonfim e o Santo Antônio –, além dos registros do Engenho de Maré e do Engenho da Capela de Nossa Senhora das Neves. Como já sabemos, onde há engenhos, há escravização, mas há também resistências. Assim sendo, esse território foi se tornando também como o mais quilombola de Salvador, a partir das suas

[4] Tradição trazida ao Brasil, a partir do século XVII, pelos portugueses, se caracteriza por ser um trabalho artesanal minucioso e requintado, feito por objetos de madeiras denominados *bilros*, que, manipulados por suas artesãs, produzem toalhas de mesas, vestidos, blusas, etc. Único lugar da Bahia onde tal artesanato é desenvolvido, a renda de bilros comprova a presença portuguesa em Ilha de Maré, apesar de atualmente ser uma das estratégias de sobrevivência das mulheres negras do território, ao lado da mariscagem.

histórias de liberdades, conquistadas a nado por corpos negros que se recusavam a viver uma vida sem dignidade e tratados como mercadoria do capital europeu.

Por suas águas chegavam, na costa de Ilha de Maré, negras e negros em busca da proteção e abrigo, vindos dos Engenhos da Freguesia e da Petinga (Candeias/BA). Tais corpos pensavam, milimetricamente, como sobreviver e viver nessa recusa, a partir de suas memórias e vivências das epistemologias de resistências e (re) existências ancestrais. Assim, aquilombaram-se nas matas de Ilha de Maré, reconstruindo suas vidas em liberdade nesse território abundante de águas e matas, plantando, pescando, mariscando, sambando, etc.

Por outro lado, um campesinato negro e livre em Ilha de Maré foi formado, especialmente, a partir da decadência da produção de açúcar nos engenhos, como registra Oliveira (2016, p. 97): "com o colapso da economia do açúcar no recôncavo, estes engenhos entram em decadência e sua população trabalhadora passa a campesinato livre. Muito provavelmente, alguns permaneceram na Ilha e deram origem às famílias atuais". No entanto, o mais importante é que:

> Em resumo, seja qual for a origem dessas famílias – fuga, campesinato livre, naufrágio de navios, decadência de engenhos – sua base é oriunda dos trabalhadores escravizados na economia açucareira do Recôncavo Baiano. Trata-se, portanto, de famílias quilombolas que estão agora a se auto-reconhecer e exigir seus direitos étnico-territoriais, garantidos pela Constituição de 1988, cujo objetivo se faz cumprir a partir da elaboração deste RTID (OLIVEIRA, 2016, p. 97)

As relações de trabalho estabelecidas entre senhores de engenho e escravizados passam a ser entre "fazendeiros" e "posseiros", baseadas no arrendamento da terra e na cessão da parte da produção ao dono do terreno. Portanto, após a abolição da escravização racial, no geral, as condições de trabalho "livre", em Ilha de Maré, determinavam que "os trabalhadores deveriam pagar um arrendamento pela utilização da terra e também uma parte da produção, que variava entre a metade e a terça parte" (OLIVEIRA, 2005, p. 99). Tais relações entre fazendeiros e posseiros muitas vezes eram movidas pelo conflito, como ocorria, por exemplo, na Fazenda Martelo, de propriedade da Família Maia (que morava em Santana, Ilha de Maré-BA), a qual chegou a expulsar os trabalhadores locais de suas roças:

> [...] aos posseiros era proibida a construção de casas de alvenaria e tijolo, bem como a utilização de espaços dos pastos. Os animais eram criados "na corda". Não havia, como continua nos relatando o mesmo informante acima referido, nenhuma segurança em relação à apropriação da produção e nem de continuidade no local, apesar da presença centenária, desde o tempo dos pais, avós e, em alguns casos, bisavós. (OLIVEIRA, 2016, p. 97)

Oliveira (2016) registra ainda relatos de "constante ameaça, instabilidade e exploração dos trabalhadores", na Fazenda Cruz (Praia Grande/Ilha de Maré), de propriedade da família dos Cafezeiros (residentes em Salvador, no bairro da Ribeira), mas com casa, provavelmente de "veraneio", em Praia Grande. Tais relações conflituosas se aprofundaram a partir da década de 60, quando as/

os agricultoras/es vindas/os de Cachoeira migram para Ilha de Maré, especialmente para Praia Grande, atraídas/os pelo pedaço de terra para o estabelecimento da roça oferecido pela Fazenda Cruz. No entanto, as/os trabalhadoras/es de Cachoeira se recusaram a ser submetidas/os às "relações de trabalho regidas pelas arbitrariedades e exploração dos trabalhadores na Ilha de Maré e baseadas na cobrança de arrendamentos e obrigatoriedade de doar parte da produção ao Fazendeiro, à época, a família dos Cafezeiros", entrando em litígio judicial contra os fazendeiros (OLIVEIRA, 2005, p. 100).

Ocupada pelos "cachoeiranos", e por trabalhadores de várias comunidades da ilha, especialmente de Praia Grande (Ilha de Maré/BA), a Fazenda Cruz foi vendida junto com esses trabalhadores em 1994, pelos Cafezeiros. Os conflitos se acirraram, e os trabalhadores foram presos, e suas roças, destruídas em 1995, pelo gado do novo proprietário da Fazenda Cruz, José Eleotério.[5] Os moradores de Praia Grande se dividiram acerca desse assunto, de luta pela terra e de reivindicações trabalhistas: uns, conformados com as relações de exploração do trabalho, criticavam o movimento liderado pelos trabalhadores oriundos de Cachoeira; outros, não aceitando aquelas condições, aderiram à luta de resistência e de ocupação da terra. Tais conflitos tiveram impactos significativos na vida econômica dos habitantes de Ilha de Maré: a agricultura familiar se retraiu e a pesca e o artesanato, como alternativa, se fortaleceram, de acordo com Oliveira (2016, p. 102).

Em suma, vários trabalhadores, por conta dos conflitos

[5] "Ao perceber que parte da propriedade adquirida era objeto de litígio entre os Cafezeiros e os 'cachoeiranos', que começaram a avançar na ocupação de Cruz e produzir dentro da fazenda, Zequinha não efetivou a pagamento da porção alvo do conflito, que representava metade da propriedade" (Oliveira, 2016 p.101).

fundiários, deixaram suas roças, foram expulsos, diminuíram a quantidade de plantações, e aderiram à pesca e ao artesanato como fonte principal de renda. Há, porém, muitos que se dedicam às plantações na Fazenda Cruz. A família dos Cafezeiros quase não mais frequenta a ilha, apesar de manterem a ideia de "donos da fazenda". Alguns trabalhadores ainda têm o costume de destinar parte da produção aos Cafezeiros. Não há mais quem pague arrendamento nesta Fazenda Cruz. Ela está hoje ocupada por posseiros quilombolas, agricultores e moradores, posseiros não quilombolas e pecuaristas que fazem outros usos do solo, como comércio (bar) e serviço (estaleiro de barco).

Oliveira (2016, p.121) registra que "a luta organizada por reconhecimento de direitos fundiários das comunidades da Ilha de Maré se inicia no ano de 1988, quando há fundação do Sindicato dos Trabalhadores Rurais da Ilha de Maré", motivada pela preocupação com "os conflitos com os proprietários, principalmente dentro da Fazenda Cruz, e as ameaças de expulsão de moradores, aumento do preço do arrendamento e outras questões [...]"[6]. Outra instância de organização política local é a Colônia de Pescadores, fundada em 1973, mas que, durante muito tempo, foi presidida por empresários da pesca local, atuando apenas para a organização dos trabalhadores para aposentadoria. No ano de 2003, houve o episódio da "retomada da Colônia", que passou a ser presidida pela marisqueira, moradora

[6] De acordo com Oliveira (2016, p. 121): "Desde o início da década de 1990, as comunidades da Ilha realizam um trabalho conjunto com a CJP (Comissão de Justiça e Paz), no campo da agricultura e do CPP (Conselho Pastoral dos Pescadores), no âmbito da pesca, e movimento CETA (Movimento dos Trabalhadores Assentados, Acampados e Quilombolas)".

da comunidade de Bananeiras, Marizelha Lopes, uma das mais importantes lideranças contemporâneas de Ilha de Maré.[7]

No ano de 2004, seis comunidades, das 11 que compõem o território de Ilha de Maré, se autodeclararam como quilombolas e entraram com o pedido de certificação junto à Fundação Palmares do Governo Federal, e em setembro de 2005 já tinham sido reconhecidas oficialmente. O processo de identificação e demarcação territorial foi iniciado junto ao Incra em 2006, e, em 2017, foi publicado, no Diário Oficial da União, o Relatório Técnico de Identificação e Delimitação (RTID) de Ilha de Maré. Após serem oficialmente certificadas, as seis comunidades fundaram um Conselho Quilombola para a organização, planejamento e discussão referentes à questão fundiária.

No entanto, como na grande maioria dos territórios quilombolas do Brasil, o processo de autoidentificação como quilombola não foi consenso entre as 11 comunidades de Ilha de Maré. Houve dissensos e disputas internas que se manifestam até hoje nesse território. Lugar de histórias de opressão e de liberdade, de engenho e de quilombo, houve moradores de comunidades que negaram a descendência africana e afirmaram sua descendência com os senhores de engenhos como argumento de que não eram quilombolas.

Elaborado pelo INCRA, o Relatório Antropológico da Ilha de Maré, após ouvir atentamente os moradores das comunidades

[7] "Atualmente, a Colônia desenvolve trabalho de meio ambiente na perspectiva da defesa dos mangues e águas da Ilha de Maré, principalmente em relação à poluição dos mares, mangues e ar provocada pela presença do Porto de Aratu na Baía de Todos os Santos. Além disto, a instituição tem trabalhos realizados na perspectiva da garantia do defeso de pesca, saúde do trabalhador, licença-maternidade, beneficiamento de pescado, previdência social, concessão de crédito, profissionalização dos pescadores e marisqueiras e direito à educação" (OLIVEIRA, 2016, p. 122).

da ilha que pleitearam o reconhecimento quilombola, concluiu "que a área reivindicada para regulação fundiária na modalidade de titulação coletiva compreende o território das seguintes propriedades: Fazenda Cruz, Fazenda Martelo, Fazenda Maracanã e Fazenda Bananeiras, compreendendo também as áreas da Caeira e Oratório" (OLIVEIRA, 2016, p.102). Tais propriedades correspondem ao território das comunidades de Praia Grande (somente o Major, Fazenda Cruz), Bananeiras, Maracanã, Porto dos Cavalos, Martelo e Ponta Grossa.

Como podemos perceber, nem todo o território de Ilha de Maré se autodeclarou quilombola, não entrando com a solicitação de certificação na Fundação Palmares. Além disso, Praia Grande, a comunidade mais negra em termos populacionais e fenotípicos (população com a pele mais preta) de Ilha de Maré, lugar de intensos conflitos fundiários, se dividiu também nesse processo: apesar de a comunidade ter se autodeclarado quilombola, apenas uma parte do território de Praia Grande é recomendada para titulação coletiva pelo Relatório Antropológico de Ilha de Maré (2016). De acordo com tal relatório (2016, p. 102), "a linha de corte do território quilombola (limite territorial) está localizada onde termina a Fazenda Cruz, na Praia Grande, na área conhecida como Major". Os relatos orais explicam que não houve consenso em relação ao título coletivo de propriedade em Praia Grande já que impedia a venda individual.

Isso terá impactos significativos na implementação da educação escolar quilombola nas escolas de Ilha de Maré, especialmente, na sua única escola de anos finais do fundamental – a Escola Municipal de Ilha de Maré – que, localizada em Praia

Grande, a maior comunidade negro-quilombola da ilha (em termos populacionais), recebe mais de 500 estudantes oriundos das 11 comunidades, inclusive, daquelas certificadas como quilombolas.

História de luta por educação escolar

Um dos problemas estruturais de Ilha de Maré tem sido o acesso à educação escolar. Historicamente, são os próprios moradores, especialmente as mulheres, que têm lutado e efetivado ações para minimizar os impactos da ausência dos poderes públicos na promoção da educação escolar em Ilha de Maré. Essa é a agenda política de uma das lutas mais bonitas e importantes da ilha, pois a escola chega nesse território por iniciativa de suas comunidades.

Localizamos histórias de luta por educação escolar em Praia Grande, Porto dos Cavalos e Santana. No bloco da educação (10:34-13:16), do documentário *Ilha de Maré – quilombos das águas de Salvador* (2022), Elivandro Paraguaçu (11:52) narra que o seu ancestral, Seu Joel Paraguaçu, foi um dos protagonistas dessa história quilombola de luta pela educação escolar em Ilha de Maré. Segundo ele, no norte da ilha, onde se encontram a maioria dos quilombos oficialmente reconhecidos, Seu Joel Paraguaçu Luz (quilombo de Ponta Grossa) pagava canoas e professoras de Candeias para darem aulas à sua família e às comunidades vizinhas.

Uma das fontes principais da pesquisa, que fundamentou a elaboração do relatório antropológico de Ilha de Maré, após a certificação das suas comunidades como quilombola, Seu Joel Paraguaçu Luz, divulgava amplamente, em Ilha de Maré, a memória das suas e seus ancestrais quando se recusaram a continuar vivendo na opressão escravista da colonização portuguesa no Engenho da Petinga (Candeias/BA) e nadaram pelas águas da Baía de Todos os Santos para construírem resistência em Ilha de Maré. Era um griô da história de formação quilombola da ilha.

Entrevistamos seu filho, Seu Félix Paraguaçu, que no documentário descreve Seu Joel da seguinte forma: "Meu gênio – escolaridade mínima, conhecimento máximo (11:45)". D. Hilda de Jesus Sales (12:19), no Porto dos Cavalos, narra o protagonismo de sua avó, Maria da Piedade Conceição, nessa luta de Ilha de Maré por escolas:

> Ela não sabia nem fazer um "o" com copo, então, ela queria que os netos dela aprendessem qualquer coisa... Ela tinha interesse da família dela estudar, botou minha tia, meu tio e minha mãe. Quem tirou as madeiras, foi ela mesma e meu pai que carregou tudo de animal. Meu tio que armou a casa, e fez essa casinha.

D. Marivan de Aquino (11:16) conta a respeito dessa luta na comunidade de Santana, pela iniciativa de mães que mobilizaram a ajuda da comunidade para que suas filhas e filhos conseguissem iniciar a escolarização.

Nos Encontros de Intercâmbio Griot para a elaboração do Projeto Político-Pedagógico (PPP), ocorrido em 11 de março 2022, educadoras e funcionárias quilombolas da Escola Municipal de Ilha de Maré narraram momentos importantes da história da educação escolar em Praia Grande/Ilha de Maré e do protagonismo da comunidade e das professoras leigas na luta para que a escola chegasse para/na a comunidade. Podemos perceber as dificuldades de acesso à educação escolar vividas pelas/os moradoras/es, através da trajetória escolar da atual secretária da Escola Municipal de Ilha de Maré, Zenilda de Lopes das Neves (Zil, 58 anos), que foi professora leiga de Praia Grande durante muito tempo:

> Eu estudava com uma professora daqui da Ilha, quando tinha 1° e 2° ano, professora Didinha, ela morava aqui na Ilha e ela ensinava ali onde era a Escola Nossa Senhora das Candeias antiga [...]. Veio a professora Maria, irmã de Fola que não está aqui presente, e veio a professora Ubaldina, eu fiz o terceiro e o quarto ano. Aí, quando eu saí, terminei, eu parei, porque meu pai não tinha condições da gente atravessar para Salvador para estudar.

Em Praia Grande a luta comunitária por educação escolar teve como um dos momentos marcantes quando D. Jardi Trindade disponibilizou sua casa para que a professora Dinalva Maia (D. Didinha) começasse a dar aulas para as crianças até o 2º ano do ensino fundamental. D. Zil estudou com D. Didinha. Mais tarde, essa experiência não formal de educação escolar, de iniciativa comunitária, foi apoiada pela Prefeitura de Salvador, e passou a ser denominada de Escola Nossa Senhora das Candeias.

Como essas e outras experiências escolares não davam conta de atender a demanda de estudantes de Ilha de Maré, em 1979, o Padre Bertúlio criou o Projeto *Ilha de Maré* – em Bananeiras, Martelo, Botelho, Praia Grande, Santana e Itamoabo –, no qual alugava casas para funcionar como escola e contratava professoras leigas, em parceria com o Governo do Estado, para ensinar crianças a partir de 3 a 4 anos até o 2º ano do fundamental.

Em Praia Grande, D. Zil, contratada pelo Estado, era uma das professoras desse projeto. Ela nos conta que não era esperado delas que apenas ministrassem aulas, pois, não havia quem limpasse a escola, nem quem servisse merenda para os estudantes: "A gente dava aula, fazia merenda e ainda limpava tudo. Não tinha merendeira e nem faxineira". Para que a escola funcionasse, as/os moradoras/es de Praia Grande, especialmente suas mulheres quilombolas, levavam água para dentro dela: "As mães que hoje são as avós das crianças, era que fazia tudo, não tinha água em Ilha de Maré, carregavam água para dentro da escola".

Já a professora quilombola Adriana Farias, que também foi professora leiga nessa mesma experiência escolar, na comunidade de Santana, chama à atenção o fato de que as professoras quilombolas leigas elaboravam, nos limites de seus recursos, inclusive o material didático a ser trabalhado nas salas de aulas com os estudantes, contando a história e a cultura de Ilha de Maré: "A gente não tinha livro didático, nunca teve. Zenilda fazia cartilha, botava capa de cartolina, botava os enfeites da Ilha de Maré e fazia as apostilas falando sobre a Ilha, então os meninos, o livro didático dos meninos eram essas cartilhas".

Sem esse espírito ativista e guerreiro dessas professoras leigas e das suas comunidades para fazer a escola funcionar em Ilha de Maré, o direito à escolarização das suas crianças e adolescentes teria sido ainda mais adiado. No entanto, nesse momento histórico, em que as escolas de Ilha de Maré são de responsabilidade da cidade de Salvador, seus poderes públicos municipais precisam garantir que elas funcionem de forma igual às escolas do continente, especialmente, as escolas públicas situadas na orla de Salvador.

Assim, demandam-se: funcionários suficientes; cotidianamente, para limpeza da escola; secretaria bem infraestruturada; livros didáticos adequados, que cheguem nas mãos de todas/os as/os estudantes; materiais à disposição das/os professoras/es para executarem suas aulas planejadas, etc. É preciso lembrar que quilombolas também têm direito a essa educação escolar.

As professoras e funcionárias quilombolas presentes no Encontro narram ainda que após a escola ser municipalizada, em 2003, esse trabalho, das professoras com a história e a cultura de Ilha de Maré, foi desqualificado e deslegitimado, pois, tratado como um não currículo, não constava dentro dos 200 dias letivos para os poderes públicos municipais de educação. Além disso, o trabalho das professoras consideradas "leigas" foi desvalorizado: "Diziam que as crianças não sabiam nada porque foram ensinadas pelas professoras leigas". Uma das professoras nativas conclui: "A partir da municipalização, só pudemos trabalhar como redas [...]. Começamos e tivemos que parar com o trabalho para professores que não sabem nossa história... Além da dificuldade do oceano, temos a dificuldade do preconceito, mas temos as mesmas capacidades que os professores do continente". Outra professora nativa de Ilha de Maré enfatizou: "Chegamos aonde chegamos por causa das professoras leigas".

No entanto, como efeito da colonialidade de poderes, a fragilidade da chegada de políticas públicas de educação escolar em Ilha de Maré permanece. De acordo com o depoimento da liderança de Bananeiras/Ilha de Maré, Marizelha Lopes, no documentário *Ilha de Maré* (2022), a comunidade quilombola de Maracanã não tem escola, e a solução da Prefeitura de Salvador foi colocar barcos para levar as crianças a fazer os anos iniciais do fundamental em outra comunidade quilombola, Bananeiras. Nesta, a escola dos anos iniciais funciona em uma casa cujo terreno foi cedido pela comunidade, mas as salas são apertadas, e as crianças não têm área para brincar.

FOTO 1 ISMAEL.

Na comunidade quilombola de Porto de Cavalos, a escola municipal funciona em um terreno alugado, em uma locação que anteriormente era um bar. Na Escola Municipal de Bananeiras e de Nossa Senhora de Fátima, em Porto dos Cavalos, as classes são multisseriadas. Por tudo isso, afirmamos que os direitos educacionais de igualdade de Ilha de Maré vêm sendo feridos até hoje.

A escola é reivindicada pelos quilombolas de Ilha de Maré como lugar de acesso ao conhecimento ocidental, eurocêntrico, mas fundamental para a sobrevivência no mundo da colonialidade de poderes. Para tanto, quilombolas precisam de escolas bem equipadas, com bibliotecas, laboratórios de ciências e informática, com professores e professoras qualificados e bem remunerados etc. que garantam o direito de aprender. Quando isso não acontece, os direitos educacionais de igualdade das comunidades quilombolas são negados.

Uma das maiores dificuldades para a promoção da educação escolar quilombola em Ilha de Maré é a forma de contratação da maioria dos professores quilombolas e não quilombolas. Esses profissionais são contratados temporariamente, o que acaba criando obstáculos para a realização de um planejamento de educação escolar quilombola, porque todas as vezes que conseguimos formar um plano de ação para desenvolver nas salas de aulas, os contratos acabam e os professores são substituídos. Além disso, a grande maioria dos poucos professores nascidos em Ilha de Maré, que ensinam nas suas escolas, tem essa forma de contratação temporária.

Com isso a fragilidade desse contrato temporário ameaça o compromisso docente com a implementação da educação escolar quilombola, especialmente, quando isso significa contrariar interesses da colonialidade dos poderes educacionais locais. Não há uma política afirmativa do município de Salvador que amplie a presença efetiva de professoras/es oriundas/os de Ilha de Maré nas suas salas de aula, o que facilitaria, em princípio, a promoção da educação escolar quilombola em Ilha de Maré.

Portanto, fundamentadas pelas Diretrizes Curriculares da Educação Escolar Quilombola nas três instâncias (federal, estadual e municipal), recomendamos a implementação de políticas afirmativas de nível municipal para professores quilombolas atuarem nas escolas quilombolas de Ilha de Maré. Nessa perspectiva, nos concursos para professores de Ilha de Maré, devem ocorrer reservas de vagas para professoras/es "nativas/os", com questões específicas sobre a educação escolar quilombola, pois não basta ser quilombola, o candidato precisa conhecer a história e a cultura quilombola do Brasil, da Bahia e de Ilha de Maré.

Desde a Lei de Diretrizes e Bases da Educação Nacional (LDB) 9394/96, os sistemas municipais têm autonomia para organizar o ensino, tendo em vista as especificidades das escolas e das comunidades em que estão inseridas. No entanto, as escolas de Ilha de Maré continuam sendo estruturadas de forma a atender as políticas do órgão central de educação, direcionadas à maioria das escolas da rede que se localizam nos centros urbanos de Salvador. Todas as escolas de Ilha de Maré são organizadas baseadas em um calendário que é definido da mesma maneira que as escolas urbanas e do continente, apesar das dificuldades que as cercam e as definem serem tão diferenciadas, e de, desde 2019, ter sido criada a Comissão Quilombola composta por diretoras/es das escolas quilombolas da Ilha de Maré.

Na Ilha de Maré, os meses de maio a agosto são de chuvas e ventos fortes, que impedem a travessia dos estudantes que vêm de outras comunidades para a comunidade quilombola de Praia Grande, onde se localiza a única escola dos anos finais do ensino fundamental de todo o território. Tais condições climáticas dificultam também a travessia dos docentes que ministram aulas a esses alunos, que na sua maioria moram no continente e possuem contratos temporários com a Secretaria de Educação de Salvador. Esse cenário tem criado diversos problemas para a imagem dos professores de Ilha de Maré, muitas vezes responsabilizados por não garantir os 200 dias letivos, quando impedidos de atravessar, pelas condições climáticas adversas, sob pena de colocarem suas vidas em risco em dias de muita ventania e tempestades.[8]

[8] Esse processo de culpabilização do corpo docente por não garantir os 200 dias letivos aos estudantes foi ampliado após a volta às aulas em formato híbrido, a partir de setembro de 2021, quando ainda em plena pandemia, muitos professores adoeceram de covid-19. Tal processo aumentou ainda mais com a volta das aulas presenciais em fevereiro de 2022, com as escolas do subúrbio ferroviário e de Ilha de Maré em reforma, ainda sob ameaça da covid-19, com regras sanitárias relaxadas e a instalação de livros de pontos. Essas dinâmicas adoeceram ainda mais o corpo docente das escolas de Ilha de Maré, e do subúrbio ferroviário.

No entanto, as Diretrizes Nacionais, Estaduais e Municipais da Educação Escolar Quilombola garantem o direito às comunidades escolares quilombolas de um calendário diferenciado que respeite as singularidades do seu território quilombola.

Além dos desafios climáticos mal geridos pela política pública de educação, as condições de travessia são muitas vezes indignas para estudantes e professores. Em Bananeiras, não existe cais para atracamento das/dos estudantes, e as crianças têm que tirar os sapatos para pegar e descer do barco. Apesar de a Secretaria de Educação do Município de Salvador (SMED) disponibilizar barco para a travessia das/os professoras/es para o percurso continente/Ilha/continente desde 2016, após a volta às aulas no modelo híbrido, em agosto de 2021, ela passou a oferecer canoas, nas quais professores e gestores se apertavam em plena pandemia, e as regras sanitárias tiveram que ser desrespeitadas.

Após reivindicações pela volta de um barco que garantisse condições menos inseguras de travessia, os poderes públicos de educação municipal disponibilizaram uma embarcação na qual as/os professoras/es teriam duas opções: ou vinham em cima, tentando se equilibrar, tomando sol, chuva e vento nos momentos de temporais, ou vinham embaixo, submetidas/os ao barulho extremo e ao cheiro de óleo do motor, que causam stress, náuseas e tonturas. Isso num contexto em que a ponte de São Tomé desabou[9], forçando professoras/es a fazer, todos os dias, a ainda

[9] Para mais informações sobre o acidente no qual a ponte desabou, ver: G1 – Bahia. Parte de ponte para passagem de pedestres em terminal marítimo desaba na BA; homem cai na água e vídeo mostra resgate. Disponível em: <https://g1.globo.com/ba/bahia/noticia/2021/12/04/parte-de-ponte-para-passagem-de-pedestres-em-terminal-maritimo-desaba-em-salvador-video.ghtml>; CORREIO. Parte de ponte do terminal de São Tomé de Paripe desaba e homem é resgatado. Disponível em: <https://

mais "peripécias físico-anatômicas" para embarcar, chegar na escola e desembarcar para voltar para casa[10].

A situação descrita contribui para que poucos professores efetivos da rede municipal de educação de Salvador queiram lecionar em Ilha de Maré e para processos de adoecimento dos que estão nas suas salas de aula, afetando, sobremaneira, a qualidade da educação pública oferecida nesse território. Uma das professoras presentes no Encontro de Intercâmbio Griot, para elaboração do PPP da Escola Municipal de Ilha de Maré, ocorrido em 15 de fevereiro de 2022, se queixa: "Ninguém nos ouve, ninguém nos vê ... Esse público que se joga no mar ... chega em casa 20h, sai 05 da manhã ... se arriscando nos mares".

Um calendário diferenciado é um direito legal de toda escola quilombola, desde 2012, quando as Diretrizes Curriculares Nacionais da Educação Escolar Quilombola foram homologadas pelo Conselho Nacional de Educação. Seguindo a esfera federal e, principalmente, as Diretrizes Estaduais da Educação Escolar Quilombola da Bahia (2013), as Diretrizes Municipais da Educação Escolar Quilombola de Salvador (2015) tornam a flexibilidade na organização curricular legal, e no seu inciso II, determinam a necessidade da flexibilidade do calendário das escolas quilombolas:

> Art. 6º O calendário da Educação Escolar Quilombola

---

www.correio24horas.com.br/noticia/nid/parte-de-ponte-do-terminal-de-sao-tome-de-paripe-desaba-e-homem-e-resgatado/>.

10 Sem a existência da ponte, no Terminal Marítimo de São Tomé (Salvador/BA), que dá acesso às embarcações para Ilha de Maré, é necessário pegar uma canoa na beira da Praia de São Tomé, para podermos acessar o barco em alto-mar, subindo da canoa para o barco, e depois do barco para canoa, tanto para chegar quanto para sair de Ilha de Maré. A partir do segundo semestre de 2022, foi restabelecida a ponte, porém não inaugurada. Portanto, sem acesso à entrada, é preciso escalar a ponte através de pedra colocada em sua lateral para "facilitar" o acesso ao barco, tanto para chegar em Ilha de Maré, quanto para voltar para o continente.

> deverá adequar-se às peculiaridades locais, inclusive climáticas, econômicas e socioculturais, a critério dos sistemas de ensino e do projeto político-pedagógico da escola, sem, com isso, reduzir o número de horas letivas previsto na LDB.

Sabemos, também, que tal calendário diferenciado deve ser organizado através do Projeto Político-Pedagógico, após um processo participativo de elaboração, no qual, as suas comunidades quilombolas – através de moradoras/es e lideranças, e junto às diversas atrizes e atores das escolas do território – sejam ativa e produtivamente escutadas, e não algo saído, de forma autocrática, da cabeça da dupla gestora: "Art. 17. O projeto político-pedagógico, entendido como expressão da autonomia e da identidade escolar, é primordial para a garantia do direito a uma Educação Escolar Quilombola com qualidade social [...]" (Diretrizes Curriculares Municipais para Educação Escolar Quilombola de Salvador, 2015).

Até 2015, a ilha só tinha escolas até os anos iniciais do ensino fundamental. A partir de 2016, a Escola Municipal de Ilha de Maré passou a funcionar na comunidade quilombola de Praia Grande, apesar de até hoje não ter sido oficialmente inaugurada pela Prefeitura de Salvador. Ofertando vagas da educação infantil até aos anos finais do fundamental, a escola atende uma média de quase 600 estudantes, oriundas/os de todas as comunidades de Ilha de Maré, inclusive das certificadas como quilombolas. Portanto, ainda que, por disputas internas, a Escola Municipal de Ilha de Maré tenha ficado de fora da área do território de Praia Grande, que aguarda a titulação coletiva pelo Instituto Nacional de Colonização e Reforma

Agrária (INCRA), a comunidade se reconheceu e foi certificada como quilombola. Ademais, o fato de ela atender a uma maioria de estudantes das comunidades quilombolas de Ilha de Maré já a torna uma escola quilombola que legalmente possui a responsabilidade de operar as transformações epistemológicas, curriculares e organizacionais necessárias e orientadas pelas diretrizes nacionais, estaduais e municipais da educação escolar quilombola, aprovadas pelos conselhos nacionais, estaduais e municipais de educação. No seu artigo 1º (inciso IV), as Diretrizes Nacionais da Educação Escolar Quilombola (2012) determinam que a educação escolar quilombola na educação básica:

> [...] deve ser ofertada por estabelecimentos de ensino localizados em comunidades reconhecidas pelos órgãos públicos responsáveis como quilombolas, rurais e urbanas, bem como por estabelecimentos de ensino próximos a essas comunidades e que recebem parte significativa dos estudantes oriundos dos territórios quilombolas.

No entanto, desde que ingressei como professora de História na Escola Municipal de Ilha de Maré, em 2016, não encontrei nela, nem em nenhuma das escolas da ilha, uma política de implementação dessas diretrizes, apesar de que, desde 2015, o Conselho Municipal de Educação de Salvador homologou as Diretrizes Municipais de Educação Escolar Quilombola de Salvador, regulamentando, localmente, a legislação nacional e estadual da educação escolar quilombola.

Nestes sete anos como professora da maior escola do território quilombola de Ilha de Maré, a única ação de promoção da educação escolar quilombola e para as relações étnico-raciais em Ilha de Maré de iniciativa dos poderes públicos locais, foram as "mostras quilombolas", ocorridas anualmente no mês de novembro, quando nós, professoras/es, éramos interpeladas/os a fazer alguma atividade relacionada à equidade racial na educação escolar da ilha. De resto, houve iniciativas individuais de professoras e professores que, como eu, geralmente, tinham alguma história de ativismo negro, mas que eram reduzidas às suas disciplinas, pois não havia reuniões coletivas de professoras/es para planejar as interdisciplinaridades.[11] Por tudo isso, apoiar tecnicamente a elaboração do PPP da Escola Municipal de Ilha de Maré, após a maioria de suas/seus docentes e gestoras/es terem sido cursistas dos Encontros Formativos Griot, era estratégico para fortalecer a educação escolar quilombola nesse território.

O Projeto Político-Pedagógico (PPP) é um poderoso instrumento legal que pode amparar as escolas de Ilha de Maré na consolidação desse calendário diferenciado com uma pedagogia de alternância, como nos ensina os povos da educação do campo. Isto é, uma pedagogia que passe a considerar as especificidades deste território negro, quilombola, pesqueiro, inclusive as singularidades da sua bela natureza – rodeado das águas de mais de 1000 km^2 da Baía de Todos os Santos. No entanto, até o momento, apenas uma rápida reunião de docentes aconteceu ainda em 2022, nessa escola,

[11] Nesses sete anos como professora de História de Ilha de Maré, coloquei no centro do currículo deste componente curricular a história e cultura negra indígena e quilombola, como, por exemplo: a história da Rainha Nzinga, do seu Reino Ndongo e da sua convocação dos quilombolas jagas para lutar contra a invasão portuguesa; Ilha de Maré – território quilombola descendente da Rainha Nzinga! A luta por liberdade do Quilombo de Palmares liderado por Zumbi e Dandara; a luta por independência do Brasil com liberdade, igualdade racial dos revoltosos de Búzios etc.

após o último encontro de orientação com a Professora Michelle Matos.

Assim, saímos de mais um ano letivo, após sete anos de funcionamento, sem um PPP nessa escola mais negra e quilombola de Salvador. Pretendemos, contudo, que esta publicação – *Ancestralidade Griot – relatos e experiências da educação escolar quilombola a partir das águas de Ilha de Maré* – contribua para que esse PPP quilombola seja conquistado em 2023, tanto pela Escola Municipal de Ilha de Maré quanto pelas demais escolas municipais da ilha.

A gestão administrativa e pedagógica dessa única escola dos anos finais do fundamental, que atende estudantes de todas as comunidades desse território mais negro e quilombola de Salvador, não pode se realizar de forma não participativa e não democrática. Nesse modelo de gestão, encontros coletivos de professoras e professores entre si e com as famílias de tais estudantes, geralmente, são evitados como estratégia de fácil implementação das políticas de educação, muitas vezes alinhadas às forças políticas de desmonte da educação, como, por exemplo, políticas de fechamento de EJA, planejadas desde 2019 e viabilizadas durante a pandemia. Desse modo, a elaboração do PPP como resultado de um processo participativo, democrático e dialógico entre as diversas comunidades escolares – estudantes, professoras/es, funcionárias/os – com moradores e lideranças das comunidades é um dos grandes desafios de Ilha de Maré, a ser acompanhado pelas lideranças locais, pelo Conselho Municipal de Educação e pelo Fórum Estadual de Educação Escolar Quilombola da Bahia.

Como resultado, muitos estudantes frequentaram os

anos finais e migraram para o ensino médio sem desenvolver as habilidades de leitura e escrita; famílias não puderam acompanhar a trajetória escolar das suas filhas e filhos; coletivos de professoras e professores não partilharam experiências, não analisaram suas práticas pedagógicas nem planejaram de forma interdisciplinar e transdisciplinar seus componentes curriculares. Um dado preocupante é que em 2019, portanto, antes da pandemia, apenas 14% dos estudantes da Escola Municipal de Ilha de Maré tiveram aprendizados adequados de língua portuguesa, e apenas 7% de matemática no 9º ano (Saeb, INEP, 2019)[12]. Tais dados ilustram a continuidade das restrições ao direito à educação escolar das/os quilombolas: quando a escola finalmente chega na comunidade, ainda não se tem garantido o direito a aprender para estudantes quilombolas.

Outro desafio, colocado para as escolas de Ilha de Maré se tornarem um território etno-educativo quilombola, diz respeito à merenda escolar. Apesar do artigo 41 das Diretrizes Municipais da Educação Escolar Quilombola de Salvador (2015), determinar que a Secretaria Municipal de Educação de Salvador deve

[12] A situação do direito a aprender das/os estudantes de Ilha de Maré é ainda mais crítica se considerarmos que, em 2020, só ocorreram aulas a partir do segundo semestre em formato on-line, com baixíssimo acesso das/os discentes às tecnologias digitais em Ilha de Maré (internet, computadores, conectividade), especialmente nas comunidades quilombolas oficialmente reconhecidas da ilha. Em setembro de 2021, as aulas voltaram, em formato denominado de "semipresencial", na rede municipal de educação de Salvador, diminuindo a quantidade de aulas dos estudantes em função desse modelo "híbrido" de funcionamento da Escola Municipal de Ilha de Maré, em que metade dos alunos vinham às segundas, quartas e sextas, e a outra parte, às terças e quintas. Porém, tanto em 2020 quanto em 2021, em função dos problemas de escolarização dos estudantes durante a pandemia, ocorreu, como na maioria das escolas públicas brasileiras, aprovação automática. No entanto, um agravante na rede municipal de educação em Salvador, especialmente no subúrbio e em Ilha de Maré, é que o ano letivo se encerrou rapidamente em dezembro de 2021, pois as escolas entraram em reforma. As aulas do ano letivo de 2022 foram retomadas em fevereiro novamente em formato "híbrido", com as escolas em plena reforma. Ainda assim, o IDEB (IDEB, 2021, INEP) da Escola Municipal de Ilha de Maré foi de 3,0 (2017), 3,5 (2019) e 3,7 (2021).

implementar, monitorar e garantir um programa institucional de alimentação escolar que respeite os hábitos alimentares das comunidades, considerando seus contextos socioeconômicos, culturais e tradicionais, a merenda ofertada nesse território mais negro e quilombola de Salvador não se relaciona com a culinária local baseada na pesca e mariscagem nem com a agricultura familiar.

É pertinente lembrar aqui o que disse o Mestre Antônio Bispo, na atividade de intercâmbio com Ilha de Maré: "Se a escola não compra os produtos de pescadores, marisqueiras e agricultores locais para a merenda escolar, a educação nessa escola é colonialista e o desafio dela é promover uma educação contracolonial". Esta afirmação se fundamenta nas legislações educacionais conquistadas na última década pelos movimentos quilombolas e recepcionados pelo Município de Salvador em 2015, quando, no artigo 41 das Diretrizes Curriculares Municipais da Educação Escolar Quilombola de Salvador (2015), determinam que a alimentação escolar esteja "em conformidade com as especificidades socioculturais das comunidades quilombolas, preferencialmente com aquisição de produtos da agricultura familiar quilombola" e asseguram "o direito humano à alimentação adequada".

Ainda no que diz respeito à Escola Municipal de Ilha de Maré, os estudantes que vêm das comunidades quilombolas de Bananeiras, Martelo, Maracanã e Ponta Grossa, para chegar na escola às 8h, acordam ainda de madrugada, muitas vezes saem de casa sem café da manhã para conseguirem pegar o barco. A navegação demora ainda mais quando o barco encalha, forçando os estudantes a esperarem a maré encher para chegar na escola. Outro desafio é o fato de não possuir, até hoje, uma ponte de desembarque de barcos e canoas que trazem professores e estudantes próximo à escola, obrigando-os a caminhar, cerca de vinte minutos, para chegar até a unidade escolar.

Apesar dessa realidade, a primeira merenda ofertada a esses estudantes tem sido fruta: um pedaço de melancia ou uma banana que deve sustentá-los para assistir às aulas até a segunda merenda, servida depois das 10h, que pode ser sopa, às vezes um copo de mingau, e, nos melhores dias, arroz branco com carne ou macarrão com galinha etc. Muitas vezes, os estudantes rejeitam a merenda, preferindo ficar com fome ou, para quem tem condições, comprar o lanche de fora da escola. Essa é outra pauta para a agenda das lideranças locais, mas também do Conselho Municipal de Educação e do Fórum de Educação Escolar Quilombola da Bahia.

Em relação ao ensino médio, ainda não existe nenhuma escola, nas 11 comunidades de Ilha de Maré, que ofereça essa modalidade, apesar desta ser uma reivindicação das lideranças locais desde 2008. Para acessar o ensino médio, os estudantes de Ilha de Maré têm que se deslocar, diariamente, para as escolas do continente, em barcos debaixo de chuva, tempestades e calor. Além disso, as escolas de ensino médio, principalmente as localizadas no subúrbio ferroviário de Salvador, pouco se comprometeram em aplicar as diretrizes curriculares da educação escolar quilombola. Somando-se a isso, dos estudantes da Escola Municipal de Ilha de Maré que, após concluírem os anos finais do fundamental, vão para as escolas de ensino médio no continente, pouquíssimos têm ingressado no ensino superior público, e menos ainda no privado. Como professora dessa escola desde meados de 2016, tive apenas um ex-estudante que foi aprovado, tanto em faculdades privadas quanto públicas. Lembramos que, conforme consta no artigo 19 das Diretrizes Curriculares Municipais da Educação Escolar Quilombola de Salvador (2015), o projeto político-pedagógico das escolas quilombolas "deve incluir o conhecimento dos processos e hábitos alimentares das comunidades quilombolas através de troca e aprendizagem com os próprios moradores e lideranças locais".

Por outro lado, esse território mais negro e quilombola de Salvador possui lideranças politicamente qualificadas que lutam pelo bem viver de suas comunidades, desenvolvem boas práticas educativas e fazem uma análise sociologicamente profunda de seus problemas: "A progressão não chega para nós, ela chega em cima de nós" (Marizelha Lopes). Tais lideranças, majoritariamente femininas, precisam ser ouvidas na elaboração de políticas públicas voltadas para a Ilha de Maré. As comunidades quilombolas e aquilombadas da ilha possuem também verdadeiros griôs – mais velhas e mais velhos com conhecimentos potentes sobre as histórias, a educação, as resistências e (re)identidades, existências, a espiritualidade e a ancestralidade local.

A contribuição do Ancestralidade Griot para esse território mais negro e quilombola de Salvador

A escola também é reivindicada por estas comunidades como o lugar onde quilombolas possam entrar como sujeitos de conhecimentos. Nessa perspectiva, ao lado da luta pela chegada de escolas, Ilha de Maré precisa lutar para que a educação quilombola entre pela porta da frente e protagonize, junto com os conhecimentos de base europeia (únicos que vêm sendo considerados como escolares), o centro dos currículos das escolas quilombolas. E isso significa colocar em visibilidade os conhecimentos de suas e seus ancestrais nas salas de aulas, corporificado nas suas e seus mais velhos também como um corpo docente *griot*.

É nesse cenário que o Ancestralidade Griot se apresentou como uma contribuição para identificar e registrar – através de vídeos, documentários, fotografias e publicação – a educação quilombola de Ilha de Maré a fim de que ela se torne educação escolar quilombola nesse território. Doravante, professoras e professores de Ilha de Maré, quilombolas ou aquilombados possuem recursos pedagógicos à sua disposição para tomar as histórias e os conhecimentos desse território negro e quilombola como currículo em suas práticas docentes cotidianas.

Ao registrar as histórias de Ilha de Maré, narradas por suas mais velhas, mais velhos e jovens lideranças, o Ancestralidade Griot contribuiu para implementar o artigo 39, inciso 1º, das Diretrizes Curriculares Nacionais da Educação Escolar Quilombola, quando determina:

> Faz-se imprescindível o diálogo entre a gestão da escola, a coordenação pedagógica e organizações do movimento quilombola nos níveis local, regional e nacional, a fim de que a gestão possa considerar os aspectos históricos, políticos, sociais, culturais e econômicos do universo sociocultural quilombola em que a escola está inserida.

Do mesmo modo, o Ancestralidade Griot colaborou para implementar o artigo 30 (inciso II) das Diretrizes Curriculares

Nacionais da Educação Escolar Quilombola, o artigo 33 das Diretrizes Estaduais da Educação Escolar Quilombola da Bahia, e o artigo 23 (inciso III) das Diretrizes Municipais da Educação Escolar Quilombola de Salvador (2015), quando determinam: "a flexibilidade na organização curricular, no que se refere à articulação entre a base nacional comum e a parte diversificada, a fim de garantir a indissociabilidade entre o conhecimento escolar e os conhecimentos tradicionais produzidos pelas comunidades quilombolas". São esses conhecimentos tradicionais produzidos pelas comunidades quilombolas do território de Ilha de Maré que o Ancestralidade Griot vem difundindo nas redes sociais, como Instagram, YouTube e Facebook etc., para que professoras e professores de Ilha de Maré possam utilizar como material didático no cotidiano de suas salas de aulas.

De forma geral, as mais velhas e os mais velhos entrevistados pelo Coletivo Griot relataram que sentem a falta de um tempo em que o valor quilombola, de respeito aos mais velhos, era predominante, pois, dentre outras funções, eram quem educavam todas as crianças das comunidades. Elas e eles lamentam que hoje as crianças e jovens nem bênção peçam aos seus mais velhos e, por outro lado, que seus pais não mais os reconheçam como fonte de educação das suas filhas e filhos. Uma/um dessas/es mestras e mestres dos saberes de Ilha de Maré é Seu Claudionor Souza (Seu Nôca), 93 anos, nascido em 1929, menos de 50 anos após a abolição da escravização racial. Seu Nôca faz questão de dizer que ele é do início do século XX: "Hoje dificilmente nós vamos encontrar uma pessoa que conte uma história que nem eu estou contando aqui, porque não tem. Graças a meu Deus, eu já alcancei noventa e três anos, eu sou de vinte e nove". Seu Nôca é de um tempo em que, para acessar os direitos e serviços no continente, se viajava durante 8 dias, nos mares da Baía de Todos os Santos, de Praia Grande até a Ribeira, de canoa a remo. Eram tempos de muitas faltas materiais, mas também de muito cuidado comunitário, relata Seu Nôca:

> Era uma época que se mandava buscar uma pedra de sal na casa do vizinho... buscava um palito de fósforo na casa do vizinho. Tudo era assim, quem tinha dava a quem não tinha... Não tem aquela igreja lá embaixo? De ano em ano que tinha uma missa, de ano em ano. Nem todo mundo podia ir à missa, porque não tinha o que vestir na missa... hoje todo mundo é rico, né, hoje todo mundo é milionário.

Já os tempos de hoje, para Seu Nôca, que viveu apenas o solitário direito à liberdade do pós-abolição, é de "riqueza" em Ilha de Maré:

> Agora, desce aqui, daqui a pouco está na cidade, pega uma canoa a motor, chega em São Tomé e pronto, está na cidade. Naquele tempo não, era de oito em oito dias. Para a pessoa ir lá para o mercado modelo, o porto mais perto daqui da ilha era a ribeira, ia a pano ou no remo, não tinha embarcação a motor, e eu nem sabia o que era motor.

O tempo de hoje é de estudo, para Seu Nôca, mas ele relata que, antes, era apenas trabalho, e explica por que: "Eu não tinha tempo para estudar, porque o trabalho não deixava, o trabalho era assim, tinha que fazer aquilo, porque não tinha outra coisa para fazer, e se não fizesse, morria de fome". A época narrada por Seu Nôca era de trabalho na roça que lembrava a escravidão: "Nem todo mundo pescava, a maioria era mais para negócio de roça, pescaria era muito pouco. Hoje não, hoje qualquer menino pega as coisas e vai pescar. Porque tem com que pescar, a gente não tinha, era praticamente uma escravidão". Mas Seu Nôca ainda viveu os primeiros tempos nos quais a pesca já era um traço cultural da vida econômica de Ilha de Maré, mas só o mar era a fonte de alimentação:

> Porque não tinha de o que viver, a gente ia pescar. Vou dar uma dica boa à senhora agora, eu cansei de sair para pescar... era uma canoa que ia com uma rede... cinco, seis pessoas, em conformidade com a canoa. E chegar em casa, minha mãe mandava uma vasilha de peixe para o vizinho, era peixe, não era outro não, era peixe. Quando a pessoa recebia esse peixe, pensava – o que que eu vou fazer com esse peixe? Porque nem o sal para salgar o peixe tinha. Aí o que é que fazia? Escamava, amarrava com uma corda no sol para secar.

Isso tudo fez com que Seu Nôca desenvolvesse seus conhecimentos através da oralidade: "Muitas coisas eu aprendi por memória... porque eu estudei pouco no colégio". Para Seu Nôca, os tempos de hoje são de escola, mas é também de pouca educação: "Agora, tem escola, mas não tem educação". Já no tempo em que era jovem, "tinha pessoas que tinham a educação que muitos estudantes não têm, porque era a educação que se trazia de nascença".

Essa educação escolar que hoje tem em Ilha de Maré, para Seu Nôca, possui a ausência da educação para o respeito às mais velhas e aos mais velhos, por exemplo, num flagrante traço de afastamento da educação quilombola, ou seja, dos processos e princípios educacionais desenvolvidos pelas/os quilombolas de Ilha de Maré, ancestrais e contemporâneos, na sua luta diária para resistir e reexistir. A educação que Seu Nôca denomina "ser de nascença" é essa educação quilombola estruturada no respeito às mais velhas e mais velhos e no valor de que toda comunidade educava suas crianças. Desse modo, a Escola Municipal de Ilha de Maré, em especial, precisa levar tais processos e princípios da educação escolar para seu interior, aliás, todas as escolas da ilha deveriam se desafiar a promover o encontro da educação escolar com a educação quilombola de Ilha de Maré.

Mas Seu Nôca também se divertia nesse tempo jovem de vivência, de um direito recém-adquirido à liberdade e de apenas uma fonte de alimentação orgânica e espiritual da coletividade – a natureza. Para se divertir em Ilha de Maré, Seu Nôca fazia samba, muitas vezes, após as festas na comunidade de terreiro de Mãe Balbina: "Eu fazia o samba, porque eu tocava pandeiro, eu toquei muito pandeiro, às vezes eu cantava algumas músicas, já ia mesmo para fazer coisas para os outros pular e dançar". E Seu Nôca explica como era o samba em Praia Grande, de Ilha de Maré:

> O samba era o pandeiro de couro. Aí fazia assim, tinha a época de Natal, aí formava aquele grupo para ir à casa de outro, fazia escondido que ninguém sabia. Às vezes, a casa estava fechada, chegava o grupo na porta, fazia aquela cantiga, aí abria a casa e todo mundo entrava e o dono nem tinha nada para dar...

Além de Seu Nôca, muitas e muitos outros mais velhos

puderam apresentar seus conhecimentos ao Coletivo de Pesquisadoras Griot. D. Altamira Simões (conhecida em Ilha de Maré como D. Mirinha) viveu entre as diversas comunidades quilombolas de Ilha de Maré: nascida em Ponta Grossa, foi criada em Maracanã e passou a morar em Bananeiras quando se casou. Filha de parteira, D. Altamira narra histórias de partos em Ilha de Maré realizados por sua mãe, D. Damiana, e pela mãe ancestral de Ilha de Maré – Mãe Balbina de Iansã que, inclusive, fez os partos das filhas de D. Damiana. D. Mirinha conta ainda episódios de sua vida como marisqueira e pescadora, e de seu pai, pescador numa Ilha de Maré cujo comércio agrícola abastecia/alimentava Salvador, fornecendo tomate, banana, cana para Água de Meninos e Ribeira. Além disso, compôs, junto com Seu Djalma, a música que é trilha sonora do documentário *Ilha de Maré – quilombos das águas de Salvador* (2022).

Tais histórias representam a *educação quilombola* de Ilha de Maré, ou seja, a educação que acontece nas suas comunidades quilombolas, na qual valores, saberes, histórias são compartilhados através da memória coletiva e da oralidade e cujas fontes principais são suas mais velhas e mais velhos. A educação quilombola desse território, coletada ou cultivada pelo Coletivo de Pesquisadoras Griot, precisa entrar de forma significativa nas suas escolas, para que ocorra efetivamente a educação escolar quilombola, ou seja, a modalidade da educação básica – cujos fundamentos estão estabelecidos nas Diretrizes Curriculares Nacionais da Educação Escolar Quilombola, pela Resolução nº 8/2012 do CNE; nas Diretrizes Curriculares Estaduais da Educação Escolar Quilombola da Bahia, pela Resolução nº 68 do CEB; e nas Diretrizes

Curriculares Municipais da Educação Escolar Quilombola de Salvador, pela Resolução nº 033/2015 do CME. Pois, só quando ocorre o encontro entre a educação quilombola e educação escolar, é que podemos dizer que lá se realiza educação escolar quilombola.

Entende-se que há uma diferença quilombola – histórica, política, epistemológica, etc. – que a escola precisa trazer para sala de aula e que foi historicamente construída por seus processos singulares de viver, a exemplo do uso coletivo da terra, baseado em laços de parentesco e vizinhança, assentados em relações de solidariedade e reciprocidade; da concepção de mundo em que não há vida sem natureza; de uma sociedade organizada tendo por base a ancestralidade, como o respeito às mais velhas e mais velhos; das memórias dos processos de resistência à escravidão/racismo, etc.

O Ancestralidade Griot possibilitou que, pela primeira vez, professoras e professores, gestoras e gestores desse território mais negro e quilombola de Salvador vivenciassem processos de formação em educação escolar quilombola. Gestores e docentes da Escola Municipal de Ilha de Maré, além de ter sido cursistas dos Encontros Formativos Griot (80h), participaram, junto com os discentes das Trilhas Griot, dos Encontros de Intercâmbios Griot e dos Encontros com Ancestralidade de Ilha de Maré. Portanto, estão instrumentalizados para a implementação da educação escolar quilombola nessa escola, em atendimento à determinação legal das três instâncias. A iniciativa de implementação não pode continuar a ser individual, daquelas e daqueles docentes que têm o perfil ativista pela igualdade racial na educação.

Além disso, mesmo não tendo suficiente apoio para envolvermos todes professoras/es quilombolas de todas as escolas municipais de Ilha de Maré, a equipe do Ancestralidade Griot decidiu apoiar tal processo de elaboração do PPP na Escola Municipal de Ilha de Maré, considerando ser a única escola dos anos finais nesse território, e também uma escola quilombola, situada no território mais negro e quilombola de Salvador, e atendendo estudantes que vêm de todas as cinco comunidades oficialmente certificadas como quilombolas de Ilha de Maré.

O Ancestralidade Griot já tinha trazido a professora Michelle Matos como facilitadora em dois momentos dos Encontros Formativos Griot com professoras/es, coordenadoras/es pedagógicas/os e gestoras/es de todo o território de Ilha de Maré, durante o primeiro semestre de 2021, tratando dos PPPs das escolas quilombolas. No segundo semestre desse mesmo ano, disponibilizamos mais dois encontros on-line e, em 2022, dois encontros presenciais da professora Michelle Matos com todes professoras, professores e funcionários da Escola Municipal de Ilha de Maré, bem como de lideranças e moradoras/es do território.[13]

Tais encontros visaram orientação e fundamentação para que a escola, liderada por sua dupla gestora, desse continuidade ao processo de elaboração do seu Projeto Político-Pedagógico. Essa foi uma das mais importantes contribuições do Ancestralidade Griot: disponibilizar, como facilitadora do processo de construção do PPP da Escola Municipal de Ilha de Maré, a professora Michelle Matos – mestra em Ensino e Relações Étnico-Raciais (UFSB), pedagoga (UNEB) e professora da rede municipal de Bom Jesus da Lapa

[13] Infelizmente, foi muito pouca a presença dos funcionários da Escola Municipal de Ilha de Maré, todas/os quilombolas locais, nesses encontros de fundamentação para o PPP. Mas, os poucos que estiveram presentes deram contribuições valiosas a partir do seu lugar de quilombola.

(BA). Atualmente, é coordenadora municipal da educação étnico-racial (SEMED/Lapa) e facilitadora dos processos de construção de Projetos Políticos-Pedagógicos (PPPs) de diversas comunidades quilombolas do Território do Velho Chico.

Conclusão

Inspirada por Carril (2017), podemos dizer que as histórias do território quilombola e negro de Ilha de Maré precisam entrar como contexto e texto nas suas salas de aulas. Foi assim que o Ancestralidade Griot pretendeu dar sua contribuição, e, com isso, atender a um dos principais objetivos das Diretrizes Curriculares Nacionais da Educação Escolar Quilombola (2012), que é assegurar que "as práticas socioculturais, políticas e econômicas das comunidades quilombolas, bem como os seus processos próprios de ensino-aprendizagem e as suas formas de produção e de conhecimento tecnológico" sejam valorizados nas escolas quilombolas e nas escolas que atendem estudantes oriundos dos territórios quilombolas. No entanto, considerando que as comunidades indígenas e quilombolas foram os primeiros territórios de liberdade e de direitos no Brasil, tais conhecimentos nos estruturam enquanto povo brasileiro. Portanto, precisam estar em visibilidade também nas escolas não quilombolas, pois as comunidades quilombolas originárias constituíram-se numa primeira experiência efetiva de convivência multiétnica baseadas em relações de solidariedade e de produção coletiva do bem-viver.

A política pública municipal de educação de Salvador, em 2023, ainda se encontra desafiada a garantir o que homologou em 2015, como sua responsabilidade enquanto Secretaria Municipal de Educação de Salvador, de acordo com o artigo 40 das Diretrizes Municipais da Educação Escolar Quilombola de Salvador, de garantir às escolas municipais em Ilha de Maré: apoio técnico-pedagógico aos estudantes, colaboradores, professores, e gestores em atuação nas escolas quilombolas; recursos didáticos, pedagógicos, tecnológicos, culturais e literários que atendam às especificidades das comunidades quilombolas; e construção de propostas de educação escolar quilombola contextualizadas. Esses são alguns dos desafios da política pública municipal de educação de Salvador para que esta se encontre, de forma digna, com o seu território mais negro e quilombola, que é Ilha de Maré. Em outras palavras, Ilha de Maré é um caso exemplar de comunidades que precisam lutar ainda pelo direito à escola no seu território. Mas não apenas, quando a escola chega, esse território ainda precisa lutar pelo direito a aprender de suas e seus estudantes e pelo direito a não se perder ou desaparecer dos seus valores e saberes.

Referências

CARRIL; Lourdes de Fátima. Os desafios da educação quilombola no Brasil: o território como contexto e texto. **Revista Brasileira de Educação**. v. 22, n. 69, abr./jun., 2017. Disponível em: <https://www.scielo.br/pdf/rbedu/v22n69/1413-2478-rbedu-22-69-0539.pdf>.

BAHIA. Diretrizes Curriculares Estaduais para a Educação Escolar Quilombola. Parecer CEB Nº. 16/2015. Secretaria Estadual de Educação. Conselho de Educação da Bahia. Salvador, 2013.

BRASIL. Lei de Diretrizes e Bases da Educação Nacional. Brasília: MEC, 1996.

__________. Diretrizes Curriculares Nacionais para a Educação das Relações Étnico-Raciais e para o Ensino de História e Cultura Afro-brasileira e Africana. Brasília, 2004.

__________. Diretrizes Curriculares Nacionais para a Educação Escolar Quilombola. Parecer CNE/CEB Nº. 16/2012. Secretaria de Educação Básica. Secretaria de Educação Continuada, Alfabetização, Diversidade e Inclusão. Conselho Nacional de Educação. Câmara de Educação Básica. Brasília, DF: MEC, SEB, SECADI, CEB, 2012.

ILHA de Maré – *quilombos das águas de Salvador*. Direção Nádia Maria Cardoso da Silva. Salvador: Ogunjá Produções, 2022 (25 minutos).

OLIVEIRA, Q. RTID – Relatório Técnico de Identificação e Delimitação do Território da Comunidade Quilombola de Ilha de Maré, Salvador-BA. Salvador: Incra, 2016.

SALVADOR. Diretrizes Curriculares Municipais para a Educação Escolar Quilombola de Salvador. Conselho Municipal de Educação, Secretaria de Educação do Município de Salvador. Salvador, 2015.

SANTOS, Antônio Bispo. **Colonização, quilombos:** modos e significações. Brasília: Instituto Nacional de Ciência e Tecnologia de Inclusão no Ensino Superior e Pesquisa, Universidade de Brasília, 2015.

A REEXISTÊNCIA DA LÍNGUA *KIKONGO* NO *KILOMBO*[1] DE ILHA DE MARÉ

Mille Caroline Rodrigues Fernandes[2]

Resumo:

Tendo como base os resultados obtidos com a pesquisa do doutorado realizada em 8 (oito) províncias de Angola, a partir das epistemologias decoloniais e do pensamento afrodiaspórico, este artigo objetiva refletir de que maneira as marcas da Língua Kikongo estão presentes tanto na fala quanto nas nomeações dos lugares que abrangem o kilombo de Ilha de Maré, localizado no estado da Bahia. Ao compreendermos a ancestralidade Kongo-Angola na constituição e manutenção dos kilombos, não podemos esquecer que a língua é o lugar de cristalização dos saberes,

[1] A opção em utilizar a letra "k" para a grafia das palavras *kilombo* e *kilombola* é para enfatizar a origem deste termo que é bantu. E na grafia das línguas do grupo bantu, não existem palavras que comecem com "qui" (FERNANDES, 2020).

[2] Pós-doutoranda em Educação (IEA/USP). Doutora em Educação e Contemporaneidade (PPGEduc/UNEB). Foi Bolsista PDSE/CAPES no Instituto Superior de Ciências da Educação de Luanda (ISCED). Formada em Pedagogia; professora de História da África (Ensino Fundamental II/Município de Nazaré/BA). Professora colaboradora no departamento de Línguas e Literaturas Africanas-ISCED/Luanda. Pesquisadora do Grupo Memória da Educação na Bahia (PROMEBA/PPGEduc/UNEB). É membra e vice-coordenadora do Núcleo de Estudos Africanos e Afro-brasileiros em Línguas e Culturas (NEAALC/UNEB)

fazeres e experiências históricas, portanto, é onde estão todos os instrumentos mentais ou materiais construídos pelas diversas gerações dos grupos bantu que influenciaram/influenciam a nossa história e cultura. Cada um dos substratos da língua kikongo, como força vital pulsante, se mantém e reexiste no português falado dentro e fora dos kilombos em todo o estado da Bahia.

Palavras-chave: kilombo de Ilha de Maré; língua kikongo; educação antirracista; educação escolar quilombola.

Introdução

A reexistência ancestrálica linguístico-cultural negro-africana nas Américas e no Caribe deve-se, sobretudo, aos povos falantes das línguas bantu de origem Kongo-Angola, especificamente dos povos *bakongo*, **falantes do** *kikongo*; dos *ambundu*, falantes do *kimbundu*; e dos *ovimbundu*, falantes do *umbundu*. O resultado mais direto desse contato pluricultural e plurilinguístico foi a africanização da língua portuguesa no Novo Mundo, dando ao português falado no Brasil uma característica própria carregado das marcas lexicais da linguística bantu.

Além da força simbólica e histórico-linguística bantu no português brasileiro, conseguimos perceber a resistência africana à imposição colonial não somente nos aspectos socioculturais, mas fortemente presente no tecido da língua. As marcas lexicais bantu no português falado no Brasil são evidentes em nosso cotidiano, seja nos muitos vocábulos, seja no sistema linguístico, seja na dupla negativa, ou nos nomes dos lugares. No entanto, foram nos territórios com maior presença negro-africana, a exemplo das comunidades-terreiro e dos kilombos, que a linguística bantu conseguiu manter-se tão viva e tão vibrante. Para este artigo, o interesse está centrado na ancestralidade da língua bantu no território kilombola de Ilha de Maré, localizado no estado da Bahia.

Tendo como base os resultados obtidos com a pesquisa do doutorado realizada em 8 (oito) províncias de Angola, a partir das epistemologias decoloniais e do pensamento afrodiaspórico, este artigo objetiva refletir de que maneira as marcas da Língua Kikongo estão presentes tanto na fala quanto nas nomeações dos lugares que compreendem o kilombo de Ilha de Maré. Ao entendermos a ancestralidade Kongo-Angola na constituição e manutenção dos kilombos, não podemos esquecer que a língua é o lugar de cristalização dos saberes, fazeres e experiências históricas, portanto, é onde estão todos os instrumentos mentais ou materiais construídos pelas diversas gerações dos grupos bantu que influenciaram/influenciam a nossa história e cultura. Cada um dos substratos da língua kikongo, como força vital pulsante, se mantém e reexiste no português falado dentro e fora dos kilombos em todo o estado da Bahia (FERNANDES, 2020). Assim, este artigo apresenta uma breve contextualização do kilombo de Ilha de Maré, a influência dos povos de língua bantu, bem como traz reflexões importantes sobre a valorização da ancestralidade africana como tática para a efetivação da educação antirracista, que combata o preconceito linguístico e reflita sobre as armadilhas do currículo de base nortecêntrica.

Breve contextualização de Ilha de Maré

A presença africana em Ilha de Maré teve seu marco no século XVI, quando os/as primeiros/as africanos/as sequestrados/as chegaram à ilha como escravizados/as para o trabalho nos engenhos da região onde hoje estão localizados os kilombos. Os/as negros/as escravizados/as habitavam, principalmente, a parte central da ilha, num lugar conhecido como Paciência, que fica entre as comunidades de Maracanã e Bananeiras.

Os/as mais velhos/as contam que a formação da comunidade de Ilha de Maré teve início com a resistência dos/as negros/as que fugiam tanto do Engenho da Freguesia (onde atualmente está o

Museu Wanderley de Pinho), localizado no distrito de Caboto, em Candeias, e de outros engenhos como Matoim e Jacarecanga, também no município de Candeias (RÊGO, 2018, p. 127-128), como dos navios negreiros que aportavam na Baía de Todos os Santos. E, como na maioria das comunidades kilombolas do estado da Bahia, percebemos uma forte presença da população indígena em Ilha de Maré. Segundo os/as *sekulus,*[3] há uma forte influência dos povos indígenas da etnia Tapuias (não Tupi), Tupinambás e Tupinaês, existindo registro de 47 aldeias na área, que fugiam da comunidade de Passé e se refugiavam na ilha. Ressalto que, segundo as narrativas dos/as mais velhos/as, os negros/as e indígenas chegavam à Ilha de Maré a nado.

Localizada a leste da Baía de Todos os Santos, Ilha de Maré, desde o ano de 2017, foi reconhecida como bairro pertencente ao município de Salvador. A aproximadamente 5 km de São Tomé de Paripe, subúrbio ferroviário de Salvador, a ilha possui uma população de 6.434 habitantes, distribuída em uma área de 13,79 km^2.[4] Importante destacar que o município de Salvador é dividido em Regiões Administrativas (RA) e a Ilha de Maré situa-se na RA 18, a qual se refere à organização das ilhas. Portanto, a partir desta estrutura organizacional, a Ilha de Maré é composta pelas comunidades de Itamoabo, Botelho, Santana, Neves, Praia Grande, Bananeiras, Maracanã, Porto dos Cavalos, Caquende e Martelo,

[3] *Sekulos* (*sekulus*) são guardiões da palavra de uma aldeia em territórios bantos na África subsaariana. A depender do grupo étnico banto, ele pode também exercer a função de um/uma *Nganga* (curandeiro/a). O termo "sekulo"" pode ser usado tanto nos grupos ambundu, como também nos grupos dos bakongo e possui o mesmo sentido que o termo *griot/griô/griôt* (são os chamados contadores de história na língua francesa).

[4] IBGE – Instituto Brasileiro de Geografia e Estatística. **Censo de 2010**. Cidades. Salvador. Disponível em: <http://cidades.ibge.gov.br/xtras/perfil.php?lang=&codmun=292740&search=bahia|salvador>. Acesso em: 10 de maio de 2022.

Amêndoa, Ponta de Coroa, Ponta da Cacimba, Ponta de Areia, Engenho de Maré e Ponta do Ermitão.[5]

Embora somente seis dessas comunidades tenham sido reconhecidas e certificadas como Território Kilombola (Praia Grande, Bananeiras, Porto dos Cavalos, Martelo, Maracanã e Ponta Grossa), segundo o Instituto Nacional de Colonização e Reforma Agrária (Incra) e a Fundação Cultural Palmares, em todas as comunidades que constituem a Ilha, é possível perceber os resquícios da cultura africana. Tal fato se evidencia na forma de manutenção dos laços de parentescos; pela estrutura econômica da comunidade através da pesca, mariscagem, agricultura e artesanato com a renda; por meio da gastronomia, com a produção de doces de banana, angu de fubá e de banana; pela reatualização das memórias dos/as mais velhos/as que remetem sempre às referências culturais afrodiaspóricas de luta e resistência, como o samba de roda, esmolas cantadas para arrecadar dinheiro para as festas das padroeiras da Ilha: Nossa Senhora das Candeias, Nossa Senhora Santana e Nossa Senhora das Neves; bem como pela influência da língua kikongo, presente tanto na interlocução dos kilombolas quanto nas nomeações dos lugares que compreendem as comunidades kilombolas no território de Ilha de Maré.

Ancestralidade linguístico-cultural kikongo em Ilha de Maré

O período de colonização no Brasil, entre os séculos XVI e

[5] Para mais informações sobre as comunidades que compõem a Ilha de Maré, consultar a tese de Jussara Cristina Vasconcelos Rêgo (2018).

XIX, ficou marcado pelo sequestro de quatro a cinco milhões de africanos/as da África Subsaariana, não somente os falantes das línguas do grupo bantu, mas também da família *Kwa*[6] (CASTRO, 2005; 2014; 2016) e os/as árabes-islâmicos/as. Para esta escrita, a centralidade é exclusivamente a presença bantu na Bahia, principalmente a influência da linguística kikongo na interlocução dos falantes kilombolas e nas nomeações dos lugares que compreendem as comunidades kilombolas no território de Ilha de Maré.

A Bahia, por ter tido a cidade de Salvador como a primeira capital do Brasil, foi o estado brasileiro com a mais significativa presença dos povos de origem bantu, distribuídos por todo o território nos primeiros séculos do processo de colonização. Chamados como Kongo, Angola, Cabinda e/ou Benguela, os/as africanos/as representavam os distintos povos: *bakongo*, oriundos do Reino Kongo, dos reinos irmãos N'goyo, Kacongo e Luango, como também dos arredores; os *ambundu*, oriundos do Reino N'gola; e os *ovimbundu*, provenientes do Reino Mbayi Ñlûndu (CASTRO, 2005; 2014; 2016); (VANSINA, 2010); (BATSÎKAMA, 2011); (FERNANDES, 2020; 2021). Assim, a ancestralidade dos povos bantu encontra-se intensamente presente em nossas vidas e podemos percebê-la nos aspectos sócio-históricos, filosófico-religiosos, gastronômicos, culturais, linguísticos, entre outros.

Para conseguir identificar estes aspectos da influência bantu nos kilombos da Bahia, desenvolvi uma investigação de natureza etnográfica constituída por um levantamento sócio-histórico,

---

6 Termo que define a palavra "homem" (CASTRO, 2005).

antropológico, linguístico e demográfico em **oito províncias de Angola**, as quais compunham os antigos **Reinos Kongo, Ndongo e Matamba**, durante os anos de 2018 a 2020, visando contribuir para descolonizar o currículo oficial de ensino em relação à história e à cultura da população negra nas escolas que recebem estudantes oriundos/as de comunidades kilombolas. Esta preocupação surge a partir das experiências vividas e análises feitas no período da pesquisa de Mestrado, quando busquei compreender as formas de discriminação racial, xingamentos, apedrejamentos e tantos outros preconceitos, principalmente o linguístico, vividos por jovens kilombolas ao saírem dos seus respectivos kilombos para estudar nas escolas das cidades em que estão localizados seus kilombos. Observa-se que não existem referências positivas sobre a população negra nos muitos materiais didático-pedagógicos trabalhados nas escolas kilombolas, como também nas escolas que atendem estudantes oriundos das comunidades kilombolas. Além disso, verifica-se como muitos/as professores/as ainda apresentam dificuldade de desenvolver a temática africana na diáspora, por falta de uma formação docente crítica, tanto inicial quanto continuada, que lhes possibilite articular determinados pontos de maneira interdisciplinar, pautados nas táticas de educação antirracista.

No entanto, **atravessar o Atlântico e retomar discussões históricas** na pesquisa de doutoramento sobre a constituição do território que hoje chamamos **Angola** e como esta história, memória e ancestralidade constituem-se e inscrevem-se em nossos corpos diaspóricos negros e kilombolas na Bahia, mantendo-se vivas e vibrantes em nosso/a *Ntu/Mutuê* (cabeça), *Ntima/Muxima* (coração) e *Muanda/Nzumbi* (espírito), pode ser entendido a partir da emergência de uma consciência histórica, sobretudo consciência política, partindo da educação, como forma de descolonizar as mentes racistas (FERNANDES, 2020). Uma possibilidade de incluir a pluriversalidade do campo pesquisado, dos conhecimentos apreendidos com as entrevistas narrativas realizadas com as autoridades tradicionais de Angola como Reis, *Nfumu, Ngangas, Mweni-xi, N'gola, Sekulus e Osomas/Sobas,* na pauta curricular de educação escolar kilombola do estado da Bahia.

Embora a influência dos povos Kongo-Ngola na Bahia seja diversa, para a pesquisa que desenvolvi foquei em três elementos, os quais denominei de *Makukwa Matatu,* que na cosmologia dos povos bantu significa "três pedras que amparam uma panela". A ideia foi trazer para o campo de discussão o tripé epistemológico: Língua-Ritual-Território. O Território compreende a discussão sobre a origem e estrutura organizacional dos kilombos em Angola e suas influências para a constituição pan-africanista dos kilombos na Bahia; o Ritual está correlacionado à utilização das máscaras, tomando como exemplo o Grupo Zambiapunga[7] das cidades de Valença, Taperoá, Nilo Peçanha e Cairu; e a Língua abrange a percepção das marcas lexicais da linguística bantu no português do Brasil, especificamente o entendimento de como o *pré-prefixo* da língua kikongo exerce a função de vocativo na interlocução dos kilombolas do Recôncavo e Baixo-Sul da Bahia. Com base nos estudos sobre linguística bantu, surge o interesse para este artigo,

[7] Grupo *Zambiapunga* ou *Zambiapungu*, palavra oriunda do termo *Nzambi A Mpungu Tulendu* (Deus Todo-Poderoso), é uma manifestação cultural de *arkhé* Kongo-Angola, trazida para o Baixo-sul da Bahia através dos bantu. Uma manifestação cultural, passada de geração para geração, que só encontramos nos municípios de Valença, Taperoá, Nilo Peçanha e Cairu e se tornou Patrimônio Cultural Imaterial do Estado da Bahia desde o ano de 2018 (FERNANDES, 2013; 2020, p. 172-173).

em específico, tratar sobre o pré-prefixo da língua kikongo como vocativo na interlocução dos falantes kilombolas e dos termos de origem bantu que nomeiam algumas comunidades no kilombo de Ilha de Maré.

O "pré-prefixo" ou também conhecido pelos linguistas como "Aumento" (Au.) (FERNANDES, 2020) manifesta-se nomeadamente na categoria gramatical dos nominais e dos verbo-nominais (infinitivos) (BLOIS, 1970, p. 130), inclusive os nomes próprios, que podem ter a forma de um prefixo nominal zero (Ø), obedecendo à numeração de classe convencional (DIARRA, 1990), e sua forma tipológica mais atual, é representado pelo V (vogal) ou em algumas regiões nas partes leste e centrais da área bantu, que têm uma forma de representação do Aumento CV (consoante-vogal) em várias classes ou em casos especiais como locativos, adjetivos (FERNANDES, 2020; 2021).

Na língua kikongo, o Aumento é um morfema do tipo vocálico, que antecede o prefixo nominal em todas as classes e, em muitas situações, torna-se facultativo. A sua presença ou ausência não influencia na concordância da frase. Quanto à tonalidade, o **Aumento** é uma vogal com tom baixo e tem uma forma estrutural com três variantes: **o-** (ò̲se = pai), **e-** (è̲*mpánge* = irmão), **a-**[8] (à*mávimpi* = saúde) (DIARRA, 1990). A variante **o-** é usada por falantes da província do Zaire, e a variante **e-**, por falantes da província do Uige. O fato de se apresentar em forma de vogal inicial e acompanhar o prefixo nominal e os pronominais na estrutura de uma palavra ou frase, para alguns linguistas,

[8] Segundo Diarra (1990), a variante "**a-**" é, geralmente, utilizada por interlocutores na província do Zaire, acima de 70 anos de idade.

o Aumento poderia exercer a função de um artigo definido ou indefinido, assim como nas línguas europeias (cf. BLOIS, 1970, p. 87), todavia, a estrutura gramatical das línguas bantu de algumas zonas descartam o uso do Aumento como um artigo.

As pesquisas de Blois (1970), sob a orientação do linguista Meeussen, apresenta uma rigorosa avaliação na tentativa de compreender a função do Aumento e desenvolver uma regra geral para o seu uso. Seu trabalho cujo título é *The Augment in the Bantu languages* contribuiu para o entendimento do emprego do Aumento como um vocativo. Além disso, em seus estudos sobre a função do Aumento nas zonas linguísticas de Angola, mais especificamente na zona (H16)[9], Blois (1970) analisou as formas de utilização do Aumento em todas as condições gramaticais em que este possa ser aplicado. Seguindo a abordagem dos linguistas Bleek e Meinhof sobre a função do Aumento em determinadas línguas como vocativo (FERNANDES, 2021), vamos perceber que a presença das vogais "**-o**" e "**-e**" acompanhando as palavras não altera o seu significados. Vejamos esta estrutura numa frase:

Ex.1: Ò *Tatalongi, nsangu zambote?* (Professor/a, boas notícias?)

↓ ↓ ↓

(Au.) (professor/a) (boas notícias)

Ex.2: È *Tatalongi, nsangu zambote?* (Professor/a, boas notícias?)

↓ ↓ ↓

(Au.) (professor/a) (boas notícias)

9 Para mais informações sobre as zonas linguísticas de Angola, consultar a Tese de Mille Caroline Rodrigues Fernandes (2020).

No português, o vocativo é um termo sintático autônomo, que serve para nomear um interlocutor ao qual se dirige a palavra. Refiro-me a autônomo, porque não faz parte nem do sujeito, nem do predicado. Sua função na oração é desempenhada por substantivos, pronomes e numerais substantivados (PASQUALE; INFANTE, 2008, p. 397). Na língua kikongo, com base nas frases acima, o Aumento desempenha esta função de vocativo. Ao retirarmos a vogal **e** ou a vogal **o**, o significado da frase permanece. Vejamos os exemplos como vocativo no português, mas lidos com a entonação das vogais longas da língua kikongo:

Ex.3: ***Ô*** Professor/a, boas notícias?

↓

(Vocativo)

Ex.4: ***Ê*** Professor/a, boas notícias?

↓

(Vocativo)

Percebemos que, na tradução dessas frases, é impossível que estas vogais assumam a função de artigo. Para desenvolver a análise sobre as marcas do Aumento na interlocução dos falantes kilombolas de Boitaraca e Jatimane durante a pesquisa do doutorado, tive como base os estudos realizados pela professora Yeda Pessoa de Castro (2005; 2014; 2016), sobre as marcas das línguas bantu-kongo no português do Brasil. Da mesma forma, busquei suporte nas pesquisas elaboradas pelos docentes Dante Lucchesi e Alan Baxter (2009) sobre o português afro-brasileiro falado em quatro comunidades kilombolas distribuídas em diferentes territórios de identidade do estado da Bahia, a exemplo do kilombo de "Helvécia, no Município de Nova Viçosa; Cinzento, no Município de Planalto; as comunidades geminadas de Barra e Bananal, no Município de Rio de Contas; e Sapé, no Município de Valença" (LUCCHESI; BAXTER, 2009, p. 84).

Castro (2005; 2014; 2016) investiga a estrutura da língua bantu dos povos Kongo-Angola, destacando um extenso vocabulário com evidências linguísticas bantu observadas em diferentes níveis socioculturais de linguagem dos falares da Bahia; explica sobre a estrutura morfofonológica bantu, enfatizando por serem línguas tonais; ressalta a presença das vogais e sua função na diferenciação das palavras em tons altos e baixos; e descreve o emprego de vogais na pronúncia de palavras que possuem encontro consonantal, como: "pineu", "ritimo", "adivogado". Destaca também a dupla negativa nas frases, a exemplo de: "Eu não vi, não", "Eu não quero, não"; e o emprego das palavras no plural, seguindo a estrutura prefixal da 1ª e 2ª classe das línguas bantu, a exemplo: "as casa", "os menino", "os carro", ou seja, distinguindo o plural dos substantivos somente pelos artigos (CASTRO, 2005; 2016); (FERNANDES, 2020). Desse modo, Castro (2005; 2014; 2016) nos mostra que se fala no Brasil um português africanizado (CASTRO, 2005), o qual é percebido na medida em que a maioria dos seus falantes não teve acesso à escola, e encontramos este português africanizado nos espaços de grandes concentrações da população negra, especialmente nas comunidades-terreiro e comunidades kilombolas.

As pesquisas de Castro (2005; 2014; 2016) e de Lucchesi e Baxter (2009) apresentam aspectos comuns como a questão da concordância verbal e nominal, o emprego das palavras no plural, seguindo a estrutura prefixal da 1ª e 2ª classe das línguas bantu, destacam a pronúncia de algumas palavras, bem como a tendência de os falantes omitirem as consoantes finais das palavras ou transformá-las em vogais e, por último, a dupla negativa. Pontos importantes que caracterizam a influência das línguas do grupo bantu.

Em Ilha de Maré, assim como na região metropolitana de Salvador e no território que compreende o Recôncavo baiano, o Aumento assume a função de vocativo, e a harmonia nasal demarca esta presença. Exemplos[10]:

Ô mainha, abra a porta!

Ô tia, não vou, não!

Ô irmão, você pode vender fiado?

Ô moço, quanto custa o peixe?

Ê mainha, venha cá!

Ê irmão, me empresta um trocado (dinheiro)?

Ainda que o vocativo presente nesses exemplos seja retirado do contexto da escrita, o sintagma nominal se mantém. Na língua kikongo acontece o mesmo com o Aumento, que estando ou não na frase não altera o sentido da oração. Alguns estudiosos poderiam até simplificar o *tom* melódico pronunciado nos exemplos, designando de regionalismo, mas eu chamo de resistência Kongo-Angola nos kilombos do estado da Bahia. Arriscaria dizer que, nos territórios em que há o emprego da vogal "**e-**" na interlocução dos falantes kilombolas, existe uma influência dos povos sequestrados da província do Uige; e onde há o uso da vogal "**o-**", uma influência dos povos oriundos do Zaire.

[10] Frases construídas a partir das falas cotidianas utilizadas pela população da região metropolitana de Salvador, do território do Recôncavo e Baixo-sul da Bahia.

O Aumento encontra-se centralizado na língua kikongo. No entanto, estas explicações teóricas só ganharam sentido quando estava no campo da pesquisa, nas províncias do Zaire e do Uige, conversando com os/as mais velhos/as, ouvindo os *tons baixos* e *altos* de suas pronúncias e até mesmo o emprego do Aumento na língua kikongo. Na maneira de falar das pessoas destas duas províncias supracitadas, utilizando as vogais **e-** e **o-** como marcadores para nomear um/uma interlocutor/a ao qual se está dirigindo a palavra, ainda que falando o português angolano, o tom empregado tem a mesma sonoridade expressiva do falar dos/as kilombolas e dos/as não kilombolas da Bahia. Uma nítida herança das línguas dos povos Bantu-Kongo nos territórios baianos.

Importante dizer também que, em Ilha de Maré, existem duas comunidades que possuem nomes de origem bantu: Caquende e Ponta da Cacimba. A palavra "Caquende" deriva de *Kakende*, termo da língua kimbundu, que se refere a uma elite tradicional situada na província do Kwanza Sul, em Angola, e que na tradução para o português significa "jovem forte/destemido". Os *Kakende* e os *Kijige* (Quijingue) carregam títulos de *Nganga* em Angola, e podemos assim refletir sobre a presença de muitos/as africanos/as correspondentes a esta elite tradicional de *Ngangas* sequestrados/as para o estado da Bahia. Quanto ao outro termo, "Cacimba" (*Kacimba*), também de origem da língua bantu, em Angola refere-se a sereno, neblina ou a um nevoeiro denso que se forma em algumas partes do continente africano. No Brasil, o termo "cacimba" é empregado, geralmente, para poço, cisterna com água potável.

Conclusão

A colonialidade é permeada por relações de controle e de poder em diferentes esferas, seja social, política, religiosa, inclusive educacional. Na esfera educacional, que é o foco principal deste artigo, a colonialidade sobrevive e se mantém através do controle do saber. Há um controle do que pode ou não ser ensinado, de como deve ser ensinado e o currículo oficial de ensino, um artefato cultural de poder que serve como principal instrumento de regulação e manutenção dos saberes, dos corpos, das histórias, dos fazeres e dos dizeres. A colonialidade do poder, do saber e do ser tem perdurado e tomado novas formas nas sociedades pós-modernas. Assim, desconstruir o pensamento colonial é, ainda hoje, um imenso desafio (MALDONADO-TORRES, 2019; QUIJANO, 1993), mas a discussão sobre colonialidade para refletir sobre os espaços educacionais é central. Desse modo, será possível compreender a permanência das relações coloniais e seu prolongamento como armadilhas nos currículos, nas formações docentes, nos materiais didático-pedagógicos quando, por exemplo, são excluídas, silenciadas ou apagadas as histórias de luta e resistência, a religião, as artes, a ancestralidade dos povos africanos e dos africanos da diáspora do contexto de formação da cultura do Brasil.

O princípio para a constituição do pensamento decolonial requer uma nova forma de educação dos povos. Para isso, é preciso que haja um ensino crítico, uma pedagogia transgressora, que rompa com os modelos culturais hegemônicos, questione a história unívoca e estimule a educação como prática da liberdade (FREIRE, 1967; HOOKS, 2013). É importante compreender que a escola é um espaço-tempo que reúne indivíduos oriundos de vários espaços geográficos com distintas culturas. Um espaço diverso de pertencimento racial e religiosidades, de orientação sexual, e especialmente de variação linguística, sendo necessário analisar que tanto a identidade quanto a diferença precisam ser consideradas pelo/a professor/a de Língua Portuguesa em sua prática didático-pedagógica.

As questões aqui colocadas são de extrema importância para pensar a urgência de uma formação docente crítica, como também a produção de materiais didático-pedagógicos de Língua Portuguesa que valorizem as diferentes culturas, línguas, saberes, fazeres e dizeres. É preciso desenvolver uma pedagogia com ações transgressoras, através de políticas de promoção do português que privilegie a diversidade cultural do Brasil para transformar o contexto sociopolítico educacional, capaz de eliminar as perseguições, preconceitos e qualquer forma de discriminação enfrentadas pelos/as jovens negros/as kilombolas e não kilombolas. Até porque falar da ancestralidade Kongo-Angola na constituição e manutenção dos kilombos é uma forma de inserir os/as jovens kilombolas no processo de ensino-aprendizagem, principalmente ao apresentar as marcas lexicais da língua kikongo no português do Brasil.

Referências

ACHINTE, Adolfo. Pedagogías de la Re-existencia: Artistas indígenas y afrocolumbianos. In: MIGNOLO, W.; PALERMO, Z. (Eds.). **Arte y estética en la encrucijada descolonial.** Buenos Aires: Ediciones Del Signo, 2009.

BATSÎKAMA, Patrício. **O Reino do Kongo e sua origem meridional.** Luanda: Universidade Editora, 2011.

BLOIS, Kornelis Frans de. The augment in the Bantu languages. In: **Africana linguistica IV**, Tervuren. p. 85-165. 1970. Disponível em: <https://www.persee.fr/doc/aflin_2033-8732_1970_num_4_1_879>. Acesso em: 09 de maio de 2022.

CASTRO, Yeda Pessoa de. **Os falares africanos na Bahia:** um vocabulário Afro-brasileiro. 2. ed. Rio de Janeiro: Topbooks Editora, 2005.

__________. Marcas de africania no português do Brasil: o legado negroafricano nas américas. **Interdisciplinar - Revista de Estudos em Língua e Literatura.** São Cristóvão: UFS, v. 24, p. 11-24, 2016.

__________. Um panorama das línguas faladas na África. In: GONÇALVES, Jonuel. (Org.). África no mundo contemporâneo: estruturas e relações. Luanda: Editora Garamond, 2014.

DIAGNE, P. História e Linguística – Parte I. In: KI-ZERBO, J. (Org.). **História geral da África – I:** metodologia e pré-história da África. 2. ed. Brasília: UNESCO, 2010.

DIARRA, Boubacar. **Gramática em Kikongo**. Luanda-Angola: Secretaria de Estado da Cultura e Instituto de Línguas Nacionais. (Projecto ANG 88/006 – "Desenvolvimento das Línguas Nacionais na R. P. A", 1990.

FERNANDES, João; NTONDO, Zavoni. **Angola**: povos e línguas. (Colecção Ensaio/Língua e Cultura) Luanda: Editorial Nzila: 2002.

FERNANDES, Mille Caroline Rodrigues. **De Angola à Nilo Peçanha:** Traços da Trajetória Histórica e da Resistência Cultural dos Povos Kongo/ Angola na Região do Baixo Sul. 2020. 260f. Tese (Doutorado em Educação e

Contemporaneidade) – Departamento de Educação, Universidade do Estado da Bahia, Salvador, 2020.

__________. Ancestralidade africana na gramática formal de ensino: reflexões sobre a influência do aumento da língua kikongo no português falado no recôncavo e baixo-sul da Bahia. **Revista ReVEL**, v. 19, n. 37, p. 39-74, set., 2021.

FERNANDO, Mbiavanga. **An Analysis of Verbal Affixes in Kikongo with Special Reference to Form and Function.** 2008. 167f. Dissertação (Mestrado Linguística Africana) – Universidade de África do Sul – UNISA, África do Sul, 2008.

FREIRE, PAULO. **Pedagogia como prática da liberdade**. Rio de Janeiro: Paz e Terra, 1967.

HOOKS, Bell. **Ensinando a transgredir**: a educação como prática da liberdade. Tradução Marcelo Brandão Cipolla. São Paulo: WMF Martins Fontes, 2013.

IILP. Sociedade civil discute Plano de Ação de Brasília. **Blogue do IIPL.** Disponível em: <http://www.cplp.org/Files/Billeder/cplp/1- Resol_PALis.pdf>. Acesso em: 10 de mar. de 2021.

INL – Instituto Nacional de Línguas/Departamento de Investigação Científica Aplicada. **Histórico sobre a criação dos alfabetos em Línguas Nacionais.** Lisboa: Edições 70 LTDA, 1977.

KYALA, Miguel Barroso (BWA TELAMA). **Longoka Kikongo**. Luanda: Mayamba Editora, 2013.

LUCCHESI, Dante. Parâmetros Sociolinguísticos do português brasileiro. **Revista da ABRALIN**, v. 5, n. 1 e 2, p. 83-112, dez., 2006.

__________; BAXTER, Alan; RIBEIRO, Ilza. (Orgs.). **O português Afro-brasileiro**. Salvador: EDUFBA, 2009.

MALDONADO-TORRES, Nelson. Analítica da colonialidade e da decolonialidade: algumas dimensões básicas. In: BERNARDINO-COSTA, Joaze; MALDONADO-TORRES, Nelson; GROSFOGUEL, Ramón.

Decolonialidade e Pensamento Afrodiaspórico. (Coleção Cultura Negra e Identidade). 2. ed. Belo Horizonte: Autêntica, 2019.

M'BOKOLO, Elikia. África Negra. História e civilizações, Tomo I (até o Século XVIII). Lisboa: Vulgata, 2003.

MEEUSSEN, Achille Emile. Bantu Grammatical Reconstructions. In: **Africana Linguistica** 3, 1967. p. 79-121. Disponível em: <https://www.persee.fr/doc/aflin_2033-8732_1967_num_3_1_873>. Acesso em: em 10 de mar. de 2021.

PASQUALE, Cipro Neto; INFANTE, Ulisses. **Gramática da Língua Portuguesa**. São Paulo: Scipione, 2008.

QUIJANO, Aníbal. Colonialidad del Poder, Eurocentrismo y América Latina. In: LANDER, Edgardo (org.). **La Colonialidad del Saber**: eurocentrimo y ciências sociales. Perspectivas Latinoamericanas. Buenos Aires: CLACSO, 1993.

RÊGO, Jussara Cristina Vasconcelos. **Ilha de Maré vista de dentro**: um olhar a partir da comunidade de Bananeiras/Salvador-BA. 2018. 327f. Tese (Doutorado em Geografia) – Universidade Federal da Bahia, Salvador, 2018.

SALVADOR. Lei 7.400 de 2008. Plano Diretor de Desenvolvimento Urbano do Município do Salvador. Disponível em: <http://www.sim.salvador.ba.gov.br/indicadores/>. Acesso em: 09 de maio de 2022.

VANSINA, Jan. A África equatorial e Angola: as migrações e o surgimento dos primeiros Estados. In: NIANE, Djibril Tamsir (Org.). **História geral da África – IV**: África do século XII ao XVI. 2. ed. Brasília: UNESCO, 2010.

Um pouco sobre o lugar da vida de Bananeiras, Ilha de Maré

Jussara Cristina Vasconcelos Rêgo[1]

Resumo

Este trabalho é fruto de uma reflexão construída junto aos comunitários de Bananeiras, a partir do uso do Mapeamento Biorregional (MB), que é uma ferramenta cartográfica de intervenção, executada com e pelas comunidades, que objetiva "dar voz à terra": pensar, localizar, socializar e debater as questões inerentes ao lugar de vida, ao território. Neste caso específico, será feita a exposição da invisibilização dos problemas territoriais que acometem a vida de Ilha de Maré, bairro insular de Salvador-BA. Esta análise foi realizada a partir de Bananeiras, que é uma das comunidades quilombolas que possuem a certificação pela Fundação Cultural Palmares (FCP), localizada no Nordeste da Ilha. **A história da formação do lugar** e sua relação com o

[1] Bióloga, Mestra e Doutora em Geografia. Atua como pesquisadora/extensionista em comunidades tradicionais no âmbito do Programa MarSol/UFBA, e com consultoria ambiental.

continente foi dada pelo processo de construção do mapa do povoamento de Bananeiras, revelando a história guardada na memória da comunidade sobre suas origens, os processos de formação do lugar e de resistência aos impactos sociais e ambientais decorrentes da industrialização do seu entorno, inaugurados pela implantação da Refinaria Landulpho Alves (RLAM). Revela-se, assim, o antagonismo existente entre as distintas formas de uso do espaço, caracterizando o conflito no território usado de Ilha de Maré: a população local, produtora artesanal, com estreita compreensão das dinâmicas e recursos ambientais *versus* ações industriais e os consequentes danos ambientais que são extensivos às práticas produtivas e à saúde do lugar. É o conflito entre o *território como abrigo*, território da vida das comunidades tradicionais, com o *território como recurso*, explorado por normas estabelecidas ora pelos empreendimentos, ora por agentes do Estado. Processo existente desde a colonização brasileira até o desenvolvimento industrial atual.

Palavras-chave: lugar; território; conflito; comunidades tradicionais; desenvolvimento industrial.

Introdução

Apresento aqui um resumo de um trabalho mais amplo, resultante da minha tese de doutorado em geografia, realizado entre 2014 e 2018, cuja íntegra encontra-se em Rêgo (2018), sob o título *Ilha de maré vista de dentro: um olhar a partir da comunidade de Bananeiras/Salvador-BA*. Esta pesquisa buscou oferecer uma visão histórica da geografia do lugar de Ilha de Maré/BA, na perspectiva da comunidade quilombola pesqueira de Bananeiras, localizada no nordeste da ilha, a qual é produto e produtora de dinâmicas territoriais conflitivas com seu entorno, localizada na região do Recôncavo baiano, quadrante Nordeste da Baía de Todos os Santos.

Vale salientar que, para além e antes de ser um trabalho acadêmico de finalização de curso e obtenção de um título, a pesquisa foi fruto de uma reflexão construída junto aos comunitários de Bananeiras, a partir do uso do Mapeamento Biorregional (MB), que é uma ferramenta cartográfica de intervenção, executada com e pelas comunidades. O MB é voltado a "dar voz à terra", a partir da fusão dos conhecimentos locais e acadêmicos sobre as comunidades e temas a serem cartografados, resultando na elaboração de um terceiro conhecimento. Os seus objetivos basilares são a criação e/ou fortalecimento de espaços destinados ao exercício do poder em comunidades tradicionais de maneira mais efetiva, participativa e com horizontalização de informações e saberes, que apoiam o fortalecimento da qualidade de vida nos territórios, a partir dos próprios territórios.

Objetivei, com a presente reflexão, analisar a condição

do território usado pelos moradores de Ilha de Maré e pelos empreendimentos do seu entorno, tendo os conflitos como eixo orientador das transformações territoriais no tempo e no espaço. E quando me refiro a conflitos, não trato apenas das grandes emissões industriais que implicam a poluição do ambiente, mas de um conjunto de dificuldades que interferem no lugar de vida, ao reduzir e até mesmo impedir outras formas de utilização dos espaços e seus bens ecossistêmicos, que são de uso comum, dentro do território usado. Enfim, o objetivo maior foi, de forma solidária, contribuir com o reconhecimento das comunidades "como portadoras de direitos, tornando públicas vozes, frequentemente discriminadas e invisibilizadas pelas instituições e pela mídia, que clamam por justiça" (PACHECO; PORTO; ROCHA, 2013, p. 35).

Em conjunto com as comunidades de Praia Grande, Porto dos Cavalos, Martelo e Ponta Grossa da Ilha de Maré, em Salvador, Bananeiras luta desde o início da década de 1990 pelo reconhecimento de sua identidade étnica e pela demarcação do seu território tradicional quilombola. Essas comunidades foram reconhecidas oficialmente entre dezembro de 2004 e setembro de 2005 pela Fundação Cultural Palmares (FCP), e o processo de identificação e demarcação territorial teve início no ano seguinte junto ao Incra (FIOCRUZ; FASE, 2016). O Relatório Técnico de Identificação e Delimitação (RTID) foi finalmente publicado no Diário Oficial da União em 13 de março de 2017, longe, porém, de representar a solução dos problemas aqui discutidos.

Um dos ícones turísticos de Salvador/BA, atualmente um bairro da cidade, resiste, desde a década de 1950 até hoje, como "zona de sacrifício" em nome do "desenvolvimento" baiano e brasileiro. Por sua população ser absolutamente invisibilizada diante dos problemas decorrentes da industrialização do seu entorno, foi inaugurado pela implantação da Refinaria Landulpho Alves (RLAM), após o advento da descoberta do primeiro poço de petróleo no município de Candeias, e seguido por toda uma rede de infraestrutura de transporte e produção de subprodutos petroquímicos. Devido à falta de políticas públicas aplicadas à população tradicional quilombola e pesqueira – reconhecida pelo Decreto Federal n.º 6040/2007 da Política Nacional de Povos e Comunidades Tradicionais (PNPCT) –, antes de tudo, população humana e cidadã do Brasil, as populações clamam por olhos que as possam ver e mãos que possam agir para lhes garantirem o direito à vida com saúde e dignidade. Os problemas da localidade vão da infraestrutura básica à insalubridade das águas do mar que dão seu sustento econômico, além do ar e da terra, deixando-os vulneráveis aos efeitos dos poluentes emanados pelas indústrias das imediações.

Estamos diante de formas conflituosas de apropriação do território usado por diferentes grupos, sejam eles as comunidades tradicionais que têm no lugar a sua forma de vida e reprodução social; as indústrias e refinarias petroquímicas; os portos responsáveis pelo transporte das substâncias, ou o turismo. São conflitos sobre o uso do território, que são enraizados pela trama do tempo e do espaço, assim como nas forças que regem suas definições territoriais entre hegemônicos e hegemonizados, que colocam em risco a reprodução social do grupo tradicional e a própria vida humana.

Ambiente, lugar e territórios

Bananeiras, em Ilha de Maré, bairro de Salvador-Bahia, é uma comunidade quilombola certificada pela Fundação Cultural Palmares (FCP) – órgão ligado ao Ministério da Cultura (MinC) –, responsável pelo reconhecimento das comunidades quilombolas no Brasil. Porém, se encontra na luta pela demarcação de seu território tradicional junto ao Incra. Com sua identidade quilombola, Bananeiras tem como base atual a atividade pesqueira, guardando em sua história a perda do conjunto de práticas produtivas de terra e água com dinâmica territorial marcada por intensos conflitos com o capital.

Maré é uma das 54 ilhas localizadas na Baía de Todos os Santos (BTS), integrante do Distrito Ilhas, do município de Salvador/BA. Atualmente reconhecida como bairro, de acordo com a Lei nº 9.738 de 20/09/2017, que reformula a divisão territorial municipal vigente até então. Possui 11.248.244m² (1.124,82 ha) de terras distribuídas em um perímetro de 17.368.20m. Posicionada na porção nordeste da Ilha de Maré, ao norte da BTS, a localidade de Bananeiras encontra-se sob a influência direta das ações provenientes de atividades de alto impacto ambiental: 1) Terminal Marítimo Almirante Alves Câmara (Temadre), em Madre de Deus – construído em 1956 para aportar petroleiros a 4km da Refinaria Landulpho Alves; 2) Refinaria Landulpho Alves (RLAM)[2], em Mataripe, município de São Francisco do Conde – entrou em funcionamento em razão da descoberta de poços de petróleo no

[2] Incorporada ao patrimônio da Petróleo Brasileiro S. A. (Petrobras) em 1953, quando recebeu a denominação em vigência.

Recôncavo baiano; 3) Centro Industrial de Aratu (CIA), instalado em 1966/67, ocupando áreas dos municípios de Simões Filho e Candeias, composto por indústrias variadas em seus limites; 4) Complexo Portuário de Aratu, no município de Simões Filho, responsável por 60% das operações da Companhia das Docas do Estado da Bahia (Codeba).

A baía que a abriga, a BTS, é um ambiente muito propício para a produção pesqueira por ser rica em nutrientes, pois a matéria orgânica proveniente dos rios do Recôncavo tende ao acúmulo no fundo da própria baía. Os manguezais que a margeiam fortalecem essa característica, oferecendo abrigo e alimentação propícios à reprodução de espécies marinhas e locais. No entanto, assim como acumula sedimento e possui grande tempo de residência de nutrientes, ocorre o mesmo com os poluentes aos quais a baía é exposta.

A costa leste e o norte da Ilha de Maré em conjunto com a própria BTS são impactados diretamente pelo aporte de poluentes provenientes do seu entorno. No entanto, as características ambientais inerentes à BTS fortalecem seu enriquecimento produtivo natural que faz do lugar um território pesqueiro por excelência, assim como a capacidade de amplificar os efeitos potencialmente prejudiciais dos poluentes à vida biológica marinha e humana da localidade.

1. A história da formação do lugar e sua relação com o continente

O processo de construção do mapa do povoamento de Bananeiras, dentro das ações do MB, revelou muito da história guardada na memória da comunidade sobre suas origens e o processo de formação do lugar. Diversos foram os diálogos realizados sobre a maneira de ocupação, sendo aos poucos desveladas e organizadas suas raízes históricas, mescladas de narrativas indígenas, africanas e europeias. A cada memória está associado um fato/acontecimento, já registrado em separado por diversos autores, e, por sua vez, reunidos aqui e unificados à memória local e à realidade apresentada no momento presente, possibilitando compreender a dinâmica espaço-temporal do lugar. Patrimônios históricos materiais preservados ou não; nomenclaturas com diversas origens linguísticas que se misturam; práticas religiosas, alimentares e produtivas; são as peças de um grande quebra-cabeças que, uma vez encaixadas, revelam as dinâmicas territoriais que tornam o lugar único com pessoas de origem sofrida, mas com de força e orgulho de ser mareense.

A história de Ilha de Maré se confunde com a própria história conhecida e não conhecida do Brasil, por se localizar onde a colonização brasileira foi iniciada – um porto seguro de solo fértil para a produção de terra e água. Seu povoamento, dado pós-extermínio indígena e iniciado com a colonização portuguesa, remonta aos negros escravizados fugidos dos engenhos, constituindo seu "lugar na ilha". O período colonial inaugurou, portanto, a primeira grande fase de transformação territorial no entorno de Ilha de Maré, com a descaracterização do ambiente original, em uma disputa que se inicia com a expulsão dos povos indígenas em batalhas contra sua escravização pelos portugueses na produção açucareira. Aos que permaneceram na terra, nominou-se de "gentios", os quais garantiram, junto aos negros trazidos durante a escravidão, a diversidade de práticas produtivas, nomenclaturas e todo o conjunto que caracteriza a imortalizada cultura do Recôncavo.

No período conhecido como de estagnação econômica, compreendido entre 1920 e 1940 (ALMEIDA, 2008), o Recôncavo perde valor e o ambiente busca sua recuperação após a decadência dos canaviais e engenhos, com a abolição da escravatura e a concorrência internacional do açúcar produzido nas Antilhas. Isso é alterado com o início de um novo ciclo econômico, o correspondente à nova indústria, compreendido entre 1950 e 1980, que perdura até o presente de forma crescente.

Atualmente, o território usado de Ilha de Maré é compartilhado entre as comunidades pesqueiras quilombolas remanescentes do ciclo anterior. Habitantes seculares do lugar, com o entorno industrial com cerca de 150 empresas químicas, petroquímicas, têxteis, alimentícias dentre outras; uma refinaria de petróleo e seis terminais portuários entre públicos e privados, que movimentam milhões de toneladas de produtos químicos anualmente e de forma ininterrupta. Carregam, em seu sistema produtivo, práticas de utilização do ambiente como recurso inesgotável, como se a complexidade dos ecossistemas fosse capaz de realizar previsões exatas sobre os impactos das ações antrópicas no tempo e no espaço (BOURSCHEID, 2018).

Essas são atitudes características dos atores hegemônicos, na realização de seus interesses particulares. Dentre as práticas, estão: o lançamento de efluentes no interior da baía; o descarte de materiais em desuso sobre os ambientes pesqueiros explorados pelas comunidades tradicionais; o escoamento e fuga de produtos tóxicos para o ambiente, dada a precariedade das estruturas de transporte durante a movimentação de cargas, além das proibições de acesso ao território pesqueiro, dentre outras, valendo-se de suporte político e flexibilidade ambiental normativa.

Desse modo, as populações locais permanecem como atores hegemonizados, marcadas pela exclusão socioambiental que as invisibiliza em nome do desenvolvimento econômico. Sendo o Estado donatário de inúmeras isenções fiscais para estimular a instalação e funcionamento desses polos industriais, e assim fomentar o "desenvolvimento do país" através do lucro das empresas (PÉREZ; GONÇALVES, 2012).

O antagonismo presente nas distintas maneiras de uso do espaço caracteriza o conflito no território usado de Ilha de Maré: a população local, produtora artesanal fundada em estreita compreensão das dinâmicas e recursos ambientais, é excluída da sua forma de vida, convivendo com a privação de direitos e exposta aos malefícios do desenvolvimento industrial que acarreta danos ambientais extensivos às práticas produtivas e à saúde do lugar.

Como agravante das invisibilizações institucionais imperativas sobre o lugar, Ilha de Maré é excluída das políticas públicas de saúde, educação, transporte, lazer e de segurança alimentar. Apresenta deficiente sistema de atenção básica à população local, com número insuficiente de postos e profissionais de saúde efetivos e dificuldade de acesso aos locais onde há atendimento, devido à ausência de transporte público e ao isolamento insular. É privada ainda dos demais direitos territoriais urbanos, pois Salvador, seu município, não apresenta ruralidade e, portanto, políticas voltadas a este setor, que mais caracterizam a realidade do território em questão. Políticas estas que deveriam ser pautadas pelo Conselho de Desenvolvimento do Recôncavo (Conder), criado em 1967, quando das discussões acerca da necessidade de "desenvolver" o Recôncavo, e substituído em 1973 pela Companhia de Desenvolvimento Urbano da Região Metropolitana de Salvador (BRANDÃO, 1998), passando, em 1998, a assumir o nome e natureza jurídica de Companhia de Desenvolvimento Urbano do Estado da Bahia.

A legislação ambiental, por princípio, responsável pela orientação de práticas voltadas à proteção do ambiente, o que inclui a integridade da vida humana, é orientada por um sistema burocrático antagônico à sua concepção: o processo de licenciamento, a identificação de possíveis prejuízos ao ambiente e à sua população fragilizam e protelam ações preventivas, remediações e/ou reparações que se sabe serem de caráter vital à população de Ilha de Maré. Até a presente data, mesmo após a instituição da legislação, os empreendimentos seguem funcionando com uma legalidade ratificada pela força de um TAC, que os beneficia, de outras formas, em sua cláusula quinta com o arquivamento de inquérito instaurado para a análise e reparação de danos que supostamente estariam provocando à população. E assim as comunidades seguem sem a proposição de ações que efetivamente lhes ofereçam quaisquer perspectivas de melhoria de qualidade de vida.

Para o entorno de Ilha de Maré, existem dezenas de trabalhos que constatam as emissões de poluentes e as contaminações ambientais presentes, contudo, o racismo ambiental arraigado institucionalmente pouco permite a conexão entre poluição ambiental e (possível) contaminação das pessoas expostas e consequências diretas na estrutura dos ecossistemas. Para o caso da redução dos estoques pesqueiros ou degradação de recifes, por exemplo, a própria pesquisa que atesta que a alteração da qualidade das águas pode ter implicado na redução dos recifes de corais dentro da BTS, conclui indicando a sobrepesca artesanal como causa. Via de regra, os estudos se inclinam nessa linha de conclusão. No entanto, nenhuma mensuração é realizada no sentido de avaliar os impactos relativos à suposta agressividade da pesca em paralelo ao desequilíbrio causado por um vazamento único ou da forma de apropriação cotidiana da natureza, amparada com todo o potencial dos recursos técnicos característicos das verticalidades da modernização industrial.

A população, porém, apresenta queixas de aumento de adoecimento e da redução da qualidade de vida. Não parece infundada a associação entre tais fatos com o funcionamento do complexo industrial do entorno. No entanto, no campo da saúde humana, a comprovação de contaminação e adoecimento com nexo causal estabelecido demanda procedimentos médicos e avaliações estatísticas que atestem. Sendo necessária ainda a compreensão de que saúde é produto do contexto em que as populações vivem e que, portanto, é primaz a aproximação das investigações de saúde ao cotidiano local, possibilitando a transformação dos dados em conhecimento aplicável ao bem público. Na inexistência desses procedimentos, os empreendimentos permanecem protegidos pela mesma legislação que pouco assiste a população.

Esta pesquisa evidenciou que estudos anteriores já demonstraram que os produtos existem nos diversos compartimentos do ambiente, atestando a contaminação do ar, sedimentos e organismos aquáticos – prioritariamente os pescados, sendo tóxicos a eles e aos humanos; a movimentação portuária é realizada por mecanismos comprovadamente precários, acarretando grandes fugas de produtos de alta toxicidade para o meio ambiente; e que os produtos são transportados, nesse caso, pela ação dos ventos e movimento das marés e correntes marinhas. E nesse contexto, as práticas tradicionais sobrevivem à degradação ambiental em constante conflito de uso do território, à custa de crescentes embates políticos desiguais, entre hegemônicos e hegemonizados, com as assimetrias socioambientais dadas pelas distintas formas de compreensão e utilização do território – como abrigo ou como recurso.

O território como *abrigo* pode ser considerado também o território da vida das comunidades tradicionais, construído a partir da relação ancestral da pesca artesanal, da agricultura comunitária e do extrativismo local. É pautado ainda nas horizontalidades e na noção de solidariedade oriunda das relações do cotidiano nos territórios (SANTOS, 2006) e de heranças africanas e indígenas. O território como *recurso*, por sua vez, é o território normado, das normas estabelecidas ora pelos empreendimentos ora por agentes do Estado. É o território das verticalidades, no qual a visão exógena, estranha ao território tradicional, instala a tecnoesfera, quase sempre com o apoio da psicoesfera, que tenta legitimar e garantir as normas desenvolvimentistas (SANTOS, 2006), lógica oriunda do modo de fazer da colonialidade atual, de herança marcadamente dos períodos técnico e técnico-científico-informacional europeu.

No complexo de ações pertinentes à atividade industrial da área, não são considerados os limites da resiliência dos ambientes na escalada de uso dos serviços ecossistêmicos. Despejos de dejetos que alteram a estabilidade biofísica da água, ar e sedimentos; destruição dos hábitats que sustentam a biota e a própria estrutura física das áreas costeiras; privatização de espaços; são consequências intrínsecas a este modelo de desenvolvimento imposto pela sociedade capitalista e implantado no quadrante nordeste da BTS. Os empreendimentos instalados estabelecem a desordem ambiental a partir de sua lógica, ordem e em benefício próprio, em uma sequência degradante de invisibilidades socioambientais. Estas, por sua vez, se tornam extremadas com a exposição da população aos produtos químicos de toxicidade comprovada à saúde humana e ambiental, em contraponto com o lugar produtivo das comunidades tradicionais quilombolas e pesqueiras, de tempos lentos e de práticas produtivas artesanais.

Dentro do território usado, por princípio, os sistemas de objetos e de ações que compõem o espaço são um reflexo da vida coletiva. No entanto, a horizontalidade que caracteriza o cotidiano das práticas das comunidades tradicionais, voltadas aos interesses da coletividade e "fundadas na similitude ou na complementaridade das produções e no exercício de uma existência solidária" (SANTOS, 1994, p. 27), encontra-se em confronto direto com as verticalidades que atuam a serviço dos atores hegemônicos por meio das técnicas antrópicas da modernização – os conflitos.

2. Para seguir pensando

Pensar a invisibilização dos problemas territoriais que acometem as comunidades do entorno de Ilha de Maré nos remete a um pensamento em blocos temporais, iniciado pela própria história da colonização brasileira, quando da formação da população do país, nos idos do século XV. Mais à frente, tem-se a conjuntura política da década de 50, período da ditadura militar, quando foi iniciada a fase de implantação das indústrias e seguida pela política desenvolvimentista do país.

Nesta última fase referida, as comunidades tradicionais já eram seculares no lugar, com a população formada a partir de contatos interétnicos, dados entre nativos, colonizadores portugueses e negros escravizados (RÊGO, 2006). Entretanto, aos olhos da sociedade capitalista, as comunidades não existiam como tais. Eram tratadas de maneira estereotipada, como "pobres" que sobreviviam localmente em ambiente de pouca infraestrutura, por absoluta falta de condição, como escória social, dada sua marcante composição negra.[3] O tratamento foi sendo tradicionalmente efetivado na perspectiva da invisibilidade, o que data do período da escravidão.

Estamos diante de uma área que apresenta momentos expressivos de alterações em fases caracterizadas por destruições, exclusões, invisibilizações e extermínio, em nome do desenvolvimento, do capital, do poder, que necessita de gestão adequada. Não se trata de pensar em voltar a recondução ao *status quo* anterior à modernização, no entanto, se requer uma geração de políticas sociais que venham a inserir o lugar nesta crescente revolução tecnológica de desenvolvimento produtivo, onde inovação, inclusão social e proteção ao meio ambiente sejam convergentes.

Apesar do evidente abandono e desconhecimento desta

[3] A população de Ilha de Maré é composta por 98% de negros, segundo o censo de 2010.

população por parte do governo municipal, a juventude, assim como a parcela adulta e idosa, não se exime de reconhecer Bananeiras e Ilha de Maré como seu lugar, cujo sentimento está expresso no título de um dos mapas por eles desenvolvidos. São muitas as delícias de viver, comer e sentir. A solidariedade comunitária, os saberes e fazeres tradicionais em terra e água que alimentam e dignificam a vida, a religiosidade que liberta, o respeito às famílias, o orgulho de poder "dar um mergulho do barco escolar ao mar às sextas-feiras no retorno da escola"; a liberdade de uma infância de brincar; expressam o orgulho de ser "marezeiro" e o desejo de lutar pelas melhorias da qualidade de vida.

Este estudo possibilitou a compreensão da existência de velhas e recorrentes intencionalidades contidas nos eventos contemporâneos do processo de reconfiguração geográfica do território usado de Ilha de Maré, realizados a partir de acumulação desigual de tempos. E, diante da complexidade política, econômica, cultural e socioambiental que apresenta, necessita de esforço sistemático e permanente de análise para a compreensão de sua constituição e promoção de uma gestão adequada, inclusiva e socioambiental justa.

O capital, o poder hegemônico, as disputas religiosas... tentam destruir, mas o lugar de produção e vida (re)existe e é desejado, e perpassa todas as gerações, sendo clara a intenção da juventude de Bananeiras. Esta se coloca na emergência de um novo poder local que compreende o preconceito vivido, porém segue em luta e resistência pela soberania do lugar, evidente nas reflexões constantes no Mapa Biorregional "Luta, alegria e resistência jovem: vamos renovar Bananeiras".

Referências

ALMEIDA, A. WAGNER BERNO DE. **Antropologia dos Archivos da Amazônia**. Rio de Janeiro: Casa 8/Fundação Universidade do Amazonas, 2008.

BOURSCHEID & BRASKEM. **Estudo de Impacto Ambiental - Terminal de uso Privativo da Braskem – Baía de Aratu/Bahia.** Processo Ibama Nº 02006.001827/99-74. Porto Alegre, 2016.

BRANDÃO, M. de A (org.). **Recôncavo da Bahia**: sociedade e economia em transição. 1ª. ed. Salvador: Ed. Casa de Jorge Amado/Ufba, 1998.

FIOCRUZ; FASE. **Mapa de Conflitos**. Disponível em: <http://mapadeconflitos.ensp.fiocruz.br/>.

PACHECO, T.; PORTO, M. F.; ROCHA, D. Metodologia e Resultados do Mapa: uma síntese dos casos de injustiça ambiental e saúde no Brasil. In: FIOCRUZ (Ed.). **Injustiça ambiental e saúde no Brasil**: o Mapa de Conflitos. 1ª. ed. Rio de Janeiro: [s. n.], p. 306.

PÉREZ, M. S.; GONÇALVES, C. U. **Desenvolvimento e conflito territorial**: primeiras reflexões sobre as comunidades atingidas pelo complexo industrial portuário de Suape-PE, Brasil. Recife: [s.n.]. Disponível em: <www.ufpe.br/revistageografia>. Acesso em: 11 set. 2017.

RÊGO, J. Territórios do Candomblé: a desterritorialização dos terreiros na região metropolitana de Salvador, Bahia. **GeoTextos**, v. 2, n. 2, p. 31-85, 2006.

__________. **Ilha de maré vista de dentro**: um olhar a partir da comunidade de Bananeiras/Salvador-BA. 2018. Tese. Instituto de Geociências/UFBA. 327 f: il.

SANTOS, M. **A natureza do espaço**: técnica e tempo, razão e emoção. 4. ed. São Paulo: Edusp, 2006.

Mestre Nego Bispo em Ilha de Maré

Antônio Bispo dos Santos
Nádia Maria Cardoso da Silva[1]

Resumo

Neste artigo apresentamos o pensamento contracolonial de um dos mais importantes e criativos intelectuais/ativistas quilombolas do Brasil, Mestre Antônio Bispo. Nele trazemos os principais conceitos que Mestre Bispo aciona para pensar a experiência quilombola no Brasil, a exemplo de *contracolonialidade,* e, a partir dessa teoria, refletimos sobre colonialismo, colonialidade, racismo-sexismo epistêmico etc. Em seguida, apresentamos a experiência de Mestre Bispo, compartilhando e intercambiando suas filosofias de vida e de mundos com as/os quilombolas de Ilha de Maré. Para começar de novo a roda dessa conversa, Mestre Nego Bispo compartilha mais uma vez seus conhecimentos e

1 Ativista da igualdade racial e de gênero em Salvador; graduada em Antropologia (Universidade Federal da Bahia); especialista em Direitos Humanos (Ministério Público/Universidade Estadual da Bahia); mestra em Educação (Universidade Estadual da Bahia); doutora em Cultura e Sociedade (Universidade Federal da Bahia); professora da Rede Municipal de Educação de Salvador, trabalhando há 7 anos numa escola quilombola de Ilha de Maré. Coordenadora do Projeto Ancestralidade Griot – eu vim de Ilha de Maré quilombola, mano.

experiências, mas agora com sua própria voz potente e carregada de ancestralidade!

Palavras-chaves: quilombos; contracolonialidade; educação; biointeração.

Quilombo não é uma fuga,
quilombo é uma recusa.
Nós não fugimos de nada,
nós nos recusamos a ser submetidos.
(Mestre Nego Bispo, em Ilha de Maré – 25/03/2022)

Quem é Nego Bispo?

Lavrador, poeta, escritor e intelectual que prefere ser chamado de relator ou tradutor de saberes, Antônio Bispo é autor de inúmeros artigos e poemas, bem como do livro *Colonização, quilombos: modos e significados* (2015; 2019). Através de sua trajetória escolar, Mestre Bispo fala da pouca intimidade que sua comunidade tinha com a escola, mas também como a escola era estratégica para sua comunidade viabilizar direitos, e por isso investiram na sua escolaridade e o elegeram como tradutor e relator dos saberes de sua comunidade.

Quando criança, Antônio Bispo andava 9 km para chegar até a escola e ainda assim se divertia. "Mas isso para mim era tranquilo, porque naquele tempo, a estrada era prazerosa. Você andava, você ia catando frutas na estrada, brincando, tomando banho no riacho. Era um passeio" (BISPO, 2016). Esse é o quilombola Antônio Bispo, que afirma não se considerar nem intelectual nem ativista, e sim "um relator do saber" de seu povo, ou, no máximo, um "mobilizador", apesar de ser liderança quilombola e sindical e membro da Coordenação Nacional de Articulação das Comunidades Negras Rurais Quilombolas (CONAQ).

Formado pelos conhecimentos dos mestres e mestras de

ofício das roças do seu quilombo, ou seja, pelos saberes das suas e dos seus ancestrais, das suas avós e avôs, mas um observador crítico do saber acadêmico (um olho aberto e outro fechado), Bispo recebeu uma missão importante de sua comunidade: aprender a ler para traduzir para "seus camaradas". Assim surge a escolarização para Antônio Bispo: uma política de investimento da comunidade na aprendizagem da linguagem dos brancos para tradução para o quilombo.

Nego Bispo, como gosta de ser chamado, é um ativista intelectual que vem criando conceitos importantes para entendermos a experiência negro-quilombola no Brasil, como *contracolonização, confluência de saberes, biointeração, cosmofobia* etc., bem como criativas interpretações das histórias de existências, resistências e ancestralidades dos quilombos pensados como territórios livres e autossustentáveis.

Por fim, Mestre Bispo agora está também presente no mundo da música: seu poema "Desistir jamais" foi lindamente musicado por Lazzo Matumbi[2]:

Sobre a teoria contracolonizadora do intelectual quilombola Nego Bispo

Ao defender que ainda vivemos afetados pela colonização, pois, para ele, "os adversários são os colonizadores", já que "a colonização não acabou", Bispo se filia à tradição de pensamento negro crítico ou contracolonial, local e global. Ao lado disso, ao

[2] Cantor, compositor e ativista negro e baiano, é reconhecido na Bahia como um dos expoentes da música negra e cuja voz é uma das mais marcantes da música baiano-brasileira.

perceber que há colonização na contemporaneidade – ou que esta ainda é estruturada pela colonização – e, mais do que isso, ao descrever tais permanências e como elas afetam as comunidades negras no Brasil, Bispo se aproxima do intelectual peruano Quijano (2005) no que chama de *colonialidade dos poderes.* Ou seja, a reprodução das relações coloniais e do imaginário racista após a independência, mantendo intacta a hierarquia social da colonização estruturada pela ideia de raça, nas qual eurodescendentes se mantêm no topo a subalternizar mulheres e homens negros e indígenas.[3]

No entanto, Bispo opera com essa ideia de colonialidade a partir da vivência na sua comunidade quilombola localizada num longínquo município do Piauí, no quase norte do Nordeste do Brasil. Ao explicar por que considera que a colonização no país não acabou e que seus adversários são os colonizadores, vai no cerne da violência do racismo/sexismo epistêmico contra os negros e negras operacionalizada através da criminalização da nossa epistemologia de base oral:

> É... então, se desde quando começou a colonização, em 1500 até 1988, esse período todo, todos os nossos modos, os nossos saberes, os modos de saber do povo negro eram proibidos, brutalmente proibidos, então, esses saberes não adentravam a construção do pensamento brasileiro. (BISPO, 2016)

Essa ausência epistêmica negra e quilombola na história do pensamento brasileiro é um caso perfeito de racismo/sexismo

[3] Quijano (2005) ainda explica que o período colonial na América Latina não pode ser confundido com colonialidade, pois *colonialismo* diz respeito às relações coloniais com administração colonial, e *colonialidade*, à reprodução das relações coloniais e do imaginário racista após a administração/independência colonial.

epistêmico, ou seja, da hierarquia de superioridade e inferioridade em torno do conhecimento, que vem assegurando o privilégio epistêmico dos homens brancos e heterossexuais de apenas cinco países ocidentais – Itália, França, Inglaterra, Alemanha e Estados Unidos – cujos conhecimentos são tomados como únicos legítimos cientificamente para explicar o mundo inteiro (GROSFOGUEL, 2013).

Outro exemplo de como Bispo opera com a ideia de *colonialidade dos poderes* é que, para ele, o período da colonização vai de 1500 até 1988, ano dos 100 anos da abolição formal da escravidão racial no Brasil e também da aprovação da Constituição de 1988, quando, pela primeira vez, as comunidades quilombolas passam a ser vistas no Brasil como comunidades de direitos. Sistematicamente ignoradas ao longo da história do país quanto às suas subjetividades, organização social e especificidades culturais e intelectuais, as comunidades quilombolas permaneceram invisíveis na história brasileira, inclusive como sujeito de direitos, até pelo menos 1988, quando a Constituição passa a representar o primeiro grande esforço legal na história do país, no sentido de prover direitos a essas comunidades.[4]

Após a abolição, Antônio Bispo aponta os obstáculos de

[4] Esta invisibilidade jurídica, social e cultural sustentou um quadro de profundas desigualdades sociais nessas comunidades que permanece na contemporaneidade. A abolição da escravidão, em 1888, garantiu o direito à liberdade, mas não oportunizou o exercício do direito à igualdade, não assegurando meios para a efetivação do direito à liberdade e para a garantia da existência sociocultural quilombola. A Lei de Terras de 1850, ao negar aos africanos e seus descendentes a condição de brasileiros, colocando-os na categoria de "libertos", privou-os também do acesso à terra através da negação da nova condição jurídica de "proprietários". As comunidades quilombolas, deixadas sob sua própria conta, foram estigmatizadas durante toda a história brasileira como lugares de "fujões", "perigosos" e "invasores", pois aprendemos a conhecê-las através da história oficial, cujas fontes eram da repressão. Essas narrativas vêm fundamentando e sustentando projetos de invasão e expulsão dos quilombolas de suas terras para garantir os interesses dos grandes proprietários que constituem as oligarquias locais.

acesso à linguagem hegemônica como operador da violência epistêmica contra negros e negras brasileiros, através de uma relação de poder entre, por um lado, a oralidade como veículo de transmissão de conhecimentos dos negros e negras, e, por outro, um longo tempo no qual poder aprender a linguagem escrita era apenas para poucos de nós, e, esses poucos que dominavam a linguagem hegemônica de transmissão de conhecimentos, era para comunicar-se com os brancos brasileiros:

> E esses saberes [negros] eram operacionalizados pela linguagem oral. Até 1988, poucos negros e poucas negras sabiam ler, mas os que sabiam ler, era para comunicar com os brancos, não era para comunicar com os outros negros, porque os outros negros não sabiam ler. Então era uma situação delicada. (BISPO, 2016)

Assim, os conhecimentos dos grupos negros brasileiros por muito tempo ficaram na invisibilidade, de acordo com Bispo, a partir desses dois obstáculos epistemicidas – criminalização das nossas formas de ver o mundo e pouco acesso à linguagem dominante: "Então, quando eles sabiam ler para comunicar com outros brancos, eles não tinham posses para registrar na linguagem escrita os nossos saberes, então, nós não temos, quase não temos literatura produzida a partir de nossa matriz civilizatória desde o início da civilização até 1888" (BISPO, 2016). Dessa forma, o cânone do pensamento brasileiro é pouco influenciado pela nossa matriz africano-brasileira. Defende Bispo (2016):

> De 1888 até 1988, esses exatos 100 anos, todas as nossas expressões culturais foram criminalizadas e, ou,

> toleradas. Então, de novo, nesses 100 anos, não tivemos muitas oportunidades de influenciar na construção da língua e do pensamento brasileiro pela linguagem escrita.

No entanto, Antônio Bispo observa que ainda que com mais acesso à linguagem escrita que nos permite registrar nossos conhecimentos, os negros e negras brasileiros lidam com outros entraves da geopolítica do conhecimento no Brasil – a exemplo da difusão desse conhecimento de matrizes africano-brasileiras –, fazendo com que o pensamento brasileiro seja hegemonicamente colonial.

Portanto, Bispo identifica problemas concretos que se apresentam como obstáculos para que os saberes negros tenham visibilidade no Brasil, e aponta a cosmovisão como estruturante da diferença político-cultural e epistêmica entre os negros/as e os descendentes de colonizadores, defendendo que "um povo desenvolve os seus processos civilizatórios a partir da sua cosmovisão". Assim, na "nossa cosmovisão, ela nos permite ver o mundo na circularidade [...] a gente também pensa na circularidade, a gente age na circularidade", enquanto na "cosmovisão euro-cristã, vamos dizer assim, ela pensa e age na verticalidade, então é muito linear, eles são muito lineares". Dessa forma, considerando que o racismo/sexismo epistêmico coloca essas cosmovisões em lugares epistemológicos hierarquizados, Bispo sugere que o lugar de poder da cosmovisão eurocristã nessa hierarquia, é sustentado pelo Estado brasileiro: "O Estado brasileiro não é laico, o Estado brasileiro é um Estado cristianizado. Tanto é que você vê que tem partidos cristãos, partido não sei o que cristão, partido não sei o quê... no judiciário você encontra a imagem de Cristo, enfim... e daí esse é o grande embate nosso" (BISPO, 2016).

Em resumo, Bispo chama a atenção para a cosmovisão de base africana na diáspora brasileira como uma diferença que importa para entendermos o jogo da colonialidade, pois, o que está em disputa são narrativas sobre formas de ver/pensar o mundo. Nessa perspectiva é que Bispo defende que enquanto as negras e os negros veem/pensam o mundo de uma perspectiva circular, as brancas e os brancos veem/pensam o mundo de uma perspectiva verticalizada[5].

Bispo define *colonização* como "todos os processos etnocêntricos de invasão, expropriação, etnocídio, subjugação e até de substituição de uma cultura pela outra" (2015, p. 47-48). Ao passo que a *contracolonização* são "todos os processos de resistência e de luta em defesa dos povos contra colonizadores, os símbolos, as significações e os modos de vida praticados nesse território", protagonizados, no Brasil, pelos povos "originários das Américas" e os que vieram da África. Mestre Bispo desenvolveu o conceito de *contracolonização* por considerar os limites dos conceitos de *descolonização e decolonialidade* para pensar a experiência quilombola. Para Bispo, não podemos nos referir às comunidades quilombolas como territórios "descolonizados" ou "decoloniais", pois esses foram espaços de recusa à colonização escravista portuguesa. Portanto, os quilombos nunca foram colonizados, logo não podem ser

[5] De fato, uma das mais fundamentais permanências do colonialismo no pós-independência das ex-colônias inglesas, portuguesas e espanholas nas Américas, são as verticalidades geradas pelas hierarquias raciais. Por outro lado, Bispo também acerta quando classifica o pensamento negro como um pensamento circular. A roda tem sido um signo presente nas culturas negras no Brasil. Os deuses africanos incorporam-se em corpos negros que, em roda, dançam nas cerimônias rituais das comunidades de terreiro no Brasil. Na capoeira, através do jogo de corpos negros em roda, preservamos nossos sistemas de pensamento.

"descolonizados" ou "decoloniais". É baseado nessa ideia que Bispo pode afirmar que o povo negro faz *contracolonização* desde que foi traficado em navios negreiros pelos colonizadores portugueses, mas que até 1988, dominava o pensamento único da cultura eurocristã monoteísta brasileira.

Assim, para contracolonizar a educação nas comunidades quilombolas, na perspectiva de Antônio Bispo (2016), "antes de mais nada, é preciso a gente mergulhar na cosmovisão como matriz civilizatória desse povo e a partir dessa cosmovisão, a gente dialogar com os saberes e com os modos desse povo, com o jeito, com a cultura, com as expressões". Dessa forma, para Bispo, antes é necessário aprender ou reconhecer a cosmovisão de matrizes civilizatórias africanas – tão negada, violentada, perseguida, recalcada na história brasileira – para, assim, podermos dialogar em pé de igualdade com as outras cosmovisões estruturantes do pensamento brasileiro: "E aí, é preciso que o material didático do povo brasileiro, ele tenha três matrizes – a matriz do europeu, mais a matriz da cosmovisão africana, e a matriz da visão indígena, que é muito parecida com a nossa, porque a matriz indígena também é na circularidade" (BISPO, 2016).

Bispo foi um dos primeiros mestres do Projeto Encontro de Saberes[6] da Universidade de Brasília (UNB), ministrando o módulo intitulado *Modos e saberes dos povos e comunidades tradicionais* em que

[6] O Encontro de Saberes é um projeto do Instituto Nacional de Ciência e Tecnologia de Inclusão no Ensino Superior e na Pesquisa (INCT), que faz parte do programa de Institutos Nacionais de Ciência e Tecnologia do Conselho Nacional de Desenvolvimento Científico e Tecnológico (CNPq). Iniciou sua intervenção em 2010, na Universidade de Brasília, com o apoio do Ministério da Cultura e do Ministério da Educação, como curso em módulo livre para estudantes de graduação, ministrado por mestres provenientes de diferentes regiões do Brasil. No entanto, hoje faz parte do currículo das Universidades Federais do Ceará, de Minas Gerais, do Sul da Bahia etc.

"busca a promoção de diálogos entre os conhecimentos acadêmicos e os modos de vida e saberes tradicionais quilombolas", de acordo com o INCT (2015). Fundamentado pela ética quilombola, Nego Bispo apresenta uma alternativa civilizatória ao projeto de sociedade baseada na ideia de desenvolvimento que vem destruindo a humanidade e a natureza. Tal alternativa se baseia na *biointeração* presente nos quilombos, mas também nas comunidades de terreiros e na capoeira.

Em entrevista no ano de 2016, Antônio Bispo nos diz que a *biointeração* é o eixo central do módulo que vem lecionando no Encontro de Saberes, pois os conceitos de *sustentabilidade ambiental* e *agroecologia* não dão conta de pensar numa relação humanidade-natureza que preserve a capacidade de reedição da natureza. A natureza, para esta cosmovisão, não é uma "fêmea selvagem" que precisa ser submetida pelo homem (branco), como aparece na filosofia de Bacon, ao defender que o homem europeu, através da ciência, deve dominar a natureza para que ela se curve diante dele, em nome do progresso e da civilização da modernidade europeia. Nesta cosmovisão, a natureza é o eixo com o qual interagimos material e espiritualmente, pois ela também é fonte de energias ancestrais. É disso que Bispo está querendo falar quando forja o conceito de *biointeração*, preocupado em afirmar uma relação humana com a natureza que permita que ela seja preservada, pois ela é fonte de energia vital na cosmovisão de matriz civilizatória africana. E ao fazer isso, Bispo se alia a Fanon (2008) e Carneiro (2005) na operação de construir conceitos de forma crítica que deem conta de pensar a experiência negra.

Pedi a Antônio Bispo, nessa entrevista, para identificar os

saberes que aprendeu no quilombo, e ele me apresentou três. O primeiro que destacou é a *solidariedade* assimilada como conceito singular com sua avó Joana. Esta já tinha aparecido na sua narrativa quando conta, aos risos, que ela lhe dizia: "vista a melhor roupa para ir pra roça, pra roça não ficar com ciúme da festa" (BISPO, 2016). É essa sua avó que afirmava que ser solidário não é você dar o que sobra, mas o que a pessoa precisa para que ela não necessite mais pedir. Bispo, então, defende que a solidariedade é um saber, o qual reclama uma atitude que é não dar ao outro/a o que ela/ele carece naquele momento, mas o que ela/ele precisa para não mais precisar.

O segundo saber adquirido no quilombo que Bispo me apresentou é o de *ser lavrador*. Ao indagar que saber é esse, ele respondeu que é o saber aprendido com seu avô, mas através de sua avó, já que não o conheceu – o saber de plantar e de colher seguindo as orientações da natureza e tratando a terra como uma entidade, "a grande mãe":

> Então, a minha vó dizia que meu avô dizia assim: "A gente planta tudo que a gente precisa e a terra dá o que ela pode, porque a terra dá, mas a terra também quer". Então, ser lavrador é você lidar com a terra respeitando essa lei, então, ser um lavrador, pra mim, é você lidar com a terra sem agressão. (BISPO, 2016)

Por fim, o terceiro saber que Bispo afirma ter aprendido na sua comunidade é o que ele denomina de *resolutividade do saber*: "saberes só servem se resolverem alguma coisa. O saber que não resolve nada não é saber, no máximo pode ser uma informação" (BISPO, 2016). Para entendermos melhor, Bispo classifica os saberes em *orgânico* e *cinético* e explica a diferença entre eles, apontando os limites do saber acadêmico, de sua perspectiva. *Cinético* é o saber da academia, segundo ele, que não resolve os problemas da sua comunidade:

> O saber das academias, eu chamo de saber cinético. E o nosso saber, eu chamo de saber orgânico. Vou te dizer por quê. A academia desenvolveu uma ciência chamada agronomia. O agrônomo lida com agricultura, mas como? Ele diz para o lavrador o que o lavrador tem que fazer, então ele não é o operador, ele é o dono do saber, mas ele não opera esse saber. Quem opera o saber é o agricultor. Porque, o que é saber cinético? Porque é um saber que não resolve nada. O agrônomo chega e me ensina a fazer uma roça e vai embora e se eu esquecer o que ele me ensinou, eu para o serviço, eu paro se não souber. Então esse saber dele é um saber desnecessário, não resolve nada. Porque não tem a praticidade, não tem a funcionalidade do saber. A mesma coisa é um engenheiro, o engenheiro desenha um prédio, mas não sabe fazer o que ele desenhou, ele sabe desenhar, mas não sabe fazer. Então o prédio... o saber do engenheiro é um saber cinético (BISPO, 2016).

Orgânico é como Bispo denomina o saber negro, especialmente quilombola, que, para ele, é um saber "vivo, necessário e resolutivo", pois, é um saber que resolve os problemas da sua comunidade. Além disso, o saber orgânico não está nos livros: "E eu carrego ele comigo, não preciso botar ele no livro. O meu saber não está no livro, entendeu? Ele está junto comigo e para onde eu for, ele vai". E explica:

> Tem certos médicos que se não tiver com o livro, não conseguem consultar, então esse saber não é dele, é cinético, tá sistematizado no livro. Tem certos engenheiros que se não tiver o livro para pesquisar, não consegue fazer o desenho. Eu não, eu faço tudo que quero fazer e tudo que tenho que fazer, no lugar aonde estiver, desde que tenha o material, não preciso ir pro livro fazer as coisas. Eu faço uma casa de taipa, e eu não preciso de um engenheiro para me ensinar fazer uma casa de taipa. Na verdade, se ele quiser ir, é para aprender, entendeu? Para mim, fazer minhas cercas, minhas coisas, eu não preciso de engenheiro. É isso que eu chamo de saber orgânico, o saber que resolve meus problemas. (BISPO, 2016)

Para Bispo, a academia é "um instrumento de expropriação dos saberes", pois, assim como Makota Valdina (2015), também é crítico da relação de exploração entre sujeito e objeto, defendendo que há uma apropriação pelos "sujeitos" da ciência, dos saberes produzidos pelos seus "objetos", e explica: "Isso é perverso, e é isso que academia faz, sempre fez. Pegou nossos saberes, sistematizou, sintetizou para vender depois. Entendeu? É uma perversidade sem vida" (BISPO, 2016).

Ao ser indagado sobre os saberes que aprendeu fora do quilombo, Bispo aponta o *ler e escrever*, mas adverte: "Não aprendi um saber, aprendi a operacionalizar uma língua, uma linguagem", já que "a escrita não é um instrumento de saber, é um instrumento de condução do saber cinético" (BISPO, 2016). Ele considera que o conhecimento escolar e acadêmico é "colonialista porque é justamente por isso, ele bebe apenas na matriz do colonizador.

Ele não... ele é pela linguagem escrita, e como ele é pela escrita, ele bebe na matriz do colonizador" (BISPO, 2016). Carvalho e Florez (2014) já nos chamaram a atenção para o fato de que as nossas universidades seguem o modelo moderno-colonial das universidades europeias, que, durante o iluminismo, após as reformas napoleônicas na França e humboldtianas na Alemanha, expulsaram os conhecimentos orais e espirituais e subordinaram às artes e humanidades numa relação hierarquizada e disciplinada de vida acadêmica em nome do progresso. É a essa matriz de conhecimento que Bispo se refere.

Em sua proposta de contracolonialidade da educação, para a qual o saber dos quilombolas deve estar em visibilidade, Mestre Nego Bispo afirma que "você não tem como espalhar o saber dos quilombos, se os quilombolas não forem ensinar" (BISPO, 2016). Portanto, o que Bispo está reclamando é por uma ruptura com o modelo de universidade de forma tal que os subalternos possam falar sobre si mesmos nesses espaços.

A ruptura, desse modo, é quase uma revolução, pois as universidades ocidentais foram organizadas sem a presença e a fala dos subalternos. Instrumentos da violência epistêmica do colonialismo e da colonialidade moderna, as universidades ocidentalizadas se constituíram como um campo no qual efetivamente os subalternos não puderam falar, pensando em Spivak (2010). Para que o meta-relato da modernidade, oriundo do exclusivo lócus de enunciação europeu, se tornasse globalmente hegemônico, como se caracterizou o eurocentrismo, os subalternos não poderiam falar na universidade. Em outras palavras, para que o eurocentrismo se fortalecesse como "verdade" sobre os tornados *outros* na universidade, os subalternos nela não poderiam falar, no máximo serem falados.

Mas, na perspectiva de contracolonialidade da educação no Brasil de Bispo, o subalterno quilombola precisa falar, pois em nenhuma outra instância da sociedade foi produzido conhecimento a partir de seus pontos de vista, ao contrário, o que aprendemos sobre quilombos na historiografia brasileira foi através dos documentos de repressão e invasão a essas comunidades. Assim, para contracolonizar a educação, Bispo defende que os quilombolas devem entrar nas escolas e universidades para ministrar aulas, como mestres e mestras dos conhecimentos das suas comunidades.

Na sua proposta de contracolonialidade, a confluência de saberes é fundamental: "Para ser uma educação de fato brasileira, não imperialista, é preciso que nas escolas tenha uma coisa que chamo de "confluência de saberes" (BISPO, 2016). Políticas educacionais que não levam em conta a ativa participação dos quilombolas na sua formulação, para Bispo, correm o risco de promover violências epistemológicas, a exemplo do fechamento das escolas multisseriadas[7], defendidas por ele como espaços de confluência de saberes: "uma violência que se fez nos últimos dez anos, fechar escolas multisseriadas, fechar as escolas multisseriadas é arrebentar com as possibilidades de nosso povo aprender fácil" (BISPO, 2016).

Na tese da confluência de saberes de Antônio Bispo, a

[7] Presentes em áreas de difícil acesso, as classes multisseriadas caracterizam as escolas localizadas nas comunidades quilombolas, indígenas e do campo que, pelo número pequeno de estudantes por turma – devido ao êxodo rural da juventude em busca de trabalhos nas grandes capitais –, se constituíram numa forma de organização de ensino. Desse modo, o professor trabalha, na mesma sala de aula, com várias séries do ensino fundamental simultaneamente, tendo de atender a alunos com idades e níveis de conhecimento bem diferentes.

articulação entre os saberes cinético e orgânico é estratégica para enfrentar a colonialidade dos poderes/saberes na contemporaneidade brasileira. Ele ainda destaca que a escola deve ter três formas de linguagem – escrita, oral e imagética – e que cada povo ministre seus próprios saberes na escola para que esta seja plural: ensine o saber cinético, mas também o orgânico.

E, assim, ressignifica a noção de "reconhecimento" dos saberes, chamando a atenção para a necessidade da abertura para aprender e operacionalizar no cotidiano, o saber que se quer reconhecer, pois: "[...] reconhecer um saber não é escrever, não é declarar que esse saber existe, é se dispor a aprender. Você só reconhece o meu saber se você se dispor aprender o meu saber", pois, "enquanto você não se dispor aprender o meu saber, você não tá reconhecendo. Por que como é que você reconhece um saber e não se utiliza dele? Não traz eles para resolutividade da sua vida" (BISPO, 2016). Dessa forma, reconhecer os saberes subalternos, na perspectiva de Bispo, é também vivenciá-los, acioná-los cotidianamente para resolver os problemas que nos são apresentados no dia a dia. Tudo isso ele compreendeu com a difusão de conhecimentos orais na sua comunidade negra quilombola, na qual se aprende vivendo. E quando você reconhece, na visão de Antônio Bispo, ocorre a confluência de saberes. Tal confluência dos conhecimentos implica num diálogo dos saberes antes excluídos com os saberes *cosmofóbicos*, assim:

> [...] quando você reconhece, você se dispõe a aprender [...]. Quando você reconhece, aí vai ter uma confluência. As confluências... eu escrevi na dedicatória do teu livro, que a nossa cosmovisão faz com que a gente pense e

> haja na circularidade. E para nós que pensamos e agimos na circularidade, não existe limites, existe fronteiras e as fronteiras são espaços de diálogos. Quando eu encontro contigo, eu não quero passar por cima, eu vou dialogar contigo, e aí dialogando, a minha fronteira pode se estender ou reduzir, a gente tá negociando. Então, pra nós, o encontro dos saberes nosso com encontro dos saberes colonialista são encontros. Não é pra ser um choque, é pra ser um local... Não é pra ter um limite, é pra ter uma fronteira, um espaço de diálogo. Como seria? Cada um aprende o que quer aprender. O nosso povo diz isso: "aprende tudo o que tu puder e usa o que precisa". É dito, o nosso povo diz isso: "Aprenda tudo que você puder e usa o que precisa". Por que um saber tem que ser largado, né? Então, eu acho possível. O povo quilombola nunca quis matar o colonizador, ele quis que o colonizador viva a vida dele e nós viva a nossa. Nós não queremos consertar o mundo, não. Isso é coisa de cristão, consertar o mundo. Aí o mestre dele morreu e não deu conta. Então, nós também não vamos entrar nessa doideira (BISPO, 2016).

A concepção de Bispo de pensar a fronteira como ponto de encontro para negociar narrativas culturais, especialmente epistêmicas, remete à ideia da fronteira como o lugar do hibridismo, nos termos de Bhabha (2007, p. 167), entendendo o hibridismo como uma "arena antagonística de diversas formas de conflito e agências culturais", localizado no interior dos discursos de colonizador e colonizado, que intervêm no exercício da autoridade colonial. Para Bhabha (2007), a fronteira é o lugar da negociação das diferenças, que para os subalternos, brincando e ironizando, tem sido ainda uma experiência tradutória que simula, copia, transforma, joga, ginga através da ambiguidade e do conflito. Portanto, as fronteiras culturais são, tanto para Bispo (SANTOS, 2016) quanto para Bhabha (2007), espaços de contracolonização.

Como Makota Valdina (2015), Antônio Bispo considera a espiritualidade como privilegiada para entender a forma que os diferentes povos e sociedades construíram suas ideias e valores sobre maneiras de viver, sentir e pensar a vida. Assim, denomina de *cosmofobia* a dificuldade dos europeus de lidarem com a existência de outros jeitos de ver o mundo para além do modo deles – a forma ocidental/branca/europeia –, por isso eles acreditam que só eles podem ter criado e desenvolvido a filosofia. Bispo defende, portanto, que essa é uma diferença cultural importante entre os colonizadores que chegam ao Brasil em nome do Deus católico e os colonizados brasileiros, e sugere que tal distinção se baseia nas diferentes cosmologias: "A matriz civilizatória dos cristãos é uma matriz cosmofóbica, eles têm medo do Deus dele, nós não temos medo do nosso [...]. Então, eles tentam nos impor o medo que eles têm do Deus dele, e é isso que é a cosmofobia. Eles têm medo do Deus dele e tenta nos impor esse medo" (BISPO, 2016). De fato, há diferenças culturais significativas entre a forma africana e europeia de se relacionar com o sagrado. Pensando em Nietzsche, que diz que só acreditaria num deus que dança, os deuses africanos adoram música, e só aparecem na Terra quando se toca e canta para eles dançarem em roda (xirê)[8].

Poderíamos colocar Antônio Bispo para dialogar com

[8] *Xirê* é uma palavra yorubá que significa roda, ciranda ou dança para a evocação dos Orixás.

Franz Fanon. Assim, numa conversa imaginária entre os dois, quando Bispo diz que "o povo quilombola nunca quis matar o colonizador, ele quis que o colonizador viva a vida dele e nós viva a nossa" (SANTOS, 2016), Fanon logo o indagaria: "É possível, Bispo, descolonizar sem matar o colonizador?". A descolonização, para Fanon (2005, p. 53), é um fenômeno violento em que, no processo de libertação, o colonizado, tornado "coisa", se inventa a si mesmo como novo humano e decide "fazer-se o seu motor", para tornar "os últimos, nos primeiros"[9]. Será que para superarmos essa colonialidade que vivemos no Brasil, tão espelhada na nossa experiência de colonialismo português, a contracolonização (SANTOS, 2015) ou a decolonialidade (GROSFOGUEL, 2013) também seria um gesto violento para tirar o subalterno dos últimos lugares da fila das sociedades contemporâneas, como a brasileira?

Mas, como Bispo, Fanon também defendia, de uma certa forma, a confluência de saberes, na medida em que, no seu projeto de descolonização, não abandona a epistemologia ocidental, e se infiltra nela para desautorizá-la no que diz respeito à experiência negra, fazendo essa mesma operação tanto em *Pele Negra, Máscaras Brancas* quanto em *Os Condenados da Terra*, seja com Marx, Freud, Lacan, Hegel etc. (SILVA, 2018).

Ao reafirmar que o interesse do povo quilombola era viver a sua vida, Bispo enfatiza que seu povo quer mudar apenas a sua comunidade, não o mundo todo: "Nós queremos consertar apenas nossa comunidade. Como eu vou consertar a vida dos

[9] Protagonizada pelos condenados pelo colonialismo, a descolonização, para Fanon (2005, p. 53), é um gesto do subalterno colonizado para sair da baixa hierarquia dos poderes, trazendo os últimos da fila da sociedade organizada para o começo da fila, desorganizando-a e questionando, através da violência absoluta, o "mundo encolhido e semeado de interdições" criado pelo colonialismo (SILVA, 2018).

gaúchos, se eu nem gosto de chimarrão? [risos]" (BISPO, 2016). Nessa perspectiva se alinha a Mignolo (2003, p.10) quando pensa a relação das histórias locais com os projetos globais situado num contexto de "emergência do colonialismo global, gerenciado pelas corporações internacionais". Nesse sentido, para Bispo, uma educação contracolonial deve privilegiar os interesses e conhecimentos locais, apoiado por Mignolo (2003, p. 10), quando afirma que o local é o lugar físico e imaginário da diferença colonial, "onde atua a colonialidade de poder".

No seu livro publicado em 2015 – *Colonização, quilombos: modos e significações* –, Bispo afirma que buscou "compreender as diferenças e interlocução entre a cosmovisão monoteísta dos colonizadores e a cosmovisão politeísta dos contra colonizadores, refletindo sobre os seus efeitos e consequências nos processos de colonização e contra colonização" (SANTOS, 2015, p. 20). O autor salienta que contracolonização e colonização é como pretende "conceituar os processos de enfrentamento entre povos, raças e etnias em confronto direto no mesmo espaço físico geográfico" (SANTOS, 2015, p. 20).

Antônio Bispo declara ainda que teve como objetivo, no seu livro, refletir de forma "resolutiva" sobre a questão de "qual a diferença entre o ataque dos colonizadores contra o Quilombo dos Palmares no século XVII e os atuais ataques praticados pelo grande capital contra as comunidades atingidas pelos megaprojetos, ditos 'empreendimentos', como por exemplo, a construção da Usina Hidrelétrica de Belo Monte". Nessa perspectiva, Bispo dos Santos (2015, p. 49) demonstra a manutenção da colonialidade na descolonização político-administrativa do Brasil quando identifica a continuação na contemporaneidade da mesma violência epistêmica que afetou Palmares no século XIX, atingindo comunidades quilombolas nos séculos XX/XXI: "A criminalização e a violência contra essas comunidades permaneceram, tendo como alvo seus modos de vida, suas expressões culturais e seus territórios, isto é, as suas formas de resistência e de auto-organização comunitária contra colonial".

A partir de então, Santos (2015) passa a apontar a violência física e epistêmica contra os quilombolas no Brasil, narrando as trajetórias de quatro comunidades "contracolonizadoras" – Caldeirões (Crato/CE), Canudos (BA), Pau de Colher (BA/PI) e Quilombo dos Palmares (AL) –, e identificando entre elas dois traços em comum. Primeiro, todas comunidades livres cujos processos auto-organizativos lhes possibilitaram autossuficiência econômica e emancipação das suas vidas através do uso coletivo da terra e da colheita. Segundo que todas elas foram vítimas de violência extrema contra seus corpos, perpetrados pelos republicanos através de perversos ataques por suas forças militares, após serem alvo de narrativas criminalizadoras, seja por excesso de religião, expresso no que denominavam de "fanatismo religioso ou messiânico", seja por ausência de religião, quando se praticava espiritualidades que não passavam pela visão de mundo monoteísta-cristão. Não satisfeitos, tais republicanos ainda incendiaram suas comunidades com o intuito de destruir quaisquer vestígios de suas formas de vida.

Esses são casos exemplares de etnocídios articulados com epistemicídios, ou seja, processos de violência física e epistêmica, considerando que as violências às quais tais comunidades vêm sendo submetidas são violências genocidas e epistemicidas ao mesmo tempo. Isso porque a vontade de morte dos poderes coloniais/da colonialidade é por uma morte epistêmica – no sentido de que querem que morram outros modos de compreensão do mundo – alcançada pela morte genocida, pois, a destruição do corpo possibilita, além da tomada do território, a destruição do pensamento.

Com a história da sua comunidade e das comunidades quilombolas que analisa de forma comparada, Santos (2015) nos ajuda a localizar epistemologias no modo como essas comunidades organizam suas vidas. Há epistemologias também que emergem das maneiras com as quais essas comunidades desafiam as colonialidades de poderes/ser/saberes nas suas tentativas de extermínio dos seus corpos e saberes. Nessa perspectiva, Santos (2015) nos auxilia também a visualizar práticas coloniais de violência tanto física quanto epistêmica com base no racismo, que permanecem em pleno século XX e XXI republicano, perpetradas pela colonialidade eurodescendente do Brasil, contra as populações indígenas e afro-descendentes. Assim fazendo, potencializa mais uma vez o conceito de colonialidade de poder de Quijano (2005).

No prefácio do livro de Antônio Bispo, Carvalho (2015) nos chama a atenção para o fato de que Bispo fala de um lugar ausente nas reflexões sobre a nação brasileira – o lugar de quilombola, conectando sua obra "com o movimento pós-colonial que tem promovido as vozes das comunidades silenciadas", e colocando-o na galeria de intelectuais negros que se destacaram ao longo do século XX no Brasil. Entre eles, podemos citar: Edson Carneiro e Clóvis Moura, primeiros intelectuais negros nas ciências sociais a estudarem os quilombos; Beatriz Nascimento, que identificou terreiros, subúrbios e periferias como espaços de quilombo urbano na contemporaneidade; e Abdias do Nascimento, que propôs o quilombismo da diáspora africana nas Américas como movimento pan-africanista de nível intercontinental. Carvalho (2015) afirma ainda que o texto de Bispo dialoga com os grandes líderes quilombolas – como Zumbi dos Palmares, Malunguinho do Catucá, Manoel Congo do Rio de Janeiro e Negro Cosme do Maranhão, apesar destes não terem tido condições de escrever sobre suas ideias e lutas.

Para nós, Antônio Bispo realiza um trabalho parecido com o de Ramos (1995) ao apontar o racismo/sexismo epistêmico dos colonizadores e apresentar a epistemologia de (re)existência e resistência daquelas/es que denomina de contracolonizadores.

1. Mestre Nego Bispo com Ilha de Maré

Desistir jamais
(Composição: Mestre Nego Bispo;
Música: Lazzo Matumbi)

Nunca desistir, é preciso saber caminhar para seguir.
Não estaremos sós, se a força do axé vem dar luz a nossa voz.
Nós que caminhamos pelos penhascos, atingimos o equilíbrio das planícies.
Nós que nadamos contra as marés, adquirimos a força dos mares.
Nós edificamos os lamaçais, atingimos a firmeza dos lajedos.
Nós que habitamos os sifons, somos proximidade, a redondeza.

Mestre Nego Bispo compartilhou e intercambiou saberes e experiências com Ilha de Maré em três momentos. A primeira vez aconteceu quando em um dos Encontros Formativos Griot, realizado em 07 de abril de 2021, de forma remota, Bispo nos apresentou seus conhecimentos diretamente do seu quilombo, em Saco de Curtume (Piauí). Nesse encontro, Antônio Bispo falou dos limites da cosmovisão eurocristã e do pensamento colonial, que permanece no Brasil contemporâneo, quando não dialoga com elementos da natureza. Para Bispo, a natureza nos estrutura como humanidade, pois somos também natureza. Constata que, na contemporaneidade, há um predomínio de um pensamento individual que vai para o coletivo, defendendo que precisamos fortalecer o pensamento quilombola-pindorâmico[10] que parte do coletivo para o individual. E exemplifica a conexão coletivo-individual dessa perspectiva com um conhecimento que se inspira na natureza: "quanto mais cresce o rio, mais fortalece o mar; por sua vez, quanto mais se prejudica o rio, mais se prejudica o mar".

Poeta e escritor, Mestre Nego Bispo, um dos mais importantes intelectuais da contemporaneidade brasileira, nesse Encontro Formativo Griot, realizado pelo Ancestralidade Griot, poetizou para professoras, professores e lideranças de Ilha de Maré: letras, sementes, palavras, ideias, sentidos e modos de vida.

> Cada letra é uma semente plantada no papel, as letras nascem nas nossas bocas através das palavras e frutificam nas nossas mentes através das ideias. Essas letras, que viraram palavras, que viraram ideias, alimentam os nossos sentidos e através do alimento

[10] *Pindorama* (terra das palmeiras) era como os povos indígenas (tupis) chamavam o Brasil, antes da invasão dos colonizadores portugueses. Portanto, *povos pindorâmicos* é como Bispo se refere aos indígenas brasileiros.

> dos nossos sentidos, nós compomos os nossos modos de vida.

O segundo momento de Mestre Nego Bispo intercambiando seus conhecimentos e experiências *com* Ilha de Maré ocorreu nos dias 24 e 25 de março de 2022, dessa vez de forma presencial, na semana em que se celebra a luta pela eliminação da discriminação racial, num dos Encontros de Intercâmbio Griot[11]. O Mestre quilombola Antônio Bispo participou como convidado sênior e mobilizador da reunião do Fórum Estadual de Educação Escolar Quilombola da Bahia com as lideranças de Ilha de Maré, no dia 24 de março de 2022. Nessa roda de conversa, ressaltou um dos sentidos da escola para sua comunidade:

> Não tínhamos escolas, tínhamos oficinas com mestres de ofício... Mas nós precisamos colocar nossos filhos para entenderem os contratos [...]. Mas quem dizia o tempo de ficar na escola era nós [...]. Descobri as manobras que os colonialistas sempre fizeram contra nós... Ilha de Maré precisa disputar repertórios com os grandes empreendimentos.

Nesse momento, ativistas de Ilha de Maré conversaram com o Fórum de Educação Escolar Quilombola da Bahia e com o Mestre Bispo sobre os desafios da educação escolar quilombola em Ilha de Maré, como, por exemplo: 1) a falta de um projeto político-pedagógico nas escolas; 2) alunos que são pouco estimulados a

[11] Os Encontros de Intercâmbio Griot foram as primeiras atividades presenciais em 2021, nas quais intelectuais e ativistas quilombolas da Bahia e do Brasil foram à Escola Municipal de Ilha de Maré compartilhar conhecimentos e experiências com as comunidades quilombolas de Ilha de Maré.

assumir a identidade quilombola; 3) a falta de acesso terrestre entre as comunidades de Ilha de Maré, o que prolonga o deslocamento das/os estudantes oriundas/os das comunidades quilombolas de Porto dos Cavalos, Maracanã, e Bananeiras, Ponta Grossa, os quais precisam sair de casa às 5 horas da manhã para pegar o barco e chegar às 8 horas da manhã na escola.

No momento, há um pleito para que haja acompanhamento pedagógico dos estudantes no barco e alimentação adequada para a chegada na escola. Este último porque os ativistas de Ilha de Maré sinalizam que, quando os barcos encalham ou quebram, há um atraso tanto para os alunos estarem nas escolas no horário das aulas, quanto para almoçar em casa. Há também uma preocupação com a falta de diagnóstico do traço de anemia falciforme nos estudantes e com o impacto dessa ausência na vida escolar.

Esse foi o primeiro encontro destes ativistas e professoras e professores de Ilha de Maré com o Fórum Permanente de Educação Escolar Quilombola da Bahia, representado por coordenadores de diversos territórios quilombolas da Bahia, como Bom Jesus da Lapa (Velho Chico), Cruz das Almas (Recôncavo), Helvécia (Sul da Bahia) e Feira de Santana (Portal do Sertão). O Fórum foi criado em 2010, durante o II Fórum de Educação Quilombola, reunindo mais de 300 professores e lideranças quilombolas, em Seabra (BA), como uma instância permanente de controle dos quilombolas sobre as políticas públicas educacionais voltadas para suas comunidades, promovido pela Secretaria de Educação do Estado da Bahia.[12]

[12] Os Fóruns de Educação Quilombola, ocorridos em 2009 e 2010, foram parte da política de educação escolar quilombola da Coordenação de Diversidade, criada em 2008 para implementação da Lei nº 10.639/2003. Para mais informações, ver: SILVA, Nádia Maria Cardoso. Educação escolar quilombola: o processo de construção da política de educação escolar quilombola e os dez anos do Fórum Permanente

No dia 25 de março de 2022, Mestre Nego Bispo dialogou com docentes e funcionários da Escola Municipal de Ilha de Maré e lideranças das diversas comunidades da ilha. É essa conversa inicial que transcrevemos aqui com a força vital das suas próprias palavras, para nos deliciarmos com os seus conhecimentos. Mas antes disso, precisamos registrar que Bispo voltou a intercambiar suas filosofias e experiências com Ilha de Maré, no dia 25 de novembro de 2022[13].

> Iê, viva nosso Mestre, camaradas professoras/es!
> Iê, vamos ouvir nosso Mestre, camaradas geral!

> Então, meu nome é Antônio Bispo dos Santos, sou conhecido como Nego Bispo, Velho Bispo, e daí vai ... cada um vai me chamando da forma que vibrar melhor quando fala. Eu nasci em 1959, no vale do rio de Brenhas, no estado do Piauí, onde hoje é chamado o município de Francinópolis.
> Eu fui pra escola já com nove anos de idade, minha primeira semana na escola... eu fui pra escola e com uma semana, eu já estava de férias. Eu fui à última semana do ano letivo, porque nós pensávamos que a escola era de outro jeito. O que que nós pensávamos? Que a escola é um lugar que você vai querendo aprender alguma coisa e, quando você aprende, sai. A gente não sabia que a escola tinha um tempo marcado pra todo mundo aprender do mesmo jeito, no mesmo tempo,

de Educação Quilombola da Bahia. In: MONTECHIARE, Renata; LÁZARO, André (orgs). Educação e práticas comunitárias: educação indígena, quilombola, do campo e de fronteira nas regiões Norte e Nordeste do Brasil. [livro eletrônico] 1ª. ed. Brasília: Faculdade Latino-Americana de Ciências Sociais, 2020. PDF. Disponível em: <http://praticaseducativas.org.br/Publicacoes.html>.

13 Atendendo à solicitação da Coordenação Pedagógica da Escola Municipal de Ilha de Maré, trouxemos Mestre Bispo para um encontro com as famílias dos estudantes de Ilha de Maré nesse dia. No entanto, as famílias não foram mobilizadas para tal encontro, e Mestre intercambiou seus saberes com alguns professores e funcionários presentes na escola.

como se as pessoas fossem robôs. Porque tem pessoas que têm um tempo de aprender e tem outras pessoas que têm outro tempo, e a gente pensava que isso devia ser respeitado... Tipo assim, eu aprendi a ler na primeira semana... Nessa primeira semana eu aprendi a ler, mas não aprendi a escrever, mas tem muita gente que não aprendeu também a ler, e aí é isso... os tempos também não eram respeitados.

Mas o que eu quero dizer pra vocês é que uma das coisas que me fez chegar aqui até hoje é que eu não fui pra escola aprender uma profissão, até porque a escola não ensina profissão, a escola adestra para o trabalho... adestra, amansa, molda, é pra isso que servem as escolas escrituradas[14]. Porque as escolas escrituradas, todas são originadas do sistema colonialista. Tem o povo das universidades que discute pós-colonialidade, como se o colonialismo tivesse acabado. O colonialismo é perene, ele não acaba nunca. Por quê? O povo colonialista herda o mesmo modo de vida, o mesmo comportamento e entre essas heranças vem a educação. Bom, mas, então, eu fui pra escola para conhecer o pensamento do colonialista. É muita ousadia, né? Mas é mesmo, eu sou a preta intenção em pessoa. Se isso chamasse pretensão, eu sou pretensioso, muito. Então, eu fui pra escola pra mergulhar na mente do inimigo e saber como é que ele pensa e como é que eu me defendo do pensamento dele. Pra isso, eu tive a minha geração avó para me orientar. Ou seja, eu ia pra escola, trazia um texto e lia pro meu povo. E eu

14 Mestre Bispo denomina de "escolas escrituradas" aquelas estruturadas pelo conhecimento escrito. Na sua proposta de contracolonização da educação, as escolas e universidades precisam incluir a oralidade como instrumento de transmissão do conhecimento oral que caracteriza os saberes e conhecimentos indígenas, negros e quilombolas.

dizia pro meu povo que no pensamento escriturado aquilo significava uma coisa, e o meu povo dizia que no pensamento falado significa o oposto. Aí eu dizia pro meu povo o que é que aquilo significava no pensamento escriturado, e o meu povo me dizia o que é que aquilo significava no pensamento oralizado. E assim eu fui traduzindo o pensamento escriturado para oralidade e o pensamento oral para escrituralidade. Fiz isso a vida inteira e continuo fazendo até hoje. Eu discuto com meu povo as cartas, as escrituras, parte da Bíblia, literatura de cordel, até o mito dos unicórnios. Depois, quando veio a Constituição[15], eu fui discutir a Constituição, fui pro sindicato para traduzir a Constituição e assim foi, pra não render muito.

Eu estou aqui hoje, mas lá nos nossos quilombos eu discuto, pra traduzir essa linguagem absurda. Tipo assim, está aqui a Petrobras ferrando com vocês, mas a Petrobras tem todo um contrato escriturado com a sociedade colonialista para dizer como é que vocês devem ser tratados, e vocês precisam entender esse conchavo que vem com uma linguagem diferente da de vocês. E aí, então, lá na nossa comunidade, eu faço isso, mas eu faço isso também no Brasil inteiro. Eu contribuí com comunidades em Dias D'Ávila, Rio Grande do Norte... em todos os lugares, via on-line.

Bom, mas agora eu quero falar da educação. Nesse período, o que que eu aprendi? Eu aprendi que desde o início do colonialismo começavam os quilombos e a resistência das aldeias. Quilombo não começou em Palmares, quilombo não começou em Ilha de Maré,

15 Constituição Federal da República do Brasil de 1988.

quilombo começou dentro dos navios negreiros. O nosso povo lá dentro já vinha preparando as suas estratégias de como chegar aqui. O nosso povo não é otário. O quilombo começou dentro dos navios negreiros, quando aquele povo se jogava na água pra não dar gosto aos inimigos; quando aquele povo enfrentava, nem que morresse ali, já era quilombo. Ser quilombo é um modo de vida, quilombo é enfrentamento ao sistema colonial, quilombo não é uma fuga, é uma recusa. Nós não fugimos de nada, nós nos recusamos a ser submetidos.

Mas eles criaram leis dizendo que quilombo é uma organização criminosa. No Maranhão, por exemplo, tinha uma lei que dizia que duas pessoas africanas andando juntas, principalmente se tivesse um pilão envolvido, era um quilombo, e sendo um quilombo, era uma organização criminosa, do mesmo jeito que dizem do PCC, do mesmo jeito que dizem do Comando Vermelho. O quilombo era tratado igual ao PCC e igual ao Comando Vermelho. Quem é que ia dizer que era quilombola? Ninguém ia dizer. Dizer para que? Para morrer? Até a Lei Áurea, o quilombo era uma organização criminosa [...]. A Lei Áurea faz a abolição da escravidão, mas não faz a abolição da criminalização do nosso modo de vida, não.

Depois da Lei Áurea, não se fala tanto em quilombo. Na literatura jurídica, até a Constituição de 1988, são cem anos de silêncio a respeito de quilombo, mas a capoeira é crime, o samba é crime, a umbanda é crime. Então eles criminalizam o nosso modo de vida. Quando vem a Constituição de 1988, ela diz que tanto os povos quilombolas como os povos indígenas, agora, são povos de direito. Mas de qual direito? O direito colonialista, porque a Constituição não absorve a nossa trajetória. Todas as comunidades contracolonialistas têm uma relação ampla, profunda com a mata, inclusive, uma relação com algumas ervas que ajuda a animar a nossa relação afetiva com o cosmo, nossa relação cosmológica [...]. Na nossa memória não existe erva daninha, erva daninha é uma palavra bíblica, está lá em Gênesis, que o Deus Jeová diz que as ervas são daninhas, tanto diz na Bíblia, quanto diz nas ciências agronômicas [...].

Então, há uma matriz de pensamento, que é a matriz eurocristã-monoteísta. Por que eu estou dizendo monoteísta? Porque também tem os cristãos politeístas. Quem são os cristãos politeístas? Na umbanda, por exemplo, você vai encontrar pessoas cristãs politeístas. Aqui mesmo, em Salvador, eu tive uma conversa com a dona Joca, uma quilombola, uma pessoa muito maravilhosa, muito necessária. E dona Joca me diz assim: "Olha, eu sou evangélica, mas eu sou candomblezeira; eu sou candomblezeira, mas eu sou testemunha de Jeová; eu sou testemunha de Jeová, mas eu sou umbandista; eu sou umbandista, mas eu sou muçulmana, eu sou budista, mas eu sou candomblezeira".

Ela é todas as religiões que ela quer ser. Então, nós temos uma matriz politeísta, nós temos várias divindades. Como nós temos várias divindades, nós podemos ter até Jesus como divindade, só que no meio das outras divindades, não é separado. Por que que eu estou colocando isso? Aqui tem aula de candomblé. Por que não tem? Como assim? Não é preciso ter o ensino religioso? Se tem um ensino religioso, que tivesse o ensino eurocristão, nada contra. Mas que tivesse o candomblé, que tivesse a umbanda... Por que não pode ter? [...]. Como é que o quilombo é um povo de direito e a divindade quilombola não pode entrar aqui? Aqui na escola faz comida seguindo a culinária local? Com os mesmos ingredientes locais? Por que não faz? É porque é colonialista essa escola, colonialista e ponto. Eu fui adestrador de boi quando eu tinha dez anos de idade. Adestrar e educar é a mesma coisa. Como adestrador, o que eu fazia com o coitado do boi? Eu confinava ele, tirava do seu território, do seu habitat. Preferencialmente, eu tirava ele de lá, e botava ele no meu cercado, no outro território, estranho pra ele. Eu montava o arruado pra alimentar meu boi, pro boi ficar dependente de mim, então eu botava pra ele comer a mesma comida todo dia de forma repetitiva até ele viciar. E para ele esquecer que ele era capaz de comer outras coisas. E aí, depois, eu soltava ele, e ele voltava, abestalhado, pensando que ele não tinha comida no mato, e ele vinha aqui esperar minha ração, coitado. É isso que essa escola faz, ensina os meninos a comer trigo, ensina os meninos a comer sardinha enlatada, mas não ensina a comer os mariscos, mas não ensina a comer a pamonha de banana. Por que não ensina a comer a pamonha de banana? Porque existe um órgão colonialista que acha que sabe de tudo, mas não sabe de nada [...].

Para não fechar, portanto, começar de novo, Mestre Bispo declama e Lazzo Matumbi canta, no balanço *reggae* para nós "Desistir jamais", celebrando a ancestralidade que nos guia:

Nunca desistir, é preciso saber caminhar para seguir.
Não estaremos sós, se a força do axé vem dar luz a nossa voz.
Somos o começo, o meio e o começo, nós resistiremos para sempre.
Sorrimos na dor e na tristeza, sempre fortalecendo nossa gente.
Somos a gira da gira na gira que gira, nossa trajetória é que nos move.
Nossa resistência é dia a dia, nossa ancestralidade é que nos guia …

(Composição: Mestre Nego Bispo;
Música: Lazzo Matumbi)

Referências

BHABHA, Homi. **O local da cultura.** Belo Horizonte: Editora UFMG, 2007.

CARNEIRO, Aparecida Sueli. **A construção do outro como não-ser como fundamento do ser.** Tese de doutorado (Educação) – Universidade de São Paulo, São Paulo, 2005.

CARVALHO, José Jorge. "Apresentação". In: SANTOS, Antônio Bispo. **Colonização, Quilombos:** modos e significações. Brasília: Instituto Nacional de Ciência e Tecnologia de Inclusão no Ensino Superior e Pesquisa da Universidade de Brasília (INCT/UNB), 2015.

_______________; FLÓREZ FLÓREZ, Juliana. Encuentro de saberes: proyecto para decolonizar el conocimiento universitario eurocéntrico. **Nómadas**, Bogotá, n. 41, p. 131-147, jul., 2014. Disponível em: <http://www.scielo.org.co/scielo.php?script=sci_arttext&pid=S0121-75502014000200009>. Acesso em: 21 jan. 2017.

FANON, Frantz. **Os condenados da terra.** Juiz de fora: UFJF, 2005. (Coleção Cultura, v. 2)

_________. **Pele negra, máscaras brancas.** Salvador: UFBA, 2008.

GROSFOGUEL, Ramón. Racismo/sexismo epistémico, universidades occidentalizadas y los cuatro genocidios/epistemicidios del largo siglo XVI. **Tabula Rasa**, Bogotá, n. 19, p. 31-58, dez., 2013. Disponível em: <http://www.scielo.org.co/scielo.php?script=sci_arttext&pid=S1794-24892013000200002&lng=en&nrm=iso>. Acesso em: 20 jun. 2020.

INCT – Instituto Nacional de Ciência e Tecnologia de Inclusão no Ensino Superior e na Pesquisa. Encontro de Sabres nas Universidades: bases para um diálogo inter-epistêmico – documento base para o Seminário. Brasília, 16 e 17 de junho de 2015.

MIGNOLO. Walter. **Histórias locais/Projetos globais:** colonialidade, saberes subalternos e pensamento liminar. Tradução de Solange Ribeiro de Oliveira. Coleção Humanitas. Belo Horozonte: UFMG: 2003.

PINTO, Makota Valdina. **Meu caminhar, meu viver.** 2. ed. Secretaria de Políticas de Promoção da Igualdade Racial (SEPROMI), 2015.

RAMOS, Alberto Guerreiro. **Introdução crítica à sociologia brasileira**. Editado por Lúcia Lippi Oliveira. Rio de Janeiro: UFRJ, 1995.

SANTOS, Antônio Bispo. **Colonização, quilombos**: modos e significações. Instituto Nacional de Ciência e Tecnologia de Inclusão no Ensino Superior e Pesquisa da Universidade de Brasília (INCT/UNB), Brasília, 2015.

_________. Entrevista concedida a Nádia Maria Cardoso da Silva. Salvador, 22 mai. 2016.

SILVA, Nádia Maria Cardoso. "Educação escolar quilombola: o processo de construção da política de educação escolar quilombola e os dez anos do Fórum Permanente de Educação Quilombola da Bahia." In: MONTECHIARE, Renata; LÁZARO, André (orgs.). **Educação e práticas comunitárias**: educação indígena, quilombola, do campo e de fronteira nas regiões Norte e Nordeste do Brasil. [livro eletrônico] 1ª. ed. Brasília: Faculdade Latino-Americana de Ciências Sociais, 2020. PDF. Disponível em: <http://praticaseducativas.org.br/Publicacoes.html>.

_____________. **A descolonização do conhecimento acadêmico-universitário no Brasil na perspectiva negra**. Tese (Doutorado) – Universidade Federal da Bahia. Departamento de Educação. Programa Multidisciplinar de Pós-Graduação em Cultura e Sociedade, Salvador (BA), 2018.

SPIVAK. Gayatri. **Pode o subalterno falar?** Belo Horizonte: UFMG, 2010.

Ensaio sobre as narrativas de ocupação de Ilha de Maré

Queila Oliveira[1]

RESUMO

Este artigo tem como objetivo a interpretação das narrativas de ocupação de Ilha de Maré, localidade pertencente à Baía de Todos os Santos, situada no município de Salvador/BA. Na introdução, apresentamos um breve histórico sobre o Sistema Baía de Todos os Santos, no início da colonização do Brasil, e como a Ilha de Maré estava inserida nesse sistema como local de produção de alimentos para abastecer o mercado interno. Na primeira parte, apontamos, de forma geral, os vários vetores da memória de origem dos atuais moradores quilombolas de Ilha de Maré sobre a chegada dos seus antepassados na região. Na segunda parte, estudamos "documentos orais", a partir da análise de relatos e genealogias dos

[1] Antropóloga do INCRA, na carreira de Analista em Reforma e Desenvolvimento Agrário, Mestre em Antropologia Social pela Universidade Federal de Bahia (UFBA), graduada em Ciências Sociais – Antropologia, pela UFBA. Antropóloga responsável pela elaboração do Relatório Antropológico de Identificação do Território Quilombola de Ilha de Maré. Dissertação intitulada *Ilha de Maré, Salvador/ BA: espaço, tempo, territórios e identidades.*

moradores quilombolas de Ilha de Maré, tentando compreender o sentido em si dado a alguns aspectos desses relatos, como também em perspectiva comparativa à historiografia recente sobre o período final da escravidão/pós-abolição, principalmente no que se refere à utilização do termo "fuga" no contexto do enfraquecimento do regime escravagista. Por fim, trazemos algumas considerações a respeito da história oral, como fonte de pesquisa e sua importância para o conhecimento de parte inacabada da historiografia oficial sobre a formação de comunidades quilombolas contemporâneas.

Palavras-chave: Baía de Todos os Santos; comunidades quilombolas; narrativas orais; Ilha de Maré.

Introdução

A cidade de São Salvador configurou-se como a base comercial e administrativa a partir da qual teve início a ocupação do Recôncavo baiano, na segunda metade do século XVI. A cidade, batizada como São Salvador da Baía de Todos os Santos, foi fundada no ano de 1549 e se tornou uma das mais populosas do Novo Mundo, sendo um dos portos comerciais mais ativos da colônia. Considerada o centro urbano da Baía de Todos os Santos, nela se desenvolveram as atividades administrativas, eclesiásticas e de defesa, bem como a construção de embarcações para a navegação dentro da baía e os serviços de apoio ao porto. Ela foi também o grande mercado deste núcleo colonial onde circulavam açúcar, fumo, algodão, ouro e gêneros alimentícios que abasteciam: as cidades, as frotas e as populações do próprio Recôncavo. Da mesma forma, Salvador foi o epicentro de composição de engenhos, que caracterizaram o povoamento da região.

Araújo (2000, p. 11) constrói o conceito de *Sistema Baía de Todos os Santos* para designar a intervenção organizada do Estado português, no sentido de assegurar o domínio sobre as terras do Brasil. Para tanto, deveriam ser constituídas uma sociedade e uma economia capazes de, ao mesmo tempo, integrar-se no império marítimo de Portugal e expandir-se para o interior das terras brasileiras. Os elementos desse sistema eram: 1) uma cidade fortaleza plantada na entrada da baía, sede administrativa, posto militar e porto ligado às rotas atlânticas portuguesas; 2) uma rede de engenhos fortificados, implantados em todo o Recôncavo baiano e conectados por via aquática à cidade; 3) um sistema de navegação interior capaz de interligar cada engenho à cabeça do sistema; 4) a conexão com um sistema de rotas de navegação transcontinental, através de um porto bem situado na borda ocidental do Atlântico.

Como muitas aglomerações portuárias coloniais, Salvador era uma cidade de burocratas, mercadores e estivadores, voltados para a circulação de mercadorias com destino à Europa (SCHWARTZ, 1988, p. 80). A produção dessas mercadorias não era realizada, no entanto, no núcleo urbano, e sim nos engenhos e fazendas, onde também, vale destacar, se desenvolveram plantações e áreas de cultivo destinadas ao abastecimento do mercado interno.

Os primeiros engenhos erguidos localizavam-se às margens da baía ou ao longo dos rios. O caminho fluvial foi utilizado, em larga escala, para a disseminação da colonização, uma vez que a própria geografia do Recôncavo, entrecortado por rios de vários tamanhos, permitia uma intensa comunicação do engenho com o porto, que se processava sempre através das águas. Juntos, rios e engenhos, ao lado dos santos católicos fundadores de paróquias, que viriam, mais tarde, transformar-se em freguesias e vilas, foram compor o cenário da ocupação do Recôncavo baiano.

O comércio, a navegação transatlântica e o circuito de abastecimento realizados no interior da baía estavam fortemente vinculados um ao outro. A expansão da economia de exportação promoveu, e até exigiu, o crescimento de um mercado interno. Fora dos circuitos mais conhecidos do comércio internacional, pequenos e médios lavradores desempenhavam um papel decisivo ao assegurar a reprodução diária de uma agricultura de exportação altamente especializada nos engenhos e fazendas de cana no Recôncavo (BARICKMAN, 2003, p. 30). Não eram, portanto, atividades residuais. Mas sim, indispensáveis ao crescimento e à expansão de uma economia regional mais ampla, dominada pela agricultura de exportação baseada no latifúndio e na produção, em larga escala, da cana-de-açúcar executada pelo braço escravizado.

A Ilha de Maré, no contexto inicial da colonização no Brasil, se insere nessa economia como local onde se produzia açúcar, registrando-se a presença de engenhos voltados para exportação, como também muitos gêneros alimentícios, cuja produção estava voltada para o abastecimento do mercado interno. Salvador, a metrópole em pleno desenvolvimento, era o destino desses víveres.[2]

Narrativas orais sobre a ocupação de Ilha de Maré

A respeito da origem das famílias da grande maioria dos atuais moradores da Ilha de Maré, os "marizeiros" referem-se às fugas empreendidas a partir do Engenho Freguesia, atual Museu Wanderley Pinho, localizado no distrito de Caboto, em Candeias, e de outros engenhos também no município de Candeias, a exemplo do Petinga. Há também relatos de outras famílias que afirmam que são descendentes dos antigos trabalhadores dos engenhos da ilha. Alguns moradores fazem referência às ruínas e outros materiais arqueológicos, como documentos comprobatórios da existência de engenhos e escravização na Ilha de Maré.

A história do Engenho Freguesia é muito bem registrada por Wanderley Pinho, em seu livro *História de um Engenho do Recôncavo*.

[2] Para um maior aprofundamento a respeito dos engenhos e produção de alimentos na Ilha, ver a minha dissertação de mestrado "Ilha de Maré: espaço, tempo, territórios e identidades". Nela, há um levantamento da presença da economia açucareira, do circuito de abastecimento nesta região da Baía de Todos os Santos e das relações de trabalho tributárias desse modelo de produção.

Nesta obra, o autor relata, a partir de vasta pesquisa, a trajetória do Freguesia desde 1552 até 1944. Segundo Pinho (1982, p. 510-511), no final do século XIX, assolou todo o Recôncavo e, em especial, o Freguesia, uma crise na produção açucareira, acentuada pela pressão da abolição da escravidão no Brasil. Era difícil conter a revolta dos cativos e a ânsia pela liberdade se intensificava. Assim escreve o autor:

> Cada barco que chegava [ao Engenho Freguesia] trazia uma notícia dos expedientes revolucionários de Carigé, o Antônio Bento da Bahia: fugas de cativos, acoutamento de evadidos das senzalas, ousadias e rebeldias de escravos. Como era possível trabalhar com negros tão assanhados pela demagogia dos abolicionistas, e ali tão perto e em diário contato com a Capital, onde fervia a propaganda desprestigiadora da instituição servil?!

O ano de 1877 foi marcado pela escassez de capital e desorganização do serviço graças à resistência dos cativos, como bem acentua Pinho (1982, p. 511). Esses fatores conjugados abalaram de tal modo a produção do engenho que "parecia ter chegado ao total desbarato". Toda a região de beira-mar, onde primeiro houve ocupação e instalação de engenhos, entrava em colapso, com os engenhos de um a um diminuindo a sua produção e ficando "de fogo morto". Os proprietários davam suas terras em arrendamento, deslocando-se para a cidade, ou deixavam-se arruinar.

A última moagem do Engenho Freguesia remonta a 1898-99. A essa época, sob o trabalho assalariado, já que em 1888 havia sido promulgada a Lei Áurea, o Freguesia deixa de ser um engenho e passa à categoria de fazenda fornecedora de cana, como atestam os lançamentos feitos pelo administrador, que vão de abril de 1889 a 1901.

> Não se lêem mais referências a mestres-de-açúcar, maquinistas, balcões, sacos, barricas, purgadeiras, moagem, transportes de açúcar. Agora é ler: viagens da lancha "Vamos Vendo" a conduzir canas para Santo Antônio, canas para embarque... (PINHO, 1982, p. 514).

Os parágrafos anteriores descrevem, de forma resumida, a transformação do Freguesia de "engenho" em "fazenda fornecedora de cana" e a passagem do trabalho escravo para o trabalho livre, no final do século XIX. Essa propriedade foi visitada por Aristides Novis, durante as andanças que fez pelo Recôncavo depois da lei de 13 de maio. Pelas informações desse correspondente, o Freguesia não ficou imune aos conflitos que se seguiram à abolição, pois ali muitos libertos "abandonaram o trabalho". Por outro lado, acompanhando a contabilidade do Engenho Freguesia, entre 1889 e 1898, foi possível verificar que, ao longo desse período, alguns ex-escravizados ainda figuravam nas listas de trabalhadores daquela propriedade. Houve, de fato, ex-senhores que buscaram negociar condições para que os antigos escravizados permanecessem nos engenhos, e, de alguma forma, manter certo controle sobre a força de trabalho remanescente da escravidão (FRAGA FILHO, 2006, p. 230).

Além do Freguesia, que talvez tenha sido o mais importante engenho dessa região, destacamos que outros engenhos existiram nas cercanias do Matoim e na própria Ilha de Maré. A exemplo, o Engenho de Maré, que pertenceu, em dado momento, a Manuel Botelho de Oliveira, brasileiro, nascido em Salvador (1636-1711). Botelho foi advogado, político, senhor de engenho e poeta barroco. Em sua principal obra publicada, em 1705, *Música do Parnaso*, destaca-se o poema "À Ilha de Maré", no qual o poeta fornece informações importantes sobre a ilha.[3]

Outras histórias a respeito da origem das comunidades reportam-se a naufrágios de navios na região de Praia Grande, uma das localidades da ilha. Segundo as narrativas orais dos mais velhos reproduzidas pelos atuais moradores, algumas embarcações que passavam pela ilha entravam em rota de colisão favorecida pela geografia da localidade de Praia Grande, isto é, uma curva côncava e cercada por uma barreira de pedras submersas. Fugas eram empreendidas a partir desses acidentes, aos quais são atribuídos um dos vetores da ocupação local. De fato, a desembocadura do rio Matoim, este protegido pela Ilha de Maré, fornecia abrigo para navios de grande porte (SCHWARTZ, 1988, p. 82), servindo inclusive como atracadouro, uma vez que a Ilha é protegida por Passé e Caboto.

Em conversa com o Professor Cid Teixeira, historiador e veranista na Ilha de Maré desde a infância, ele afirmou que a região do Matoim era local de navegação e bom para porto, onde havia grande circulação de navios. Por essa razão, à época da guerra pela independência da Bahia, foram dispostos na Ilha de Maré, em Itamoabo, dois canhões para impedir a passagem dos portugueses

3 Na minha dissertação de mestrado (OLIVEIRA, 2011), há informações mais detalhadas sobre os engenhos que floresceram na Ilha de Maré.

para dentro da baía. Estes canhões foram desenterrados pelo Prof. Cid, com auxílio dos moradores e está sob o seu poder, em sua casa, até hoje conservada em Itamoabo.

Documentos Orais

Sr. Djalma[4] (Ernandes Carlos Lopes), 66 anos, morador da comunidade de Bananeiras, cuja genealogia apresentamos a seguir (Genealogia 1), relatou a origem da sua família, bem como a da família de sua esposa, oriundas de fugas empreendidas a partir do Engenho Freguesia. Sua bisavó, Maria Inês Bonfim e a bisavó da sua esposa, D. Maria, foram trabalhadoras no Engenho Freguesia, muito provavelmente já na época da sua decadência.

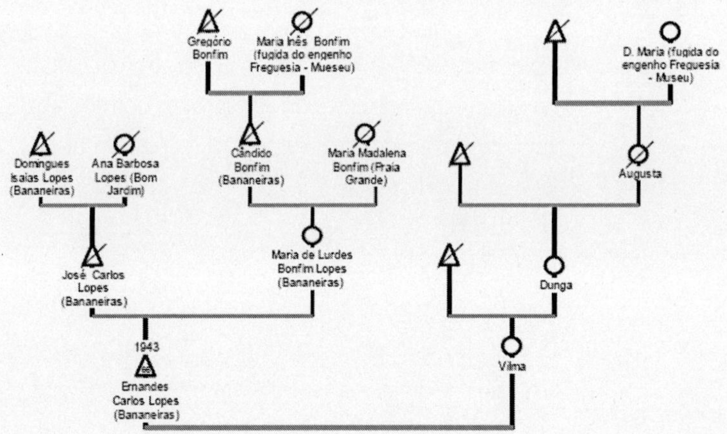

Genealogia 1 - Diagrama Genealógico - Ego: Sr. Djalma (Ernandes Carlos Lopes), Bananeiras

4 Esta genealogia e as outras foram colhidas entre os anos de 2008/2010, à época da realização do trabalho de campo para elaboração de trabalho técnico e acadêmico.

Realizamos uma profunda entrevista com o Sr. Djalma, durante a qual ele nos revelou a forma como adquiriu informações detalhadas a respeito do histórico da Ilha de Maré. Primeiro, decorrente da sua curiosidade, proximidade e deferência aos mais velhos; segundo, em razão do acesso a D. Maria, bisavó de sua esposa, que lhe contava, em visitas esporádicas, a sua história. O informante nos contou que D. Maria tinha uma grande apreciação por fumo e cachaça, mas fazia uso destas substâncias de modo que ninguém da família soubesse, dada sua idade avançada (ela faleceu aos 115 anos). Como o Sr. Djalma trabalhava num pequeno comércio de sua família e tinha facilidade de conseguir os produtos, D. Maria desenvolveu com ele uma relação de cumplicidade, motivada pela possibilidade de acesso à cachaça e fumo. Assim nos relatou Sr. Djalma:

> Eu na minha inocência, que ela sabia que eu trabalhava na venda, quando ela via minha folga, quando eu ia ver Urano, aí ela já sabia que era eu: "Quem é que taí?". O quarto dela era no fundo da casa. Aí dizia assim: "É Djalma? Djalma, venha cá, quero falar com você, é segredo" bem assim: "venha cá que eu quero lhe contar um segredo". Aí eu ia e ela pedia: "Minha cachaça já acabou", que era escondido, né. Aí eu ia, pegava a garrafa, escondia a garrafa, era uma garrafa assim comprida, meia fina. Eu ia, pegava, enchia de cachaça, trazia pra ela mais o fumo. Por isso ela me contou muita história assim. As história dela eu nunca vou esquecer.

O Sr. Djalma salienta a diferença existente no Engenho Freguesia, quanto ao tratamento dispensado às trabalhadoras de pele mais clara em relação às de pele mais escura, a partir dos relatos contados por D. Maria Inês e D. Maria. Esta, que tinha pele escura, era encarregada de trabalhos mais pesados, na lavoura, na catação de marisco, de lenha, ao contrário de D. Maria Inês, de pele mais clara, que cuidava somente dos serviços domésticos, como lavar, cozinhar e engomar roupas:

> Agora, ela [Maria Inês Bonfim, bisavó de Sr. Djalma] dizia que ela, o que ela contava, a história dela é que ela veio de lá do Museu fugida, mas ela não trabalhava... Praticamente ela dizia era que ela não trabalhava como as negras, porque ela disse porque que ela era clara, assim quase da cor da senhora, não era... Ela disse que quando tinha uma pessoa com a pele mais clara, trabalhava lá também, mas não era como o sofrimento dos negros, não. Porque ela passava roupa, ela gomava roupa, num era como as negra que tinha que mariscar, que tinha... era como se fosse um castigo pros negro e ela porque era mais clara tinha mais uma mordomia dentro lá, era cozinheira. Então ela disse que o trabalho dela lá era gomar, gomar roupa, passar roupa, que não era tão brabo como com as nega, né? Contava que ela veio do Museu, trabalhou como escrava, mas não como era as outras forçada, porque ela gomava as roupas deles, passava as roupas dos filhos deles, mas dentro de casa. Ela contava essa história que ela veio do Museu, mas contava diferente um pouco da história da vó de Vilma [esposa de Sr. Djalma], que veio, que era escrava mesmo, que era preta. Ela disse que não trabalhava como as negra trabalhava, que ela tinha um cargo, como se fosse um cargo, ela não dizia especial, mas um cargo assim mais manso, ela diz. A história dela

lá que ela contava era isso. Que ela tinha vindo embora também, fugida de lá pra cá.

Já o Sr. Joel Paraguaçu Luz, 69 anos, morador da Ponta Grossa, era também um guardião de grande parte da memória sobre a chegada de trabalhadores fugitivos à Ilha de Maré. Essa memória lhe foi transmitida através de sua família de sua mãe, por terem sido seus bisavôs maternos, D. Ciriaca Luz e Sr. Anastácio Luz (Genealogia 2), uns dos trabalhadores do Engenho da Petinga, em Candeias. Realizamos longa entrevista com o Sr. Joel, durante a qual ele nos relatou a origem da família Luz, bem como as fugas empreendidas pela geração dos seus bisavôs para a Ilha de Maré.

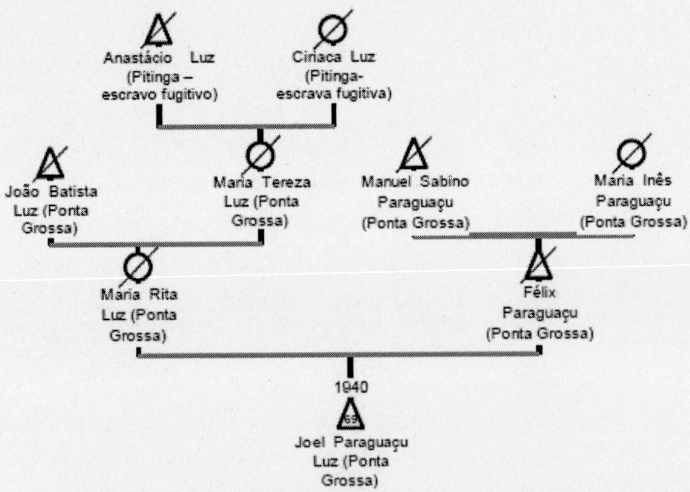

Genealogia 2 – Diagrama Genealógico. Ego: Joel Paraguaçu, Ponta Grossa

> J.: Esse pessoal já vieram lá de Petinga. Esse pessoal já são dos africanos, já vieram de lá do povo da África. São pessoas da geração do pessoal africano, já vieram de lá, esses não são nascidos aqui. A parte da minha

> mãe, muitas pessoas da parte da minha mãe não foram nascidos aqui. Minha mãe já foi nascida aqui, mas os ancestrais não são daqui. – Q.: Onde é Petinga, Sr. Joel? – J.: É quem vai pra Candeias. Não é por essa estrada que está se passando não, é por baixo, onde tem a Petrobras, onde tem lá aquele parque da Petrobras. Petinga é ali. Até hoje ainda tem até uns restos daquelas, daqueles engenhos, ainda tem aquele engenho do lugar de onde eles vieram.

A memória da fuga é preservada em detalhes ao longo das gerações da família Luz, que se transforma em Luz Paraguaçu, a partir do casamento entre Félix Paraguaçu e Maria Rita Luz, pais do Sr. Joel. O interessante, nesse trecho da entrevista, é o modo como o Sr. Joel se refere aos seus antepassados que não são nascidos na ilha, ou seja, "os africanos". Essa denominação para se dirigir aos ascendentes é muito comum na Ilha de Maré, como é também a expressão "linhagem dos africanos". Importante ressaltar que a história da família Luz Paraguaçu não é única, mas antes exemplar da formação da população de Ilha de Maré. Em outras palavras, parte das famílias "mareenses" teve a sua constituição a partir da vinda de trabalhadores fugidos dos engenhos próximos, ou à procura de novas condições de vida, depois da falência geral dos engenhos de açúcar de Candeias ou da própria ilha. Optamos, a seguir, por apresentar *ipsis litteris* o relato do Sr. Joel a respeito das estratégias de fuga empreendidas pelos trabalhadores do Petinga para alcançar a Ilha de Maré, pela sua riqueza de detalhes e boa capacidade de narração:

> J.: Então, eles fugiram de lá, o pessoal mais velho, fugiram e chegaram aqui. Era como minha vó tendo

aqui o conhecimento de minha vó, eles saíam de lá tarde da noite pra vim procurar onde eles podiam achar um lugar pra se enconderem dos portugueses. Então, eles chegaram, vieram a nado, chegaram de um lugar chamado Tamarineiro. Eles caíram na água ali e nadaram. Em primeiro lugar, vieram quatro, quatro africanos. – Q.: Quatro africanos? – J.: É, é. Tudo homem. Vieram à noite, às tantas da noite. Eles vinham de uma maneira... vinham à noite e voltavam à noite, que eles não podia o dia, o dia chegar... que os senhores não encontrar eles lá, né. Aí eles vieram, chegaram, aqui, procuraram, andaram, à noite, pelos matos e encontraram um lugar chamado o Descanso. Mas era matagal mesmo, era serra fechada. – Q.: Ainda existe esse lugar? – J.: Existe e continua sendo um lugar isolado aqui. – Q.: É o Descanso, né? Fica onde o Descanso? – J.: Fica aqui pra dentro, aqui. – Q.: Fica ainda na Ponta Grossa? – J.: É, fica entre Ponta Grossa e Maracanã, fica entre os dois. Fica em um lugar muito reservado, muito escondido, né. Então, os... eles vieram, chegaram, encontraram um lugar que dava pra eles se refugiarem. Aí, voltaram à noite mesmo, né, voltaram à noite. Quando chegaram lá, comunicaram com os outros que ficaram lá, com alguns que estavam prontificados a saírem também. Aí se comunicaram e ajeitaram que eram pra virem com mais pessoas, era pra virem preparar jangada, arrumar jangada, porque tudo aqui não tinha ninguém, não residia ninguém, era tudo era isolado. – Q.: Aqui na região da Ponta Grossa, Porto dos Cavalos. – J.: É, essa região nenhuma por aqui não tinha habitantes. – Q.: Rapidinho... isso tudo eles fizeram de noite, não foi? Quando eles voltaram pra avisar aos outros, já era de manhã, já pra os senhores não ver, né? – J.: Não, não, eles não podiam chegar de manhã não, só podiam chegar de noite. Saíam de noite e chegavam de noite. – Q.: Eles estudaram primeiro o lugar... – J.: ... primeiro o lugar, aí chegaram, voltaram a nado também. Quando eles vieram com mais pessoas, foi a nado também. Mas eles precisavam ver um lugar que tinha uma árvore que chama gravatá, que é muito boa pra fazer barco, né. É uns varões assim. Aí eles viram que encontram gravatá, como ali no Armitão, que tinha muito, hoje em dia é que acabou. Encontrou também muito bambuzal. Aí, eles acertaram que era pra vir com os... os... as ferramenta pra chegar aqui eles cortarem os gravatás, cortarem os bambus e fazer as jangada pra puder conduzir porque... tem o rio aí. Esse rio aí, eles conseguiram encontrar esse rio, a estrada do rio. Aí eles abriram, arranjaram tudo direitinho, que quando eles vieram todos equipados, eles abriram o rio que era pra poder se aproximar mais do lugar que eles tinham que chegar com as família, né, que vai até lá em cima, esse rio. – Q.: Qual o nome do rio? – J.: Chamava rio de Biia, mas é o rio de Ponta Grossa. – Q.: Rio de Ponta Grossa. – J.: Aí, eles vieram, chegaram... aí chegaram, ajeitaram... à noite, quando eles vieram com um maior número de pessoas, mas vieram à noite também, né. Chegaram aí e cortaram as madeiras, ajeitaram, voltaram, mas não puderam logo fazer a jangada porque o tempo não dava, né. Ajeitaram, cortaram as madeiras, os bambus, os gravatás, colocaram nos lugares. Dias depois eles vieram, o processo era o mesmo, o horário de ida e vinda, ida e vinda... – Q.: Pra não fazer falta deles. – J.: Isso aí. Aí ajeitaram, fizeram os torniquetes, furaram os

> gravatás, os bambus, aí começaram a ajeitar as jangadas, continuaram no processo. Mas, todo mundo está lá sob aviso. As famílias já vinha com filhos, com as esposas, o pessoal, tá entendendo como é? Aqueles que queriam sair, né... tinha outros que tinha receio, tinha medo de sair porque de ser encontrado, tinha medo de alguma repressão. Aí, vieram, ajeitaram as jangadas. Quando acabaram de acertar a jangada, foram lá e prepararam o pessoal pra se prevenirem pra mais cedo nesse dia que eles já estavam pra trazer o pessoal, já foi pra se preparar pra vir mais cedo. Chegaram no mesmo lugar, ali onde eles começaram caindo na água pra nadar, aí eles colocaram a jangada. Depois, preparou o pessoal... porque nesse tempo, não se encontrava ninguém, esse pessoal procurava todo mundo se reconhecia que era o pessoal todo mundo escravo e não tinha direito de tá fazendo como nóis que vai a hora que quer, vem a hora que quer, não é? Aí, pegou a jangada, ajeitou tudo direitinho, aí pegou as famílias, pegaram, chegaram aqui e se refugiaram ali num lugar que chama o Descanso. Aí ficaram, aí ficaram. [...]

O esforço interpretativo a ser realizado é o de tentar compreender o sentido de "fuga" no final do período da escravidão e no pós-abolição, quando houve a derrocada do sistema de *plantation* e, consequentemente, a transição do trabalho escravo para o trabalho livre, no Recôncavo, berço da resistência escravista. As transformações ocorreram, portanto, paulatinamente. Sair do engenho decadente, abandonar o patrão, tinha uma carga simbólica de quebra da relação de reconhecimento e de deferência ao senhor. A virada do século XIX para o século XX, que corresponde ao período da abolição da escravatura no Brasil, foi certamente a época em que se formou grande parte das atuais comunidades quilombolas do Recôncavo. Essas são fruto das ocupações, das fugas, das resistências, das migrações, das novas formas de trabalho e da formação de territórios negros por trabalhadores egressos do cativeiro.

Segundo Fraga Filho (2006, p. 27), mesmo o Recôncavo, que foi objeto de inúmeros estudos sobre seu passado, ainda aguarda estudo sistemático sobre as populações egressas do cativeiro. Pouco se sabe sobre o destino dos ex-escravizados, suas experiências e projetos de liberdade, suas memórias da escravização, as formas com que se relacionavam com os antigos senhores e com as comunidades em que estavam inseridos. A historiografia sobre a escravidão, ou melhor, sobre o final da escravidão na Bahia, que compreende o fim do século XIX e o início do século XX, nos revelam as diferentes trajetórias, ou possibilidade de trajetórias, dos antigos escravizados. Sabemos que, mesmo antes da abolição e principalmente no período pós-abolição, Salvador foi o destino principal de grande número de escravizados "fugidos", alforriados e de ex-escravizados do Recôncavo. Muitos, entretanto, permaneceram no campo, conformando variados padrões de inserção no mundo rural.

Houve, de fato, movimentos de fugas individuais e coletivas, incentivados pelo clima abolicionista e pela crise de legitimidade do escravismo na Bahia de 1880 (FRAGA FILHO, 2006, p. 19). Ao longo dessa década, a ordem interna dos engenhos foi sacudida pela onda crescente de desobediência e insubordinação de escravos, assim como por uma tendência crescente a transgressões escravas em várias regiões do país. Muitas fugas eram "acobertadas" ou "acoitadas" por negros libertos, que já haviam se estabelecido nas propriedades onde moravam – como agregados – e trabalhavam em parcelas doadas ou arrendadas pelos antigos senhores (ALBUQUERQUE, 2006, p. 157-158).

Fugir também significava "abandonar a propriedade", no pós-abolição. Nos dias imediatos à abolição, houve intensa movimentação de homens e mulheres egressos da escravidão, dos engenhos para as cidades ou dos engenhos para outras freguesias rurais, e de libertos para engenhos abandonados, possivelmente tentando estabelecer roça fora das terras dos antigos senhores. Em parte, esse deslocamento de libertos era prolongamento das fugas de escravos, intensificadas nas últimas décadas da escravidão (FRAGA FILHO, 2006, p. 312). Apesar dessas migrações, não houve abandono em massa dos engenhos. Tudo indica que a saída dos libertos foi sendo processada ao longo dos anos que se seguiram à abolição (FRAGA FILHO, 2006, p. 318).

Para muitos ex-escravizados, a migração significou distanciar-se do passado de escravização. A decisão de migrar para outras localidades poderia estar relacionada à esperança de alargar possibilidades de sobrevivência fora dos engenhos, ou de se afastar da autoridade dos antigos senhores. Alguns buscavam refúgio em outras propriedades, na tentativa de obter a proteção e um pedaço de terra na qual pudessem trabalhar como rendeiros, meeiros, etc.

No contexto do escravismo, que foi muito mais do que um sistema econômico – uma vez que moldou condutas –, definiram-se hierarquias sociais e raciais, forjaram-se sentimentos e valores, estabelecendo etiquetas de mando e obediência (FRAGA FILHO, 2006, p. 26). Prevalecia uma espécie de dívida de gratidão dos escravizados para com seus senhores, e a decisão dos trabalhadores de abandonar a propriedade poderia ser interpretada como ingratidão. A quebra da relação paternalista significava a perda do reconhecimento, da deferência e da obediência ao antigo senhor. Isso explica o fato de muitas "fugas", ocorridas mesmo depois de abolida a escravatura, terem sido empreendidas às escondidas, como se ainda existisse algum direito dos senhores sobre seus trabalhadores.

Houve, ainda, ex-escravizados que permaneceram nas propriedades anos após a abolição. Para muitos, de fato, principalmente aqueles que, no tempo do cativeiro, haviam conseguido acesso a um pedaço de terra, continuar nas propriedades do antigo senhor significou a concretização de uma expectativa de sustentar e até ampliar espaços alternativos de sobrevivência dentro das propriedades ou nos lugarejos em que nasceram (FRAGA FILHO, 2006, p. 250).

O cultivo de roças conferiu aos escravizados espaços de independência pessoal na produção da própria subsistência e na comercialização do que era cultivado. O fato de possuírem parcelas de terras para plantar e vender o excedente na cidade mostra que esses trabalhadores conseguiram espaços próprios dentro do engenho. Além disso, os engenhos do Recôncavo eram dotados de recursos naturais, sobretudo matas, mangue e mar, que foram fontes primordiais de alimentos para os trabalhadores da grande lavoura. Nos engenhos próximos ao mar, alguns escravos e escravas se especializaram nas ocupações de pesca e mariscagem. Quando o cativeiro acabou, muitos deles continuaram ligados a essas atividades como modalidades alternativas ao trabalho nas pequenas roças e nos canaviais (FRAGA FILHO, 2006, p. 40).

A escolha de permanecer na propriedade pode também ter sido norteada pelas vivências comunitárias e pelos laços familiares engendrados ao longo da vida escravizada. Dos trabalhadores escravizados nos engenhos no final do século XIX, 90% eram nascidos no Brasil (FRAGA FILHO, 2006, p. 35). Grande parte dessa população pertencia a grupos familiares há muito tempo estabelecidos nas propriedades, onde puderam manter relações estáveis de uma geração para a outra. Esses laços comunitários, tecidos a partir do parentesco entre ex-escravizados do mesmo engenho ou de engenhos vizinhos, trabalhadores alforriados, nascidos livres etc., foram fundamentais para que os egressos da escravidão conseguissem recompor a vida em liberdade. A proteção da família, dos companheiros de trabalho e da vizinhança oferecia alguma garantia.

Observavam-se, nas comunidades de ex-escravizados que permaneceram nos antigos engenhos ou migraram para outras propriedades, diferenciações quanto ao grau de dependência em relação à lavoura central. Havia aqueles que dependiam exclusivamente do trabalho da grande plantação de cana, podendo vir a ser um "trabalhador assalariado", "agregado", "rendeiro", "meeiro", "posseiro". Alguns desses tinham outras atividades – uma pequena roça, pesca, mariscagem, caça, extração de cipós –, mas, ainda assim, continuavam ligados à economia da cana. Outros, porém, lograram certo grau de autonomia em relação ao engenho. E, para livrar-se da interferência dos ex-senhores, muitos libertos buscaram até mesmo distanciar-se fisicamente. Em vários engenhos se podiam encontrar comunidades de ex-escravizados que, deliberadamente, se afastaram das casas-grandes, como forma de limitar a ingerência dos antigos senhores em suas vidas (FRAGA FILHO, 2006, p. 255). Núcleos territoriais ocupados por essas comunidades alcançaram certa independência em relação aos proprietários, proporcionando aos ex-escravizados e seus descendentes condições de morar e plantar na roça sem obrigação de prestar serviço aos antigos senhores.

Considerações Finais

As narrativas da história oral compreendidas à luz da historiografia oficial, e vice-versa, podem nos trazer uma compreensão mais aprofundada a respeito dos fatos históricos. Essa foi a tentativa desta breve reflexão aqui apresentada. Há que se salientar, porém, que não há uma hierarquia entre as fontes, mas antes de tudo, uma inter-relação para melhor interpretação da história, tanto na sua versão oral quanto escrita. Pensar junto com o uso sistemático do testemunho oral possibilita esclarecer trajetórias individuais, eventos ou processos que às vezes não têm como ser entendidos ou elucidados de outra forma (FERREIRA; AMADO, 2006, XIV).

À guisa de conclusão, há ainda, no repertório da historiografia, uma carência a respeito da trajetória das populações negras no pós-abolição. Essa memória pode ser acessada através da história oral, que tem muito a contribuir enquanto campo de estudo do testemunho oral e entrevistas em profundidade, que, enquanto técnica de levantamento de informações, podem auxiliar na reconstrução dessa história que ainda precisa ser contada. Isso tem sido feito recentemente de forma mais recorrente. Ouvir em profundidade relatos da memória de *griots*, os guardiões das palavras, é revelar a maneira como nosso país foi construído, as inconsistências do nosso processo inacabado de abolição e a formação de comunidades quilombolas no Brasil, uma parte não conhecida na nossa formação enquanto nação. Estes devem ser caminhos interessantes e necessários para pesquisas que estão por vir.

REFERÊNCIAS

ALBUQUERQUE, Wlamyra R. de; FRAGA FILHO, Walter. **Uma história do negro no Brasil.** Salvador: Centro de Estudos Afro-Orientais; Brasília: Fundação Cultural Palmares, 2006.

ARAÚJO, Ubiratan Castro de. "A Baía de Todos os Santos: um sistema geo-histórico resistente." **Bahia Análise & Dados.** Salvador: SEI. v. 9, n. 4, p. 10-23, mar., 2000.

BARICKMAN, B. J. **Um contraponto baiano:** açúcar, fumo, mandioca e escravidão no Recôncavo, 1780-1860. Rio de Janeiro: Civilização Brasileira, 2003.

FRAGA FILHO, Walter. **Encruzilhadas da liberdade:** histórias de escravos e libertos na Bahia, 1870-1910. Campinas: Ed. UNICAMP, 2006.

FERREIRA, Marieta; AMADO, Janaína (orgs.). **Usos & abusos da História Oral.** Rio de Janeiro: FGV, 2006.

OLIVEIRA, Queila de Brito. **Ilha de Maré:** espaço, tempo, territórios e identidades. Dissertação (Mestrado em Antropologia Social) – Faculdade de Filosofia e Ciências Humanas, Universidade Federal da Bahia. Salvador. 2011.

PINHO, Wanderley. **História de um engenho do Recôncavo:** Matoim, Novo, Caboto, Freguezia – 1552-1944. São Paulo: Companhia Editora Nacional, 1982. 601 p.

SCHWARTZ, Stuart B. **Segredos internos:** engenhos e escravos na sociedade colonial – 1550-1835. São Paulo: Companhia das Letras, [Brasília]: CNPq, 1988.

As aulas de Educação Física Escolar na resistência ao Racismo Ambiental em Ilha de Maré

Ariany Cavalcante Lobo[1]
André Ricardo Magalhães[2]

Resumo

Este é um artigo que descreve as experiências vivenciadas nas aulas de Educação Física da Escola Municipal de Ilha de Maré, Salvador/BA, durante a aplicação do projeto Ancestralidade Griot. O planejamento das aulas teve como suporte teórico estudos realizados em Almeida (2020), Munanga e Gomes (2016), Silva (2016), Macedo (2011), dentre outras contribuições. O objetivo deste trabalho é apresentar a análise e os resultados das atividades que foram desenvolvidas nas aulas

1 Ariany Cavalcante Lobo é Licenciada em Educação Física, professora da rede municipal de Salvador, desde 2018, trabalhando com as turmas do Fundamental II da Escola Municipal de Ilha de Maré. Mestranda em Gestão e Tecnologias Aplicadas à Educação pela Universidade do Estado da Bahia, turma 2022/1. E-mail: arianylobo@gmail.com

2 André Ricardo Magalhães é Doutor em Educação Matemática pela PUC/SP. Mestre em Engenharia de Produção pela Universidade Federal de Santa Catarina. Atualmente é coordenador do Programa de Mestrado em Gestão e Tecnologias Aplicadas à Educação na Universidade do Estado da Bahia. E-mail: armagalhaes@uneb.br

de Educação Física para estimular e ampliar o conhecimento das/os estudantes sobre o Racismo Ambiental que as comunidades de Ilha de Maré têm sofrido ao longo dos últimos vinte anos. Utilizamos a metodologia participativa de forma lúdica e crítica. A escolha de atividades lúdicas pareceu ser o melhor caminho para aplicar os fundamentos do projeto Ancestralidade Griot junto aos estudantes.

Palavras-chaves: Educação Física; Educação Escolar Quilombola; Racismo Ambiental, Ancestralidade Griot.

Introdução

Essa pesquisa parte da análise das atividades realizadas nas aulas de Educação Física no decorrer da implementação do Projeto Ancestralidade Griot, que teve como financiador o Centro de Estudos das Relações de Trabalho e Desigualdades (CEERT). O projeto foi criado com o intuito de mobilizar toda a comunidade escolar na direção da compreensão e vivência de uma efetiva Educação Física escolar pautada na educação escolar quilombola na Escola Municipal de Ilha de Maré. Essa iniciativa proporcionou a formação continuada de professoras/es, atividades multi e interdisciplinares com estudantes e fortaleceu o vínculo da escola com a comunidade local por meio do reconhecimento de sua história, das suas personalidades e pela leitura do contexto socioeconômico local.

Esta pesquisa utiliza uma abordagem qualitativa, pois o objeto de estudo está voltado para a aplicação de jogos no processo de aprendizado sobre as problemáticas relacionadas ao racismo ambiental em Ilha de Maré. O objetivo deste trabalho, portanto, é desenvolver ações que envolvam o (re)conhecimento da história e cultura da comunidade local nas aulas de Educação Física e, por conseguinte, identificar reflexões, ações construtivas que fortaleçam os laços culturais e apontar os impactos das atividades lúdicas realizadas durante a execução do projeto Ancestralidade Griot. Esses objetivos buscam elencar as contribuições referentes ao uso de jogos no processo de aprendizagem.

A relevância deste trabalho está correlacionada com a

aplicação das Diretrizes Curriculares Nacionais para a Educação Escolar Quilombola nas aulas de Educação Física da Escola Municipal de Ilha de Maré. O conteúdo ministrado nas aulas de Educação Física para estudantes oriundas/os de comunidades quilombolas não poderá ser o mesmo aplicado em escolas de educação não quilombola. Essa é uma questão que merece uma atenção pedagógica, para que sejam pautadas as particularidades socioculturais locais no planejamento das aulas.

Racismo Ambiental em Ilha de Maré

Qual é a história do Brasil que se aprende na escola? A resposta dessa pergunta faz toda a diferença para a compreensão das relações étnico-raciais e a dinâmica social, política e cultural da sociedade brasileira em pleno século XXI. Chimamanda Ngozi Adichie, em seu livro *O perigo de uma história única* (2019, p. 32), descreve como as histórias são usadas para "espoliar e caluniar, assim como empoderar e humanizar. Elas podem despedaçar a dignidade de um povo, mas também podem reparar essa dignidade despedaçada".

Nesse sentido, essa pesquisa leva em consideração a importância da releitura crítica e decolonizada da história do Brasil a partir de estudiosas/os antirracistas, para que, desta forma, seja possível compreender as desigualdades sociais e as problemáticas relacionadas às questões étnico-raciais que perduram por mais de cinco séculos como resultados do racismo estrutural brasileiro.

> Por ser processo estrutural, o racismo é também processo histórico. [...] As classificações raciais tiveram um papel importante para definir as hierarquias

> sociais, a legitimidade na condução do poder estatal e as estratégias econômicas de desenvolvimento (ALMEIDA, 2020, p. 53-54).

Já pensou como seria a história do Brasil contada a partir da perspectiva das/os negras/os? Já imaginou como seria se a história do nosso país fosse contada pelos povos indígenas? Há mais de cinco séculos que a história do Brasil vem sendo contada por brancos, europeus e seus descendentes, consolidando uma ideologia hegemônica e eurocentrada sobre raça.

O resultado disso, dentre tantos outros, é a presença das mais variadas formas de discriminação e violências contra a população negra e povos indígenas. Estudos realizados por Silva (2004) demonstram que a produção de conhecimento presente nos livros didáticos, por exemplo, apresenta uma evidente discriminação linguística e imagética sobre negros/as. Essa marginalização do outro tem nome e sobrenome, chama-se distinção de raça, fruto das teorias que consolidaram a perversa segregação entre brancos, negros e indígenas no Brasil.

> [...] Os valores e representações da cultura europeia são predominantes nos livros. As fadas, os anjos, as sereias, as bruxas medievais, as lendas e comemorações de origem europeia aparecem em todos os livros. Os valores culturais dos segmentos subordinados na sociedade são omitidos ou distorcidos e, especificamente em relação ao negro, aparecem "folclorizados" (SILVA, 2004, p. 38).

Além da obrigatoriedade da Lei nº 10.639/03, uma escola com educação escolar quilombola precisa implementar as Diretrizes

Curriculares Nacionais para a Educação Escolar Quilombola. Neste documento constam indicativos que caracterizam a educação escolar quilombola, na qual, por exemplo, é crucial que a realidade local seja parte do conteúdo pedagógico para compreensão e leitura da realidade que o educando está inserido.

Ressalta-se que a história de Ilha de Maré é marcada pelo extermínio de povos indígenas que ali conviviam antes da invasão dos portugueses. As comunidades da ilha são sinônimo de resistência histórica e na atualidade passam por processos de (re)existência diante do reconhecimento de seu território como quilombola em consequência do massivo racismo ambiental que vem sofrendo nas últimas décadas por conta da irresponsabilidade das empresas no seu entorno.

Uma das características comuns a cada uma das comunidades é que todas são parte desse território historicamente quilombola, apesar de nem todas serem oficialmente certificadas. Cheio de misticismo, com festejos locais e uma maneira de fazê-los muito particular, não há outro bairro em Salvador que tenha tradições parecidas com as de Ilha de Maré.

Para além das problemáticas de reconhecimento territorial, todas as comunidades são atingidas pelo lixo tóxico despejado no mar ou no ar por empresas que estão ao redor da ilha. Essa é uma questão que acontece há mais de duas décadas, afetando a saúde das/os moradoras/os. Substâncias químicas como mercúrio, cádmio e chumbo são encontradas no mar em torno de Ilha de Maré. Essa situação impacta economicamente a comunidade, pois boa parte da renda e da alimentação vem do mar.

> Segundo a pesquisadora Neuza Miranda, o estudo abrangeu 117 crianças nos 7 vilarejos da ilha e provou que "90% das crianças estão contaminadas com mais de 10 microgramas de chumbo por decilitro de sangue, acima do preconizado pela Organização Mundial da Saúde. Na região oeste e sul, comunidades de Praia Grande e Santana. (MÍDIA NINJA, 2019)

Um marco nessa situação de ataques ambientais aos moradores/as de Ilha de Maré foi a implantação, a partir da década de 50, da Refinaria Landulpho Alves (RLAM). Posteriormente, chegaram o Complexo Industrial de Aratu (CIA), o Centro Industrial do Subaé e o Complexo Petroquímico de Camaçari (COPEC), além do Porto de Aratu-Candeias, que hoje é responsável por 60% de toda a carga movimentada em modal marítimo na Bahia e, portanto, possui grande importância para a economia da Bahia (MÍDIA NINJA, 2019).

Lideranças locais se organizam, realizam e participam regularmente de espaços para denunciar o racismo ambiental que acomete a Ilha de Maré. Na contramão das ações das comunidades, encontramos a (in)justiça – o município de Salvador, o Estado da Bahia e órgãos competentes que deveriam efetuar a fiscalização, se fazem de desentendidos dos ocorridos, e as empresas violam o direito à vida, à sustentabilidade das comunidades, sem qualquer categoria de punição. *A Revista Temática da Defensoria Pública do Estado da Bahia* (v. 1, 2017) exemplifica diversos casos de comunidades quilombolas que são historicamente marginalizadas e esquecidas pelo judiciário e pela gestão pública.

Destacamos a contribuição das lideranças femininas das

comunidades de Ilha de Maré – em especial, de Bananeiras, Porto dos Cavalos e Martelo – pela dedicação às demandas sociais locais. É notória a participação majoritária de mulheres à frente desses movimentos. Além das ameaças de prisão por reivindicar direitos coletivos, algumas delas chegam a sofrer ameaças de vida por conta da exposição. O Ancestralidade Griot colaborou para o reconhecimento dessas mulheres das águas de Ilha de Maré por suas/seus professoras/es e estudantes, as quais historicamente vêm lutando pelos direitos das comunidades quilombolas desse território.

Ainda sobre racismo estrutural, é importante dizer que as comunidades de Ilha de Maré carecem de espaços de lazer, saneamento básico, Unidade de Saúde de Pronto Atendimento (UPA), fiscalização sanitária, manutenção das pontes onde os barcos ficam atracados, incentivo fiscal, fomento ao transporte marítimo, agricultura familiar, dentre tantas outras necessidades de ordem socioeconômica. A Escola Municipal de Ilha de Maré ainda não recebe os recursos financeiros adequados para alimentação, não possui até o momento biblioteca, sala de audiovisual e informática, quadra coberta e, muito menos, um material didático diversificado como deveria, de acordo com as Diretrizes Curriculares Nacionais para a Educação Escolar Quilombola.

Todas essas questões elencadas estão ligadas ao racismo estrutural que corrói a inclusão social e a garantia de direitos das comunidades quilombolas da ilha. Esses são temas que deveriam fazer parte do planejamento pedagógico da Escola Municipal de Ilha de Maré e do projeto político-pedagógico. Há uma força operacional com o objetivo de conscientizar a comunidade escolar das mazelas sociais que afetam a cultura, a economia e a saúde dos/as moradores/as da ilha. Assim como, repensar ações de combate a esse cenário racista, desigual e perverso.

Aquilombando a Educação Física Escolar

A Educação Física escolar, enquanto componente curricular obrigatório, se utiliza da cultura corporal de movimento para sua inserção no currículo da escola. Por meio da ginástica, esportes, danças, lutas, brincadeiras e jogos, são elaboradas atividades que contribuem para uma formação humana comprometida em formar sujeitos antirracistas, determinados a erradicar as injustiças sociais. Em especial, nesta pesquisa, vamos abordar o uso do jogo como colaborador do processo de ensino-aprendizagem. O aquilombamento das aulas de Educação Física é reflexo da práxis que correlaciona os conteúdos desta área do conhecimento com as demandas curriculares que caracterizam a educação escolar quilombola. É uma Educação Física que usufrui dos conhecimentos da historicidade de forma crítica, fortalece a identidade quilombola, enaltece a cultura local, aborda o (re)conhecimento da resistência e ancestralidade como essenciais para mudanças sociais antirracistas.

Um componente importante na reflexão sobre educação e questões étnico-raciais é o currículo. Ele tem papel fundamental e está ligado à seleção dos conteúdos, formas de avaliação, dentre outros elementos que devem ter como finalidade a "[...] construção de uma perspectiva que apreenda o conhecimento como ato humano construído numa temporalidade e num contexto de interesses, de intenções, para alcançar objetivos específicos da época" (MACEDO, 2011, p. 27-28). A partir dessa compreensão, fica nítido o papel primordial do Projeto Político-Pedagógico (PPP) de uma escola. Nele constam a fundamentação teórica, os interesses e objetivos da escola, que tipo de tendência pedagógica a escola adere e qual ideologia quer fortalecer. Para Givânia Maria da Silva, quilombola, formada em Pedagogia e professora da comunidade de Conceição das Crioulas/PE, o PPP é "mais do que um mecanismo de efetivação de política educacional, ele é instrumento de construção identitária coletiva e de participação social" (SILVA, 2006, p. 121). Desse modo, as aulas de Educação Física devem estar alinhadas com as demandas socioculturais da comunidade local.

Para colaborar com os estudos sobre jogos educativos, levaremos em consideração a influência do poder simbólico a partir das contribuições de Santaella (2002). A autora indica que "quando as mensagens têm o poder de representar ideias abstratas, convencionais, estaremos falando de símbolos" (SANTAELLA, 2008, p. 49). Assim, entende-se a influência do poder simbólico e suas decorrências como forma de ajudar na compreensão e associação entre os componentes da educação formal, a historicidade e a aplicação do jogo propriamente dito, o seu propósito. Mediar o conhecimento de maneira crítica e estimular a criticidade da/o educanda/o é uma tarefa que deveria ser entendida pelo/a educador/a como uma ação intrínseca ao ato de ensinar. O saudoso Freire, em *Pedagogia do Oprimido*, questiona:

> Quem, melhor que os oprimidos, se encontrará preparado para entender o significado terrível de uma sociedade opressora? Quem sentirá, melhor que eles, os

> efeitos da opressão? Quem sentirá, mais que eles, para ir compreendendo a necessidade da libertação? Libertação a que não chegarão pelo acaso, mas pela práxis de sua busca; pelo conhecimento e reconhecimento da necessidade de lutar por ela (2005, p. 34).

O jogo tem suas raízes na produção de atividades e dinâmicas com a finalidade de aplicar ações lúdicas e prazerosas. O jogo traduz a mais autêntica manifestação de aprendizado. Por meio da ludicidade, é possível expressar toda sua plenitude do ser. Os jogos contribuem para o desenvolvimento de habilidades incontáveis nas esferas da vida, influenciando na relação intrapessoal e interpessoal para contribuir de forma propositiva no processo de ensino-aprendizagem. Por isso, o embasamento teórico é necessário, e a escola precisa ter um currículo que direcione quais os seus interesses e que tipo de formação está sendo proposta naquele contexto, tendo em vista que o currículo é um espaço de disputa de poder (MUNANGA; GOMES, 2006). Portanto, se a escola silencia um conteúdo (saberes e conhecimentos) sobre algo que está enraizado na cultura, na política, na forma de se viver, esse também é um posicionamento ideológico.

Nesse sentido, é possível afirmar que, por intermédio do jogo, as pessoas se relacionam através de normas que emanam do próprio convívio, identificando espontaneamente a necessidade da elaboração de um código de direitos e deveres.

Atos de resistência com a ludicidade

A metodologia utilizada nas aulas de Educação Física na

Escola Municipal de Ilha de Maré foi participativa, levando em consideração os conhecimentos da cultura popular, a historicidade, o contexto da sociedade atual, fazendo relações dialógicas. Estudantes são estimuladas/os a participar ativamente de tal forma que se sintam como sujeitos colaboradores do processo de ensino-aprendizagem. Pois, subentende-se que ensinar e aprender são elementos indissociáveis. Tanto professoras/es quanto educandas/os ensinam e aprendem juntos, um é o estímulo do outro. Por isso, é preciso romper com a ideia de que ensinar é responsabilidade da/o docente, e aprender, um problema da/o educanda/o. É uma via de mão dupla.

Escolhemos, como estratégia de aplicação dos ensinamentos do Ancestralidade Griot nas aulas de Educação Física, as questões resultantes do racismo ambiental em Ilha de Maré. Para tanto, foram realizadas três etapas, inicialmente. A primeira consistiu em apresentar a proposta do projeto, os temas que seriam abordados, a importância do trabalho coletivo e as possíveis consequências dessas ações. O objetivo aqui foi criar uma familiaridade e interesse das/os educandas/os com o projeto. Por conseguinte, houve o aprofundamento de temas específicos relacionados à identidade quilombola, resistência, ancestralidade e educação escolar quilombola. Esses temas foram abordados por meio de palestras com convidadas/os via videoconferência e presencialmente. A terceira parte abrangeu uma breve discussão dos pontos citados na etapa anterior como introdução para a elaboração de atividades lúdicas por meio do jogo.

Essas atividades foram aplicadas no contexto da pandemia, no segundo semestre de 2021, seguindo protocolos de prevenção contra a Covid-19. Desse modo, os jogos eram realizados levando em consideração o afastamento, a ausência de contato físico e atividades que não requeriam esforço aeróbico por conta do uso da máscara e do calor.

Inicialmente, percebeu-se a necessidade de identificar dois gestos para conseguir alcançar os objetivos deste trabalho. O primeiro foi correlacionar o lúdico no jogo com a conscientização ante a historicidade e os dias atuais; e o segundo, pautar no campo do simbólico, fazendo do jogo uma ferramenta de reflexão e ação para compreender, sugerir e agir, a fim de realizar mudanças no contexto social, e em especial, no que faz menção ao racismo ambiental.

A partir daí, foi possível reconhecer que valores importantes para o trabalho em equipe deveriam ser enaltecidos, como a comunicação, o senso de coletividade e a solidariedade. Os resultados alcançados foram comprovados pelos depoimentos dados pelas/os educandas/os, que apontaram associações e correlações no campo do poder simbólico, entre o conteúdo teórico trabalhado e a vivência realizada por meio do jogo e das atividades lúdicas.

Colocando a práxis em questão, foi necessário utilizar o poder simbólico no jogo para estimular a interpretação, as associações e a criatividade. Santaella (2008), em seus estudos sobre "semiótica aplicada", afirma que "quando as mensagens têm o poder de representar ideias abstratas, convencionais, estaremos falando de símbolos". Desta forma, compreendendo o poder simbólico e suas consequências, os resultados alcançados têm total relação com a disposição dos/as participantes para apreender e associar a historicidade ao jogo, e vice-versa, conseguindo fazer correlações entre o passado, o presente e um futuro que seja próspero de justiça e igualdade de direitos.

Considerações finais

O entendimento da historiografia a partir de uma perspectiva na qual a população negra seja agente das transformações socioculturais se faz imprescindível. A começar pela história dos povos africanos que foram usurpados da liberdade do ser, da cultura, do seu território, de direitos e da sua religião. Violentados pelo racismo que perdura há mais de quinhentos anos.

Dentro desse cenário de contradições, desigualdades, injustiças sociais estão a Ilha de Maré e o racismo ambiental que assola e compromete o futuro das comunidades. O projeto Ancestralidade Griot criou um divisor de águas, preparou em grande escala um arquivo rico de produção oral e escrita sobre a história da ilha e as problemáticas sociais vividas na atualidade.

Fazer com que os/as estudantes se interessem pela proposta e produto da Ancestralidade Griot foi um desafio necessário. Assim, utilizamos o jogo e a ludicidade como ferramentas pedagógicas nas aulas de Educação Física para facilitar e atrair a atenção, o acesso e o interesse.

Com essa experiência aprendemos que o aquilombamento das aulas de Educação Física só pode ocorrer quando as/os próprias/os professoras/es estiverem com os seus pensamentos e ações aquilombados, aptas/os para aplicação de um currículo genuinamente antirracista. Portanto, para além dos resultados obtidos, que não são estanques, e não se findam nas questões e estratégias descritas e analisadas nesta pesquisa, seria de grande relevância a produção de trabalhos que ampliassem o uso de jogos e da ludicidade, também, para outras disciplinas. Em suma, os jogos e a ludicidade não pertencem somente à Educação Física e devem ser usufruídos por qualquer componente curricular, qualquer área do conhecimento no âmbito escolar.

Referências

ADICHIE, Chimamanda Ngozi. **O perigo de uma história única**. São Paulo: Companhia das Letras 2019.

ALMEIDA, Silvio. **Racismo estrutural**. São Paulo: Pólen, 2019.

FREIRE, Paulo. **Pedagogia do oprimido**. Rio de Janeiro, Paz e Terra, 2005.

FUNDAÇÃO Cultural Palmares. **Quilombos ainda existem no Brasil.** Portal do Governo Brasileiro, 2008. Disponível em: <https://www.palmares.gov.br/?page_id=37551>. Acesso em: 28 de mar. de 2021.

MACEDO, Roberto Sidnei. **Atos de Currículo – Formação em Ato?** Para compreender, entender, entretecer e problematizar currículo e formação. Ilhéus: Editus, 2011.

MÍDIA Ninja. Assassino invisível – lixo industrial na Ilha de Maré chega a níveis mortais. 31 de mar. de 2019. Disponível em: <https://midianinja.org/news/assassino-invisivel-lixo-industrial-na-ilha-de-mare-chega-a-niveis-mortais/>. Acesso em: 13 de mar. de 2021.

MINISTÉRIO da Educação. **Resolução do Conselho Nacional de Educação** - CNE, nº 04 de 13 de julho de 2010. Brasília, 2010.

MUNANGA, Kabengele; GOMES Nilma Lino. **O negro no Brasil de hoje.** (Coleção para entender) 2. ed. São Paulo: Global, 2016.

REVISTA Temática da Defensoria Pública da Bahia. **Diversidade e igualdade racial:** pluralidade quilombola. v. 1, 2017.

SANTAELLA, Lucia. **Semiótica aplicada**. São Paulo: Cengage Learning, 2008.

SANTOS, Tiago Rodrigues. "Nem redistribuição, nem reconhecimento: a lógica da contestação à identidade e à territorialidade quilombola." In: PIRES, M. de F. N; SANTANA, N. P.; SANTOS, P. H. D. (orgs.). **Bahia – escravidão, pós-abolição e comunidades quilombolas**: estudos interdisciplinares. Salvador: EDUFBA, 2018.

SILVA, Ana Célia da. **A discriminação do negro no livro didático.** Salvador: EDUFBA, 2004.

SILVA, Givânia Maria da. **Educação e luta política no quilombo de Conceição das Crioulas.** 1ª ed. Curitiba: Appris, 2016.

Laricia Neves (quilombola assistente do Ancestralidade Griot), Nádia Cardoso (coordenadora do Ancestralidade Griot) e o neto de Dona Altamira e ex-estudante da Escola Municipal de Ilha de Maré).

Maria Conceição Jesus Nogueira (**D. Conce**, 64 anos, Santana, griôa/mestra dos saberes da renda de bilros e do ativismo político).

Dalva Alves de Almeida (**D. Dalva**, 81 anos, Santana, griôa/mestra dos saberes da renda de bilros).

Marizelha Lopes (liderança política, griôa/mestra dos saberes políticos e sociais, Bananeiras/ Ilha de Maré).

Maria do Nascimento Santana (**Dona Baía**, 84 anos, griôa/mestra dos saberes da espiritualidade de matriz africana, Praia Grande, Ilha de Maré).

Nádia Maria Cardoso (coordenadora do Ancestralidade Griot) e **Elivandro Paraguassú** (liderança comunitária/mestre dos saberes históricos e quilombolas, Porto dos cavalos, Ilha de Maré).

Mangue de Ilha de Maré, Salvador (BA)

Águas de Ilha de Maré, Salvador (BA)

Águas de Ilha de Maré, Salvador (BA)

Crianças brincando no Quilombo Maracanã/Ilha de Maré

Festa do dia Dois de Fevereiro (2021) no Quilombo de Praia Grande/Ilha de Maré

Pedro Moraes Trindade (**Mestre Moraes**, 71 anos, griô/mestre dos saberes históricos, culturais de Ilha de Maré e da capoeira angola, Praia Grande/Ilha de Maré.

Carnaval em Ilha de Maré, 2021

Carnaval em Ilha de Maré, 2021

Altamira Simões (**D. Mirinha**, 74 anos, Quilombo de Bananeiras, griôa/mestra dos saberes histórico-polítiicos, espirituais, da pesca e da mariscagem em Ilha de Maré).

Festa do dia Dois de Fevereiro no Quilombo de Praia Grande/Ilha de Maré

Festa do dia Dois de Fevereiro (2021) no Quilombo de Praia Grande/Ilha de Maré.

Ionice Lima Paraguassú (**D. Nicinha**, 93 anos, Bananeiras) - griôa/mestra dos saberes da mariscagem de Ilha de Maré

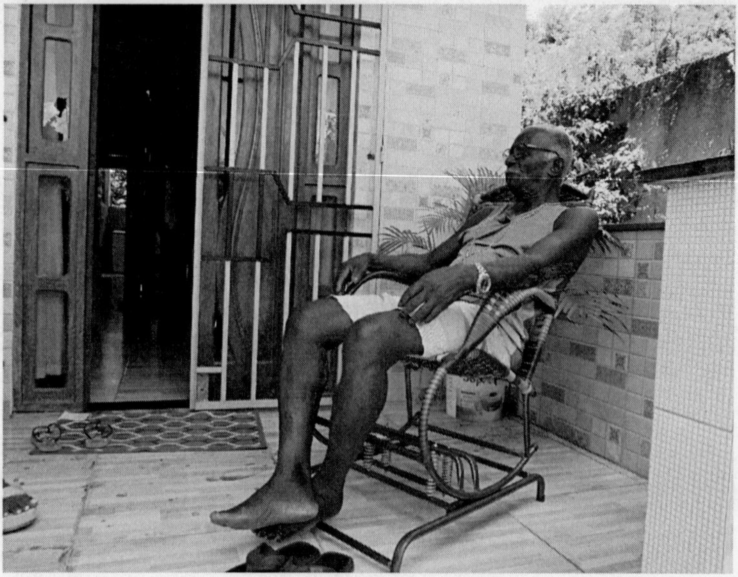

Manuel da Encarnação (**Manuel Soldado**, 83 anos, Praia Grande) - – griot/mestre dos saberes culturais de Ilha de Maré.

Hilda de Jesus Sales (**D. Hilda**, 67 anos) - gatriôa/mestra dos saberes da história da educação, Martelo/Ilha de Maré)

Escola Municipal de Bananeira no Quilombo de Bananeiras/ Ilha de Maré/Salvador (BA), 2021.

Energídio das Neves (**Seu Nezinho**, 97 anos, Praia Grande) - – griô/mestre dos saberes agrícolas e do samba de Ilha de Maré

Ernandes Carlos Lopes (**Seu Djalma**, 75 anos, Bananeiras, griô/mestre dos saberes agrícolas, históricos e políticos da Ilha de Maré).

José Simões (Zé Baixinho, 56 anos, Maracanã), griô/mestre dos saberes da pesca de camarão de Ilha de Maré

Águas de Ilha de Maré, Salvador (BA)

Seu Félix Paraguassu (53 anos) do Quilombo de Ponta Grossa/Ilha de Maré, filho de Seu Joel Paraguassu, ancestral e guardião de grande parte da memória sobre a formação quilombola da Ilha de Maré.

Antônio Luís das Neves (**Seu Elias**, 72 anos, Praia Grande) - – griô/mestre dos saberes artesanais e pesqueiro.

Edilton Simões (Seu Peixe, 54 anos, Maracanã), griô/mestre dos saberes da pesca de linha de Ilha de Maré

Festa do dia Dois de Fevereiro (2021) no Quilombo de Praia Grande/Ilha de Maré

Festa do dia Dois de Fevereiro (2021) no Quilombo de Praia Grande/Ilha de Maré

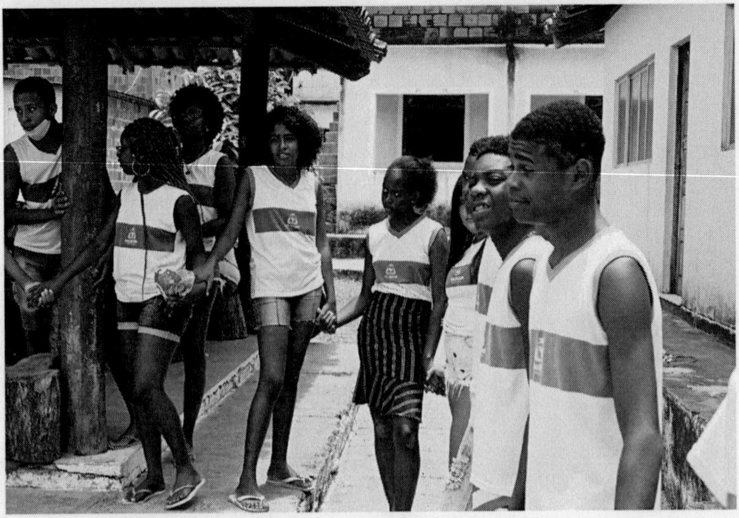

Aula de Campo com estudantes da Escola Municipal de Ilha de Maré

Encontro de intercâmbio (2021): Mestre Antônio Bispo e Fórum Estadual de Educação Escolar Quilombola da Bahia com lideranças e professoras/es da Ilha de Maré.

Francisco das Neves (Seu Dilunga, 94 anos, Praia Grande) – griô/mestre dos saberes históricos e da pesca de Ilha de Maré.

Águas de Ilha de Maré

Esta obra foi composta em Arno pro light 13 e impressa para
a Editora Malê, pela gráfica PSI7 em São Paulo,
em agosto de 2023.